1020 여성들이 믿고 있는 거짓말

그리고 이들을 자유롭게 할 진리

거짓
분별
시리즈
02

1020 여성들이 믿고 있는 거짓말

그리고 이들을 자유롭게 할 진리

초판 1쇄 인쇄 2024년 3월 25일
초판 1쇄 발행 2024년 3월 30일

펴낸이 | 강인구
지은이 | 낸시 드모스 월게머스 & 다나 그레쉬
옮긴이 | 김설 & 류성민

펴낸곳 | 세움북스
등 록 | 제2014-000144호
주 소 | 서울시 종로구 대학로 19 한국기독교회관 1010호
전 화 | 02-3144-3500
이메일 | cdgn@daum.net

디자인 | 참디자인

ISBN 979-11-985894-9-1 (03230)

1020 여성들이 믿고 있는

거짓말

그리고 이들을 자유롭게 할 진리

개정판

거짓
분별
시리즈
02

LIES YOUNG WOMEN BELIEVE

낸시 드모스 윌게머스 & 다나 그레쉬 지음

김설 & 류성민 옮김

세움북스

추천의 글

세움북스가 낸시 여사의 《여성들이 믿고 있는 거짓말》에 이어, 같은 시리즈의 번역서를 또 한 권 출간했습니다. 《1020 여성들이 믿고 있는 거짓말》(*Lies Young Women Believe*)이 바로 그 주인공입니다. 그녀의 동역자 다나 그레쉬와 함께 저술한 이 책은 2008년에 첫 출간되었고, 2018년에 개정되어 출간된 책입니다. 이 책의 장점은 무엇보다 성경의 진리를 선명하게 강조하고 있다는 점입니다. 보통 여성의 심리를 분석하고 다루는 책은 심리학적 결론에 이르기 쉬운데, 본서는 심리학적 접근과 함께 그 결론을 항상 성경 말씀에 정초(定礎)하고 있습니다.

저는 이 책의 원고를 읽으면서 C. S. 루이스의 《스크루테이프의 편지》가 생각났습니다. 삼촌 악마가 조카 악마에게 인간을 어떻게 유혹하면 되는지 매우 '통찰력 있게' 알려 주는데, 사실상 인간의 입장에서는 모두 거짓말입니다. 마찬가지로 이 책에서도 여성을 유혹하는 사탄의 말들, 사탄의 거짓말에 속아서 자기 스스로 곱씹고 있는 거짓말들을 구체적으로 소개하며 사실상 모두 거짓말임을 성경을 근거로 하나씩 밝히고 있습니다.

여성 작가로서의 섬세함이 그대로 묻어나 있는 본서의 내용들이 작가가 표현한 Young woman, 즉 10대로부터 20대 여성들에게 생생히 어필될 것이라고 확신합니다. 여성들뿐만 아니라 저 같은 남성들에게도 여성을 이해하는 귀한 통찰을 얻을 수 있기에, 《1020 여성들이 믿고 있는 거짓말》을 여성과 남성 모두에게 추천합니다.

‖ **권율** 부산 세계로병원 원목, 《연애 신학》 저자

미디어의 발전으로 매일 세상은 여러 가지 목소리를 쉴 새 없이 퍼붓고 있습니다. 그 속에서 우리 딸들은 자라가고 있습니다. 어둠은 깊어지고 진리의 목소리는 작고 초라해 보일 수 있지만, 어둠이 깊어질수록 빛의 위력은 강해집니다. 인류 최초의 여성에게 사단이 거짓말로 접근했던 것처럼, 지금도 동일한 패턴은 끊임없이 이어지고 있습니다. 현대 여성들은 앞선 세대 여성들보다 훨씬 더 많은 자유와 기회를 누리고 있음에도 불구하고, 더 많은 혼돈과 아픔을 겪고 있습니다. 특히 우리 딸들은 부모 세대가 그 나이 때에 생각하지 않아도 되었던 많은 문제들(성적 이슈, 외모, 자기 개발의 압력 등)로 몸살을 앓고 있습니다.

이런 상황 속에서 본서는 세상에 떠도는, 때로는 모호하고 때로는 뚜렷한 거짓말들을 분별하고, 우리 딸들을 주님께서 의도하신 풍성한 생명을 누리고 자유롭게 하는 길로 이끕니다. 먼저는 할머니와 어머니들이 이 책을 읽고 삶에 적용하며 딸들과 함께 읽고 나누기를 권합니다. 1020 세대 여성들도 주변 친구들과 함께 이 책을 읽고서 자기 삶의 혼란과 아픔의 이유를 살펴보고, 진리 안에서 살도록 서로를 격려하기 바랍니다. 또한 교회 안의 모든 여성들도 이 책을 통해 디도서 2장의 말씀처럼, 앞선 세대 여성으로서 1020 여성들을 어떻게 도와야 할지 고민해 보시기를 바랍니다. 우리 딸들이 거짓말을 진리로 대체하며, 어두워져 가는 세상 속에서 찬란한 빛으로 자라나길 기도합니다. 복음의 은혜가 우리를 변화시키고 빛나게 하기를 간절히 바라며, 이 책을 강력히 추천합니다.

‖ **김미란** 주님의은혜교회 사모, 《복음에 견고한 자녀 양육》 저자

낸시 드모스 월게머스의 《여성들이 믿고 있는 거짓말》을 먼저 읽었습니다. 그 후 거짓말의 씨앗은 10대가 되기 훨씬 전부터 심어지지 않을까 우려하게 되었는데, 마침 다나 그레쉬와의 공동 저서인 《1020 여성들이 믿고 있는 거짓말》을 만나게 되어 매우 반가웠습니다. 낸시와 다나는 이 책을 집필하기 위해 미국 전역의 10개의 도시에서 1,000명이 넘는 10대·20대 여성들을 만났습니다. 그리고 그 가운데 약 100명의 1020 여성들과 비공식 그룹 토론을 진행하며, 그녀들을 속박하고 있는 거짓말을 25가지로 요약하고 다양한 사례와 함께 이 책을 저술했습니다. 저자는 사탄의 궁극적인 목표가 우리의 파멸과 죽음이라고 말하면서, 거짓에 속아 넘어가는 과정을 자세히 규명합니다. 그리고 그 속임수의 사슬에서 여성들을 해방시킬 수 있는 것은 오직 진리가 되시는 예수 그리스도 한 분뿐임을 분명하게 밝힙니다.

저는 이 책을 통해 20대의 젊은 여성인 제 딸아이가 결혼, 특별히 '미래에 관한 거짓말'에 속고 있음을 알게 되었습니다. 딸아이와 새로이 성경적 여성상에 대하여 나누는 가운데, 하나님께서 우리를 여자로 창조하신 선한 이유와 계획 등을 보다 깊이 깨달을 수 있었습니다. 실제 한국기독교사회문제연구원이 2023년에 발표한 개신교인 인식 조사에서, 한국의 기독 청년들이 종교를 통해 '성경에 근거한 삶의 방향'을 찾기보다 '위로와 평안'을 얻고 싶은 욕구가 더 크다는 결과가 나오기도 했습니다. 또 이러한 감정이 충족되지 않을 시, 교회를 이탈하거나 다른 종교적 체험으로 불안감을 해소한다고 조사된 바 있습니다. 그러나 본서는 그러한 문제 등으로 야기되는 위험에서 벗어날 수 있는 해답이 '진리'임을 친절하게 말해 주며, 진리의 길에 들어설 수 있는 방법을 섬세하게 제시합니다. 이제 이 책을 펼쳐 그녀들의 명확한 안내에 귀를 기울여 보길 바랍니다. 그동안 여러분을 결박했던 거짓말로 인한 우울감, 관계의 문제, 절망감 등이 곧 떠나가고 자유를 경험하게 될 것입니다. "진리가 너희를 자유롭게 하리라!"(요 8:32)

‖ **김마리아** 선교사, 네 명의 1020 자녀들의 엄마, 《너의 심장 소리》 저자

이 책은 거짓말에 관한 책입니다. 특히 여성들이 속고 있는 거짓말, 여성들을 속이는 거짓말에 관한 책입니다. 저자는 여성의 내면을 정확하게 파악하고 있습니다. 어떻게 이리 정확하게 파악하고 있는지

놀라울 정도입니다. 여러분도 이 책을 읽게 된다면, 저처럼 놀라게 될 것입니다. 우리 가정에는 두 명의 여성이 있습니다. 아내와 딸입니다. 이 책을 통해 그녀들의 내면과 정서를 이해하는 데 큰 도움을 얻었습니다. 또한 저자는 현대 미디어의 폐해를 정확하게 파악하고 있습니다. 특히 소셜미디어 이면에 있는 사탄의 역사를 선명하게 파헤치고 있습니다. 덕분에 아름다운 이미지 이면에 있는 사탄의 거짓말을 볼 수 있게 되었습니다.

이 책의 제목은 "1020 여성들이 믿고 있는 거짓말"이지만, 사실은 '모든 사람이 믿고 있는 거짓말'에 관한 책입니다. 여성들뿐만 아니라 남성들에게도 큰 도움이 되리라고 확신합니다. 사탄이 여성만 유혹하지는 않으니까요. 이 책 덕분에 '거짓'이라는 주제에 큰 관심을 가지게 되었습니다. 거짓은 결코 사소한 문제가 아니며, 영혼의 문제라는 사실도 알게 되었습니다. 개인적으로는 좀 더 진실한 사람이 되겠다는 결심을 하게 되었는데, 아마 그것이 이 책을 통해 얻은 가장 큰 유익이 아닌가 생각합니다. 진실하게 살아야 할 책임이 있는 모든 그리스도인에게 이 책을 권합니다.

‖ **김태희** 부산 비전교회 담임목사, 《성경을 따라가는 52주 가정예배》 저자

지금은 대학 졸업 후에 뉴욕에서 일하는 딸이 10년 전 미국에서 중학생이 되고 사춘기에 접어들었을 때 저는 아빠로서 걱정이 많았습니다. 여러 혼란과 방황을 겪을 수 있는 딸을 어떻게 도와야 할지 몰랐기 때문입니다. 매일 가정 경건회에서 아이들과 함께 성경 읽고, 신앙과 삶에 관해 이야기를 나누며 기도하고 있었지만, 사춘기를 통과하는 딸에게는 더 실제적이면서도 실천적인 도움이 필요했습니다. 그래서 딸이 읽으면 유익할 영어책들을 찾아봤습니다. 그때 가장 많이 추천받은 책이 바로 이 책입니다. *Lies Young Women Believe*. 제목만 봐도 사춘기에 접어든 딸에게 꼭 필요한 책이라는 확신이 들었습니다. 창세기 1장에서 하와가 뱀의 거짓말에 속은 일을 생각해 보면, 세상과 마귀의 거짓말을 분별해 내고 물리치는 일만큼 우선되어야 할 일이 어디 있겠습니까? 그래서 저는 망설이지 않고 이 책을 사서 딸에게 선물했습니다.

그 책이 2018년에 개정 출간되었고, 이번에 한국에서 세움북스를 통해 《1020 여성들이 믿고 있는 거짓말》이라는 제목으로 출간된다고 하니, 너무나도 반가운 소식입니다. 지금도 저는 자신 있게 말씀드릴 수 있습니다. 사춘기 (그 이상의) 딸을 둔 부모님들은 집에 이 책을 두 권 사서, 한 권은 부모님이 읽고 다른 한 권은 딸에게 예쁜 장미와 함께 선물로 주십시오. 그러면 나중에 잘 성장한 딸을 보며 행복하게 웃으면서 추억할 수 있을 것입니다. '그때, 딸에게 그 책을 선물한 건 참 잘한 일이었어.'

‖ **이태복** 미국 새길개혁교회 담임목사, 《신앙 베이직》 저자

서문
Introduction

청소년·대학부 사역자들과 부모님들에게

이 책을 집필하기까지 몇 달간 관찰 그룹과 대화를 나누면서, 우리는 1020 세대의 아이들을 더욱 깊이 사랑하게 되었습니다. 또한 그들이 마주한 어두움과 속임수의 깊이를 더욱 깊이 인식하게 되었습니다. 그런데 우리가 이 글을 쓰기 시작한 시점으로부터 10년 동안, 그 어두움은 더욱 짙어졌습니다. 그리고 그 어두움 속으로 빛을 비춰 주기 위해 다양한 민감한 주제들(성적 이슈들, 섭식 장애, 미신적 활동 등)에 대해 더욱 직접적이고 구체적이어야 할 필요가 있다고 느꼈습니다.

우리가 아는 많은 10대·20대 여성들이 마주하고 있는 문제들에 관하여 말을 아끼거나 회피하지 않고 신중하게 다루려고 노력했습니다. 이러한 주제들을 과연 어떻게 다루었을는지 궁금하다면, 청소년(중고등)부 혹은 대학부에 속한 여학생들과 당신의 딸에게 이 주제들을 공유하기에 앞서, 당신이 먼저 이 책을 읽어 보길 바랍니다. 이 책을 그들에게 함께 읽어 보자고 제안하는 것도 좋겠습니다.

이 1020 세대 여성들을 향한 당신의 마음에 감사를 드립니다. 하나님께서 당신의 노력을 통해 그들의 삶에 영원한 변화를 일으키셔서 그들이 언제나 진리를 사랑하게 되기를, 그리고 그들을 통해 예수 그리스도의 빛이 세상에 밝게 비추어지기를 간절히 기도합니다.

낸시 & 다나

프롤로그

prologue

※ 전국적으로 실시한 불타오르는 거짓말 테스트에 1,000명 이상의 1020 여성들이
참여했다.

불타오르는 거짓말

우리의 친구 에린 데이비스(Erin Davis)는 부모님이 이혼했던 **중학교 재학 시절부터**
공황 발작으로 어려움을 겪었다. 그 공황 발작은 주로 밤에 찾아왔고, 그로 인해 끔찍
한 악몽에 시달리기도 했다. 잠에서 깨어나면 숨을 제대로 쉴 수 없을 때도 있었다. 한
밤중에도 언제 깨어나서 공포에 질식할지 몰랐기 때문에 잠드는 것조차 두려워했다.
에린은 대학에 진학한 후, 고교 시절의 연인과 결혼했다. 두 사람은 함께 교회에서 청
소년 사역을 했다. 그러나 에린은 자신이 여전히 공황과 공포에 시달리고 있다는 사실
을 숨겼다.

계속된 고통으로 인해 완전히 지쳤을 때, 에린은 마침내 몇몇 친구들에게 반복적이
고 갑작스러운 이 발작의 원인을 놓고 함께 기도해 달라고 부탁했다. 친구들은 그녀에
게 공황 발작이 일어날 때 어떤 생각이 떠오르는지 물었고, 에린이 그 시간 동안 느꼈
던 감정들을 공유하면서, 그녀의 공황 발작이 사실이 아닌 생각들과 근본적인 믿음들
에 대한 반응이었음이 명확해졌다. 그녀의 느낌은 매우 사실적이었지만, 꽤 심각하고

파괴적인 거짓말에 기반을 두고 있었다. 이런 거짓말들이었다.

▶ 거짓말 1. "모두 언젠가는 날 떠날 거야."
▶ 거짓말 2. "내 자신은 내가 돌봐야 해."
▶ 거짓말 3. "내 마음을 보여 주기 싫어. 상처받을까 봐."

에린의 친구들은 에린의 이러한 생각들이 진리에 어긋난다는 걸 쉽게 알 수 있었다. 에린도 그것을 알 필요가 있었다. 친구들은 함께 기도하면서, 에린에게 하나님께서 이 것들에 대해 뭐라고 말씀하실지 생각해 보라고 했다. 그녀가 내린 결론은 다음과 같다.

거짓말 1.	"모두 언젠가는 날 떠날 거야."
진리 1	• "나는 결코 너를 떠나거나 버리지 아니하리라."

거짓말 2.	"내 자신은 내가 돌봐야 해."
진리 2	• "가만히 있어 내가 하나님 됨을 알지어다." (에린은 자기 삶에서 자신이 하나님 노릇하고 있었음을 깨달았다.)

거짓말 3.	"내 마음을 보여 주기 싫어. 상처받을까 봐."
진리 3	• "그들은 우리의 사랑으로 말미암아 우리가 그리스도인인 줄 알리라."

당신이 알아차렸을지 모르겠지만, 에린이 기도 시간에 집중했던 진리는 성경에 나

오는 중요한 말씀들이다. 이 성경 구절들은 당시 그녀를 위한 기도 팀의 기도 제목이 되었다. 그 후 며칠 동안, 그녀는 그 구절들을 계속 묵상하면서 생각을 재정비하기 시작했다. 그 결과는 놀라웠다. 며칠 후 차를 몰고 집으로 돌아가는 길에 혼자 호텔에 묵게 된 에린은 처음으로 긴 시간 동안 악몽이나 공황 발작 없이 평화롭게 잠을 잤다. 그녀의 부모님은 여전히 이혼한 상태이고, 아직까지 가끔은 그 공포에 시달렸지만, 거의 10년간 매일 밤 그녀를 괴롭혔던 것만큼 강력하게 일어나지는 않았다. 즉, 한때 그녀가 믿었던 거짓말들이 그녀를 속박했던 것이다. 그 속박의 사슬에서 그녀를 해방시킨 것은 바로 '진리'였다.

우리는 대다수의 크리스천 1020 세대 여성들(그렇지 않은 여성도 마찬가지)이 이러한 거짓말을 믿고 있기 때문에 고통받고 있는 것이라고 생각한다. 예를 들어, 관계의 단절, 공포, 우울, 죄책감 등의 고통 말이다.

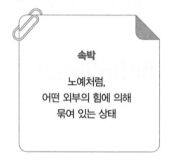

속박

노예처럼,
어떤 외부의 힘에 의해
묶여 있는 상태

성경은 이렇게 말한다. "누구든지 진 자는 이긴 자의 종이 됨이라"(벧후 2:19)

▶ 음식, 남자, 혹은 당신의 외모 등, 살면서 멈출 수 없을 정도로 생각을 소모하는 영역이 있는가?

▶ 당신의 삶이 혹시 두려움, 우울, 분노, 외로움, 질투 혹은 자기 연민과도 같은 강력한 감정에 의해 통제당하고 있는 것처럼 느끼는가?

▶ 자해, 음주, 약물 복용, 혹은 성행위 등 생활 속에서 쉽게 바꾸거나 끊을 수 없는 나쁜 습관 혹은 안 좋은 버릇이 있는가?

당신이 혼자가 아니라는 것을 알기 바란다. 이 책을 집필하기 위해 우리는 전국적으로 1,000명이 넘는 1020 여성들과 이야기를 나누었다. 우리는 그녀들이 속박으로 이어지는 거짓말을 믿고 있을지도 모른다는 징후를 찾고 있었다.

그리 길게 찾을 필요가 없었다. 그들 중 많은 이들이 자신과 부모, 인간관계, 심지어 하나님에 관한 사탄의 거짓말을 믿고 있었음을 기꺼이 시인했다. "나는 쓸모없어", "나는 친구가 없어", "나는 결코 내 죄를 극복할 수 없어"와 같이, 우리가 이 책에서 다루는 25가지의 거짓말들은 그때의 1020 여성들이 우리에게 말해 준 것에서 비롯되었다. 이러한 진술들은 이 책을 처음에 쓰도록 동기를 부여했던 물음들을 확증해 주었다.

"우리는 거짓말해 왔다."

"우리는 속고 있었다."

불타오르는 거짓말 테스트

이 책의 목표는 당신이 믿고 있는 거짓말과 속이는 자를 드러내는 것이다. 당신과 당신의 친구들이 직면한 그 문제들을 정확하게 파악하고 싶었다. 그래서 우리 팀은 전국 10개의 도시에서 1,000명이 넘는 1020 여성들에게 '불타오르는 거짓말 테스트'에 참여를 요청하기 위해 길을 떠났다.

이 중에서 약 100명의 소녀들은 두 시간 동안 진행된 비공식 그룹 토론에 참여했는데, 여기에는 속임수가 뿌리내린 영역을 밝혀낼 수 있는 질문들이 포함되었다. 나머지는 직접 대면해서 이야기를 나눈 소녀들에게 배운 내용을 확인하기 위해서 짧은 설문 조사에 참여하게 했다.

결과 : 우리는 1020 여성들 사이에서 가장 흔히 믿는 거짓말 25가지를 추려 볼 수 있었다. 이 거짓말들은 지금 당신의 삶을 뜨겁게 달구고 있을지도 모른다. 이제 그 진실을 알아보자.

이 모든 것은 최초의 여성으로부터 시작되었다

에덴동산에서 모든 거짓의 아비인 사탄은 하와에게 접근했다. 그녀는 그 사기꾼의 거짓말을 믿었다. 이 한 번의 사건으로 인해 발생한 세상의 모든 문제들을 셈하는 것은 불가능하다. 그만큼 거짓말은 파괴적이고, 작은 거짓말 단 하나만으로도 세상은 뒤집어질 수 있다.

그 이후로 사탄의 거짓말은 우리 모두의 사고방식에 계속해서 영향을 미치고 있다. 이 거짓말은 어디에나 있다. 우리가 읽는 잡지에도, 우리가 보는 영화에도 있다. TV와 인터넷에도 가득하다. 친구들과 나누는 대화에서도 찾을 수 있다. 심지어 우리는 우리 자신의 생각 속에서 그 말이 울려 퍼지는 걸 듣고서, 스스로에게 거짓말하기도 한다.

하지만 우리가 만난 많은 1020 여성들은 그 거짓말로 인한 감정적, 관계적, 육체적, 그리고 영적인 결과에 파묻혀 있었음에도 불구하고 그 속임수를 알아차리지 못했다. 거짓말은 본질상 기만적이기 때문에 쉽게 알아차리지 못한다는 점이 어려운 부분이다. 그래서 당신은 거대하고 파괴적인 거짓말에 완전히 낚였으면서도, 그 사실을 결코 알지 못할 수도 있다.

우리는 많은 1020 여성들이 거짓말을 믿음으로써 파괴적인 결과들을 경험하고 있으면서도, 자신들이 경험하고 있는 것과 깊이 내재 된 거짓말 사이의 연관성을 보지 못하고 있다고 확신한다. 그것은 우리에게 이러한 궁금증을 자아낸다. 당신은 당신의 삶에서 그 속임을 볼 수 있는가?

야고보서 5장 챌린지

몇 년 전 큐티 시간에 나(낸시)는 야고보서의 마지막 두 구절이 눈에 들어왔다.

"내 형제들아 너희 중에 미혹되어 진리를 떠난 자를 누가 돌아서게 하면 너희가 알 것은 죄인을 미혹된 길에서 돌아서게 하는 자가 그의 영혼을 사망에서 구원할 것이며 허다한 죄를 덮을 것임이라"(약 5:19-20).

나는 그 즉시 《여성들이 믿고 있는 거짓말》을 쓰는 것이 왜 중요한지를 알았다. 나는 그 책을 읽은 여성들로부터 수천 통의 편지와 이메일을 받았다. 그들은 자신이 믿어 왔던 거짓말과 그 거짓말이 자기 인생에 끼친 위험에 대한 이야기들을 공유했다. 많은 경우에, 그 거짓말의 씨앗은 그들의 10대 시절, 심지어 그보다 더 어렸을 때 그녀들의 마음에 심어졌다.

하지만 대다수의 여성들이 진리 안에서 거짓말에 맞서는 법을 배움으로 새로 찾은 자유를 경험했다. 그 거짓말들이 극심한 고통을 주기 전에 진실을 더 빨리 알았더라면 하는 아쉬움이 남는다. 그들은 "10대 딸들에게 진리를 가르쳐서 내가 겪은 일을 겪지 않게 할 수 있는 방법이 없을까요?"라고 물었다.

이 질문들은 내 친구 다나와 팀을 이루어 이 책을 쓰게 된 계기가 되었다.

"당신의 거짓말의 불씨는 어떤 상태인가?" 퀴즈!

당신에게 "당신의 거짓말의 불씨는 어떤 상태인가?" 퀴즈를 내려 한다. (전국적인 불타는 거짓말 테스트의 미니 버전) 과학적 정확도는 없지만, 당신이 속임을 당할 수 있는 영역을 밝혀내는 데 유용하다. (※ 당신을 불 속에서 타오르게 만들기만을 기다리는 불씨가 어디에 깔려 있을지에 대한 좋은 생각들을 제시해 줄 것이다.)

두 개의 보기 중, 평소 자신의 감정이나 반응을 가장 잘 반영하는 단어나 어구에 동그라미 하세요.

①	편안함	스트레스로 완전히 지쳐 있음
②	싱글이어서 행복	남자친구는 있어야 함
③	이만하면 양호	못생김
④	용서받음	죄책감을 느낌
⑤	내 문제는 반드시 하나님께 먼저 가져감	친구에게 충고해 주기를 요청함
⑥	친구들이 충분히 있음	외로움
⑦	친절함	완전히 월경 전 증후군 상태
⑧	믿을 만함	위선적임

⑨	기술 세계 통제 가능	문자나 소셜 미디어 없이는 죽을지도 모름
⑩	내 입장에 대한 확신	홀로 서 있는 것에 부끄러워함
⑪	이미 가진 것에 만족함	사고 싶은 건 사야 함
⑫	한결같음	내가 누구와 있는지에 따라 달라짐
⑬	승리의 길을 걷는 중	특정 죄들은 극복할 수 없음
⑭	부모님께 순종적	부모님께 불만이 많음
⑮	하나님의 보호하심에 확신함	사탄을 두려워함

군이 과학자가 아니더라도, 전자는 긍정적 표현을 사용했고(여기에는 거짓말의 불씨가 없다. 당신은 당신 세대의 진실을 말하는 사람이다), 후자는 약간의 부정적 표현을 사용했음을 알아차렸을 것이다(거짓말 비상 경보! 당신은 위험하다). 당신은 주로 어느 쪽에 공감이 되었는가? 전자?

"여기에는 타오를 불씨가 없다. 당신은 당신 세대의 진실을 말하는 사람이다."

만일 당신이 대부분의 시간을 긍정적이고 건전한 감정과 관계를 맺으며 살아간다면, 하나님께서 당신을 보호하고 계심에 감사하라. 하지만 이 책을 내려놓지는 말기 바란다. 당신은 지금 거짓말을 믿지 않고 있을 수도 있지만, 여전히 이 위기 가운데 처해 있기 때문이다. 당신 세대를 관통하고 있는 거짓말들을 제거하기 위해 기꺼이 동참해 주기를 바란다.

성경은 우리에게 진리로부터 떨어져 방황하는 이들을 회복시켜야 할 책임이 있다고 말한다. 하나님은 속임수에 사로잡힌 이들에게 진리를 드러내는 일에 당신을 사용하기 원하신다. 당신은 이 책에서 매우 실제적으로 도움이 되는 내용들을 찾을 수 있을 것이다.

위의 퀴즈에서, 주로 후자에 더 많은 공감이 되었는가? 그렇다면…

"비상 경보! 당신은 위험하다."

우리는 당신이 아마도 두 번째 그룹에 속해 있을 거라고 생각한다. 대개는 당신이 믿는 거짓말에서 (비록 당신이 그것들을 거짓말이라고 인식하지 못했을지라도) 기인한 부정적인 감정과 해로운 반응들을 경험하게 된다. 당신은 "비상 경보! 당신은 위험하다!" 그룹에 속해 있을 것이다. 당신이 이 두 번째 그룹에 속해 있을 거라고 생각하는 이유는 무엇일까? 음… 우리는 이미 경험해 보았다. 우리도 스스로를 향한 퀴즈에서 많은 거짓말에 속아 본 적이 있다.

그러나 우리는 수많은 사람들과 함께 사탄이 우리에게 던지는 거짓말로부터 자유를 찾는 방법을 배웠다. 우리는 당신이 믿고 있을 수도 있는 거짓말로부터 자유를 찾는 방법에 관해 알려 주고 싶다. 당신이 그 거짓말을 믿음으로써 겪게 되는 우울, 죄책, 혼란, 정죄, 낙담과 같은 결과들에서 자유로워지기를 바란다.

만약 당신이 그 거짓말로부터 벗어나지 못한다면, 당신은 지금 당장, 혹은 앞으로 심각한 위험에 직면할 수 있다. 우리는 그런 일이 일어나는 것을 지켜보고만 있을 수 없다. 딴청 피우듯 주변을 돌아다니기만 하지는 않을 것이다. 만약 당신이 속임수에 휘말렸다면, 당신을 그 속이는 자로부터 구하기 위해 필요한 것은 바로 직설적인 진리뿐이다.

예를 들어, 우리가 당신의 집에서 하룻밤 묵고 있다고 상상해 보라. 한밤중에, 우리가 잠자리에 들려고 하는데, 무언가 타는 냄새가 나고 불에 타는 듯한 소리를 듣는다. 복도를 따라 내려가 보니, 침실 문 아래에서 연기가 피어오르는 것을 발견했다. 그러면 우리는 의논할 필요도 없이 당신을 깨우기 위해 무엇이든 할 것이다. 한밤중에 자고 있는 사람을 깨웠다고 화를 내지는 않을까 걱정하지 않을 것이다. 당신이 살아서 나갈 수 있도록 당신을 깨우기 위해서 무엇이든 할 것이다!

자, 친구들. 우리는 하룻밤 자고 가기 위함이 아니라 당신이 불타는 집 안에 있음을 말하기 위해 여기에 있는 것이다. 당신은 거대한 세대적 위기의 한가운데에 있고, 거짓말은 당신의 세상을 불태우고 있다. 당신의 세대를 향한 영적인 공격은 매우 강렬하다. 그러하기에 우리는 당신을 일깨우기 위해 최선을 다할 것이다.

무얼 더 기다리는가?
페이지를 넘겨서 불을 꺼 보자!

PART 1

거짓말의 양상

1장_속이는 자

거짓말은 어디에서 오는가?

"… 마귀는 처음부터 살인한 자요 진리가 그 속에 없으므로

진리에 서지 못하고 거짓을 말할 때마다 제 것으로 말하나니,

이는 그가 거짓말쟁이요 거짓의 아비가 되었음이라"

- 요한복음 8:44 -

그날까지 멜라니(Melanie)의 삶은 거의 동화와 같은 천국이나 다름 없었다. 멜라니가 열여섯 살이었을 때, 자신의 "선악을 알게 하는 나무"를 마주하면서 모든 것이 바뀌었다. 멜라니의 남자친구는 크리스천이었다. 그는 멜라니와 함께 기도했고, 멜라니에게 성경 구절을 문자로 보내기도 했다. 멜라니는 그를 믿을 만하다고 생각했고, 육체적으로도 선을 넘지 않았다. 그러나 지금은 남자친구가 멜라니에게 보다 많은 것을 요구하고 있고, 멜라니는 거기에 응해 주어야 할지 아니면 그를 떠나야 할지를 결정해야 했다.

남자친구는 애원했다. "너 정말 나를 사랑하긴 하는 거니?" 그의 질문은 최후통첩과도 같았다. 멜라니 또한 그 질문의 의미를 알고 있었다. "네 사랑을 증명해 줘. 그렇지 않으면 우리는 끝이야."

그녀는 우울했다. 스트레스를 받았고 외로웠다. 결국 그 아픔을 더 이상 참을 수 없

다시 살펴보기

이 책은 하와에 관하여, 그리고 그녀가 인류를 무너뜨린 거짓말을 어떻게 믿게 되었는지에 관하여 주로 이야기한다. 하와의 이야기는 아마도 당신에게 익숙할 것이다. 하지만 당신이 선악을 알게 하는 나무가 도대체 무엇인지 잊어버렸거나, 하와가 아담의 엄지발가락으로 만들어졌다고 생각한다면 길을 잃게 될 것이다.

다시 살펴볼 필요가 있다. 당신이 직접 그녀의 이야기를 읽어 보면 좋겠다. 성경 창세기 2장 15절을 펼쳐서 3장 끝까지 읽어 보라. 당신이 지금껏 만들어진 정원 중 가장 아름다운 곳에 있다고 상상하고, 그녀의 이야기를 다룬 드라마에 빠져들어 보라. 마치 한 편의 소설처럼 읽힐 것이다.

어서 조언을 구하고자 했다. 그녀의 담당 교역자는 그녀와 함께 기도하기를 시작했다. 하나님께 아뢰고 나서 조금의 시간이 지나기까지 멜라니와 그녀의 담당 교역자는 앉아서 조용히 기다렸다. 그러자 멜라니의 얼굴에 눈물이 흘러내리기 시작했다. "제 인생 전체는 하나의 거대한 거짓말 같아요." 담당 교역자는 어떻게 할 계획인지 말해 달라고 말했다.

멜라니는 눈을 뜨고서 확신에 찬 목소리로 말했다. "올 A의 성적, 축구 트로피들, 완벽하게 정돈된 침실, 절대 늦잠도 안 자고, 사역도 안 빼먹고, 높은 SAT 점수를 받기 위해서 정말 열심히 노력했어요. 저는 같은 이유로 남자친구와의 잠자리도 고민하고 있었던 거예요."

담당 교역자가 말했다. "연관성을 좀 설명해 줄 수 있겠니?"

하나님은 멜라니의 정서적 혼란과 고통의 근원을 깨닫게 해 주셨다. "저는 누군가에게 사랑받으려면 그런 노력을 해야 한다고 믿고 있었던 것 같아요." 남자친구와의 섹스 유혹은 그녀가 믿었던 거짓말의 열매였던 것이다. 하나님은 멜라니와 함께 더욱 깊이 내려가 그 뿌리를 뽑아내기 원하셨다.

"잠시 그런 노력들을 멈추고서 가만히 앉아 있다 보니, 하나님의 진리를 명확하게 깨달을 수 있었어요. 그리고 깨달았어요. 하나님은 내가 무엇을 할 수 있고 얼마나 뛰어나기 때문이 아니라, 내가 그분의 자녀이기 때문에 사랑하신다는 것을요. 그날 밤, 하나님은 제게 이전에는 볼 수 없었던 것을 보여 주셨어요. 제가 해 왔던 거의 모든 것들이 성과에 대한 거짓말에 기초하고 있었음을 깨달았죠. 제 자신의 가치에 대한 진리를 보고 나니 너무나도 자유롭더라고요."

거짓말에 속고 있었던 멜라니의 이야기가 어쩌면 당신에게 친숙하게 들릴지도 모르겠다. 혹 당신의 이야기와는 전혀 다를 수도 있다. 친구 관계에서는 그저 가볍게 만나고 헤어지기를 반복하는 편이었을지도 모르고, 과도하게 통제하는 부모님과의 끊임없는 싸움, 혹은 부모님에게 당신의 존재감을 인정받고 싶은 아픔이 있을 수도 있다. 비밀스럽고 부끄러운 습관, 떨어지는 성적, 한때 당신을 괴롭혔던 패턴과 관계들이 '정상'인 것처럼 보일 수 있다. 그러나 우울, 혼란, 외로움의 결과들은 무언가 잘못되었음을 드러낸다.

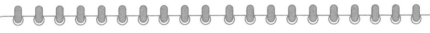

알아 두기

이 책은 허구가 아니다! 그리고 우리가 사용했던 그 어떤 이야기도 허구가 되기를 원하지 않는다. 단, 이 장에서 소개되고 있는 이야기는 분명 사실이지만, 멜라니는 실명이 아니다. 이 책 전체에서 이름을 사용할 때는 '가명'으로 기재했음을 알기 바란다.

어느 날, 나(낸시)는 크리스천 가정에서 양육되었고 홈스쿨링을 한 10대 여성으로부터 편지를 받았다. 그녀는 하나님께서 자신의 인생을 통해 그분을 섬기기를 바라신다는 특별한 부르심을 받았음을 감지했다. 그러나 그녀의 편지에서 알 수 있듯이, 무언가 잘못되었다. 아니, 아주아주 잘못되었다.

"저는 지금 매우 힘든 시간을 보내고 있습니다. 깊은 우울감과 분노, 그리고 수많은 것들이 제 안에서 저를 바꾸어 버렸습니다. 나이가 더 들면 주님께서 저에게 특별한 일을 맡기실 거라고 생각하긴 하지만, 저는 제 삶을 끝내고 싶거나 정말 심하게 저를 해하고 싶다는 생각이 듭니다. 저는 제 인생과 제 가족이 싫습니다. 끝나지 않을 것만 같고, 평생 이렇게 살아야만 할 것 같습니다. 많은 의사를 만나 보았지만, 아무도 이것의 원인을 알지 못합니다."

당신도 이 여학생을 보면, 그 안에서 무슨 일이 일어나고 있는지 전혀 짐작할 수 없을 것이다. 나는 이 여성의 편지를 읽으면서 마음이 너무 아팠고, 얼마나 더 많은 10대 여성들이 크리스천 가정이나 교회에서 비슷한 혼란을 경험하고 있는지가 궁금해졌다.

상황의 물리적 원인을 이래저래 찾아보면, 어쩌면 당신도 당신의 생각 속에 깊이 내재된 하나 이상의 거짓말들을 믿어 자신을 속박하고 있을 수 있다. 당신이 자유롭게 되는 일에 도움이 될 수 있도록 속박으로부터 벗어나는 우리의 투쟁이 애초에 어떻게 시작되었는지를 살펴보고자 한다. 그것을 위해, 거짓말에 속아 넘어간 최초의 여성에게 다시 한번 관심을 돌려 보자.

희망이 없는 것처럼 느껴지는가?

자살은 15-24세 사이의 세 번째 주된 사망 원인이다.[1] 당신이 그 감정적 속박에 시달리고 있다고 생각하니, 우리도 몸서리가 쳐진다. 당신 곁에서 당신을 안아 주면서 희망이 있다고 말해 주고 싶은 마음이 간절하다. 그냥 하는 말이 아니다. 진심이다. 자살에 대한 생각으로 힘들어하고 있다면 지금 당장 도움을 청해 보라.

▶ 주님께 부르짖으세요. 당신을 파괴하려고 하는 악한 영향력으로부터 당신을 구해 달라고 간구하세요.
▶ 당신의 부모님이나 목사님, 담당 교역자, 혹은 경건한 크리스천 여성에게 이야기해 보세요. 그들에게 이 힘든 시간을 잘 이겨 낼 수 있도록 기도해 달라고 부탁하세요.
▶ 지금 바로 자살예방 상담센터에 전화하세요. (※ 한국: 국번 없이 109 혹은 129 / 1588-9191)

거짓말의 정의

거짓말이란, "속이려는 의도를 가진 거짓된 진술이요, 부정확하거나 잘못된 진술이다."[2] 또 다른 정의로는 '사기꾼', 즉 진실을 가장한 사기꾼이라 할 수 있다. 그들은 스스로를 너무도 잘 위장하기 때문에, 우리는 종종 이 거짓말을 알아채지 못한다.

에덴동산에서 하와는 사악한 의도를 가진 사기꾼을 만났다. 그는 하와가 하나님과 그녀의 삶에 대한 목적을 거부함으로써 자신의 노예가 되기를 원했다. 뱀은 교묘하게 물었다. "하나님이 참으로 너희에게 동산 모든 나무의 열매를 먹지 말라 하시더냐?"(창 3:1) 하나님께서 실제로 그렇게 말씀하신 것은 아니었지만, 매우 비슷했다. 하나님은 아담(그리고 하와)에게 선악을 알게 하는 나무의 열매를 먹어서는 안 된다고 말씀하셨다. 사탄은 반쪽짜리 진실과 진실인 척하는 거짓을 교묘하게 조합하여 사용했다.

> **거짓말**
>
> 부정확하거나
> 사실이 아닌 것을
> 사실인 것처럼
> 허위로 말함

거짓말의 기원과 목적

성경은 사탄이 "광명의 천사"로 가장한다고 말한다(고후 11:14). 그리고 에스겔 28장은 그가 어떻게 자신이 하나님과 같다고 주장했는지에 대한 이야기를 들려준다. 그는 사기꾼이다. 그리고 그의 동기는 예수님께서 지적하셨듯이 처음부터 끝까지 악의적이다.

너희는 너희 아비 마귀에게서 났으니 너희 아비의 욕심대로 너희도 행하고자 하느니라
그는 처음부터 살인한 자요 진리가 그 속에 없으므로 진리에 서지 못하고
거짓을 말할 때마다 제 것으로 말하나니 이는 그가 거짓말쟁이요
거짓의 아비가 되었음이라 (요 8:44)

사탄의 모국어는 거짓말이다. 사탄은 우리를 속이기 위해 다양한 대변인을 통해 말하며, 때로는 사악한 통치자, 사이비 종교, 소셜 미디어, 넷플릭스, 대중가요, 심지어 친구를 이용하기도 한다. 왜 우리에게 거짓말하는가? 위의 성경 말씀은 그의 궁극적인 목표가 우리의 멸망임을 암시한다. 그의 거짓말의 궁극적인 열매는 죽음인 것이다. 우리는 심장이 멈추기도 전에 이 '죽음'의 결과를 경험하기 시작한다. 첫 사람에게 하신 하나님의 말씀을 보라.

> ### 선악을 알게 하는 나무
>
> 하나님이 아담에게(간접적으로는 하와에게) 먹지 말라고 말씀하신, 에덴동산의 한 가운데에 있던 나무였다.
>
> 아담과 하와는 생명나무를 포함해, 다른 모든 나무의 열매들을 먹을 수 있었다. 그러나 아담과 하와가 하나님께 불순종하여 하나님께서 먹지 말라고 하신 그 나무의 열매를 먹기로 선택했을 때, 그들은 '선택의 자유'를 잃고 말았다.
>
> 그들은 더 이상 생명나무의 열매를 먹을 수 없었고, 동산 출입도 금지되었다.

선악을 알게 하는 나무의 열매는 먹지 말라

네가 먹는 날에는 반드시 죽으리라 (창 2:17)

하나님께서 금지된 열매를 먹는 날에는 반드시 죽으리라고 말씀하신 것은 무엇을 의미하는가? 하와는 처음 죄를 지은 날에 분명 육체적으로는 죽지 않았다. 그러나 그녀가 그 열매를 한 입 베어 물던 순간, 그녀는 영적으로 죽었고 생명 되신 하나님과 분리되었다. 생명나무는 이제 가까이할 수 없었고, 그녀는 낙원에서 추방되었다. 그녀는 이제 자신의 죄악 되고 이기적인 욕망과 선택의 노예가 되었다. 낙원에서 영생의 기쁨을 누리기보다는 타락하고 망가진 세상에서 살아야 하는 결과를 감내해야만 했다. 그녀와 그녀의 남편은 가족과 일과 관련된 기본적인 책임을 감당하기 위해 어려움과 고통을 견뎌 내야만 했다. 한 해 한 해 이 어려움은 그들의 육체에 큰 타격을 주었고, 그들은 결국 육체의 죽음까지도 경험해야만 했다.

이것은 우리에게 얼마나 생생한 묘사인가. 하와가 그러했듯이, 거짓을 믿고 그에 따라 행동하는 순간, 우리는 그에 따른 결과들을 경험하기 시작한다. 우리는 점점 옳지 않고 파괴적인 삶의 방식과 사고방식의 노예가 되어 간다. 사탄의 궁극적인 목표는 우리의 파멸과 죽음이다.

언젠가 미래에 육체적으로 죽는 것만이 아니다. 사탄은 우리가 이 땅에서 하나님과 그분이 창조하신 삶을 자유롭게 누리는 것이 아니라, 걸어 다니는 죽은 자(좀비?)로 만들고 싶어 한다. 당신도 알다시피, 좀비는 공포 영화나 넷플릭스에 나오는 악당 그 이상의 존재이다. 두려움과 죽음의 노예가 되어 돌아다니는 것은 많은 사람의 지극히 현실적인 생활 방식이다.

사탄이 하는 거짓말의 표적

사탄은 거짓말로 여성들을 노린다. 우리가 완전히 이해할 수 없는 이유로, 사탄은 에덴동산에서 그의 첫 거짓말의 표적으로 여자를 선택했다. 바울 사도는 신약에서 '속아 넘어간 사람은 여자'라고 두 번이나 지적한다. "뱀이 그 간계로 하와를 미혹한 것같이"(고후 11:3). "아담이 속은 것이 아니고 여자가 속아 죄에 빠졌음이라"(딤전 2:14).

부당한 비난처럼 느껴질 수도 있겠지만, 사실은 사실이다. 사탄은 하와가 자신의 속임수에 넘어가면 남편에게도 금지된 열매를 먹게 할 수 있을 거라고 생각하고서 하와를 노린 것이 분명하며, 실제로 그렇게 되었다. 그리고 오늘날까지도 사탄은 이러한 속임을 위해 모든 연령대의 여성들을 계속해서 표적으로 삼고 있다.

> "당신의 세대는 이전 세대보다 더 많은
> (대부분 사실이 아닌) 메시지에 시달리고 있다."

넷플릭스, 핀터레스트, 문자 메시지, 인스타그램, 스냅챗 등등. 이러한 목록들은 끝이 없으며 계속해서 변화를 거듭하고 있다. 미디어가 너무 많아지면서, 당신이 시달리고 있는 메시지들은 이전 세대들이 경험했던 것보다 훨씬 더 방대하다. 어느 세대도 이렇게 많은 매체들을 통해서 이렇게 많은 메시지에 노출된 적이 없다.

그 결과는 매우 흥미롭다. 사회 과학자들은 인터넷과 함께 자란 젊은 세대가 정보 과부하에 조금 더 신중하게 대응하고 있다는 사실을 발견했다. 선택의 결과에 대한 정보가 많아지면서 흡연, 음주 운전, TV 시청, 심지어 성관계까지 감소하는 추세를 보이고 있다고 한다.[3] 당신은 심지어 청량 음료보다 물을 마시는 것이 건강에 더 이롭다는 것까지도 이전 세대보다 더 잘 알고 있다.[4]

하지만 그 모든 신념의 강도와 함께, 역대 어느 세대보다도 모호한 도덕적 사고도 존재한다. 더 이상 지배적인 영향력이나 진리의 단일 출처는 존재하지 않는다. 대신, 당신의 세대는 어떤 행동이 자신을 어떻게 느끼게 하는지, 그리고 그 행동이 다른 사람을 기분 좋게 하는지, 혹은 기분 나쁘게 만드는지에 따라 도덕적 입장을 결정하는 경향이 있다. 만약 그것이 나를 행복하게 만든다면 그것은 옳은 것이라고 말이다.

예를 들어, 대학생들의 75%는 자신이 원하는 성적을 얻기 위해 시험에서 부정행위를 한 적이 있다고 인정한다. 그들은 일단 적발되면, 대부분 부정행위가 잘못된 것임을 인정한다. 그러나 부정행위를 저지르고도 적발되지 않는다면, 부정행위를 해도 괜찮다고 믿는다. 이러한 경향을 일컫는 전문 용어가 바로 "상황 윤리"이다. 당신의 세대는 확고한 윤리적인 기준에 의해 옳고 그름을 판단하기보다는 상황에 따라 옳고 그름을 판단할 가능성이 더 높다.[5]

오늘날의 "성 혁명"은 윤리가 결과에 영향받는다는 것을 보여 주는 한 예시이다. 당신의 세대는 성의 유동 문화가 발달하기 위한 첫 번째 세대가 될 것이다. 즉, 남성과 여성이라는 명백한 생물학적 구분조차, 더 이상 사람들이 성별을 결정하는 기준이 아니게 된다는 것이다. 여성으로 태어났어도 스스로를 남성으로 더 많이 인식한다면, 감히 누가 그를 진짜 남성이 아니라고 말할 수 있겠는가?

　무엇이 우리를 여기까지 오게 했을까? 사람들의 이야기다. 어떤 식으로든 감정을 느끼는 사람들의 이야기들은 우리의 감정을 자극해 왔다. 우리는 그 이야기들이 우리에게 무언가 느끼게 한다는 이유로 권위를 갖게끔 허락해 왔다. 문제가 있다고 생각하는가? 그렇다.

　당신도 문제가 있다고 생각하길 바란다. 비진리의 흐름을 거스르고 변화시킬 수 있는 운동을 시작해 보자. 진리의 유일무이한 근원을 살펴보자. 그리고 우리 주변에 있는 진실의 힘과 아름다움을 보여 주는 삶을 살도록 노력하자. 우리는 진리로 사탄의 거짓말을 물리치려는 열정을 당신에게 연료로서 주입하고, 그 움직임에 박차를 가하기 위해 여기에 있다. 시작하기 전에, 이 거짓말들 안에서 당신의 역할에 대해서 알아야 할 것들이 있다.

2장_속는 자

거짓말은 어디서 우리의 삶을 파멸하는 힘을 얻는가?

"누구든지 진 자는 이긴 자의 종이 됨이라"

- 베드로후서 2:19 -

케이틀린(Caitlyn)은 절대 과체중이 아니었다. 그녀의 인생에서 단 하루도 과체중이었던 적이 없다. 사실 그녀는 매우 날씬했다. 일반적인 기준으로 보자면 그녀는 아름다웠다.

하지만 세상의 기준은 가혹하다. 요즘 모델의 평균 체중은 일반 여성보다 23%나 적다.[1] 이러한 국제 미(美)의 기준은 너무도 위험해서 스페인, 이탈리아, 호주에서는 런웨이의 모델들이 너무 마르지 않도록 특정 체질량 지수를 요구하는 업계 지침을 마련했다. 하지만 이런 사고방식이 미국에서는 적용되

> ### 하와
>
> 히브리어 단어 '차야'(살다)에서 유래한 하와의 이름은 '생명의 원천'이라는 뜻이다. 하나님은 아담에게 동반자가 없었을 때 그의 갈비뼈를 취하셔서 여자로 그녀를 창조하셨다.
>
> 하와는 인간의 이야기에서 주목할 만한 (악명 높은) 역할을 맡았지만, 정작 그녀의 이름은 성경에서 단 네 번만 등장한다.

지 못했다. 미국은 여전히 약물과 굶주림이 아니면 얻을 수 없는 '미의 기준'이라는 이름으로 10대 여성들을 죽음으로 내몰고 있다. 이런 미의 기준은 12세의 저체중 소녀들 중 3분의 2를 스스로가 뚱뚱하다고 여기도록 만들었다.[2]

이 이야기는 썩 유쾌한 이야기가 아니다. 하지만 이 이야기를 통해 사탄의 모든 거짓말이 파괴를 의도한다는 점을 알 필요가 있다. 이는 우리의 몸과 외모에 대한 거짓말을 보면 쉽게 알 수 있다. 대다수의 거짓말은 자기 파멸로 이끄는 명백한 초대장이다. 그리고 그것은 우리에게 거짓말에 대한 중요하고도 아이러니한 진실을 알려 준다. 거짓말은 힘이 없다. 정말 그렇다. 우리가 없으면 안 된다.

물론, 사탄의 거짓말은 언제나 매혹적이다. 하지만 우리가 협력하지 **않는 한** 사탄의 힘은 거기서 끝난다. 당신이 사탄의 거짓말을 믿고 행동함으로써 그에게 산소를 공급하지 않는 한, 유혹은 당신의 삶에서 불타오를 수 없다. 사탄은 당신의 도움 없이는 당신을 무너뜨릴 수 없다.

하와는 동산에서 사탄에게 꽤 많은 도움을 주었다. 성경은 "뱀은 여호와 하나님이 지으신 들짐승 중에 가장 간교하니라"라고 말한다(창 3:1). 당신도 유혹에 직면할 때 자기 자신을 발견하듯이, 하와도 꽤 난처한 상황에 처해 있었다. 하지만 그렇다고 해서 마냥 피해를 당하고만 있지는 않았다. 사탄은 그녀에게 죄를 짓게 하지 않았다. 하와는 적어도 네 가지의 방법으로 사탄과 협력하기를 **선택했다.**

그 미끼를 물지 말라

만약 당신이 낚시를 해 본 적이 있다면, 빈 낚싯바늘만 물에 던져서는 아무것도 잡을 수 없음을 알고 있을 것이다. 물고기는 생각보다 영리하다. 물고기를 잡으려면 낚싯바늘에 미끼를 걸어야만 한다.

사탄의 거짓말은 우리를 낚기 위해 사용하는 미끼이다. 야고보서 1장 14-15절은 사탄이 우리를 함정에 빠뜨리기 위해 사용하는 전술을 폭로한다. "오직 각 사람이 시험을 받는 것은 자기 욕심에 끌려 미혹됨이니 욕심이 잉태한즉 죄를 낳고 죄가 장성한즉 사망을 낳느니라" 사탄은 당신이 하나님을 거부하고 그의 말씀을 무시하면 당신이 원하던 것을 주고 그 열망을 성취시켜 줄 것이라 약속한다. 하지만 그는 대놓고 "하나님을 거부하고 그의 말씀을 무시하라"라고 말하지 않는다. 대신 그는 고작 한 번 무언가를 한다고 해서 그것이 실제 너를 해치는 것은 아니라고 설득한다. 또는 다른 사람들이 하나님을 거부함으로써 행복을 찾고 있다고 말하기도 한다. '그리고 결국' 그는 "하나님도 네가 행복하기를 원하지 않으실까?"라고 하며 식식거린다.

당신이 그 미끼를 무는 순간 죄를 낳게 된다. 사탄의 목적은 당신의 죄를 이용해 당신을 파멸하는 것이다(요 10:10). 따라서 당신이 하지 말아야 하는 일을 하고 싶은 유혹을 받을 때는 미끼가 당신을 기다리고 있음을 기억하라. 그 미끼를 물지 마라.

하와는 사탄의 거짓말에 귀를 기울임으로 그와 협력했다

하와가 저지른 첫 번째 실수는 당신과 내가 여전히 저지르기 쉬운 실수이다. 그녀는 사탄의 권유에 귀를 기울일 수 있을 만큼 오래 머물러 있었다. 영적이고 감정적인 속박은 사실이 아닌 것을 단순히 듣는 것으로부터 시작된다. 그것을 만지거나, 실행하거나, 동의하거나 심지어 좋아할 필요도 없다. 그저 그 거짓말을 충분히 들을 수 있을 만큼 가까이에만 있으면 된다.

케이틀린의 싸움은 그녀가 패션 잡지를 즐기기 시작하면서 더욱 격렬해졌다. 한때 그녀는 운동을 잘하는 중학생이었고, 그다음에는 패션과 미용에 집착하는 소녀가 되어 섭식 장애로 죽어 가고 있었다. 하와가 거짓말에 귀를 귀울임으로써 파멸을 향해 나아가기 시작했던 것처럼, 케이틀린은 잡지에 자신이 관심 있는 남자, 우정, 사회적 이슈들에 대해 생각할 거리를 담고 있음을 깨달았다. 그녀는 이 기사들을 반라의 1020 세대 여성들의 관능적인 사진, 친동성애적 기사, 섹스에 대한 조언을 정당화하기 위해서 사용했다. 그리고 그녀는 '단순히 이것들을 읽는 것만으로 나쁜 건 아니겠지?'라고 생각했다. 원수의 말에 귀를 기울이며 그에게 협력한 것이다.

그녀는 도망쳐야 했다. 하와도 도망쳐야만 했다. 그리고 당신은 당신의 삶에 대한 하나님의 뜻에 반하는 방향으로 당신을 보낼 수 있는 모든 것에서 도망치는 법을 배울 필요가 있다. 사실, 하나님의 말씀은 우리에게 그렇게 하라고 격려한다.

또한 너는 청년의 정욕을 피하고 주를 깨끗한 마음으로 부르는 자들과 함께

의와 믿음과 사랑과 화평을 따르라 어리석고 무식한 변론을 버리라

이에서 다툼이 나는 줄 앎이라 (딤후 2:22-23)

도망쳐라. 그것에서 벗어나라. 달아나라! 당신이 당신을 유혹하려 하는 모든 문화적 목소리로부터 거리를 두는 것이 좋은 것처럼, 하와도 뱀의 영향력으로부터 거리를 두는 것이 좋았을 것이다. 하와는 그 나무의 열매를 따 먹어서는 안 된다는 것을 **알고 있었다.** 그런데 그녀는 그 주변을 배회하며 과연 무엇을 했을까?

우리는 거짓말을 하거나, 마약을 하거나, 여러 파트너와 성관계를 갖거나, 욕을 해서는 안 된다는 것을 알고 있다. 그런데 왜 그렇게 많은 크리스천들이 이런 주제들을 과하게 드러내는 넷플릭스 시리즈를 정주행하려고 하는 걸까? 그들은 왜 그렇게 불건전한 가사가 담긴 대중 가요를 듣고 부르는 걸까? 그들은 왜 그렇게 '단 하나의 정사(情事) 장면이 담긴' 영화를 보기 위해 극장으로 몰려드는 것일까?

우리는 누구나 우상을 숭배하거나, 과도한 소비를 하거나, 외모에 집착해서는 안 된다는 것을 알고 있다. 그런데 왜 유명인들의 패션을 부러워하고, SNS상에 올릴 만한 멋진 옷차림에 집착하고, 매일 아침마다 한 시간 반 동안 머리와 얼굴을 가꾸는 데 시간을 할애하는 것일까?

제발… 제발, 하와처럼 유혹에 넘어가지 말길 바란다. 사탄의 거짓말이 들릴 만큼 그에게 가까이 다가가서 그와 협력하지 말길 바란다.

하와는 거짓말을 곱씹음으로 그와 협력했다

하와는 그 말을 들은 후에 사탄이 그녀의 마음에 심은 거짓말을 곱씹기 시작했다. 도망치는 대신, 뱀과의 대화를 즐겁게 나누며 그의 질문에 대답했다.

> 여자가 뱀에게 말하되 동산 나무의 열매를 우리가 먹을 수 있으나
> 동산 중앙에 있는 나무의 열매는 하나님의 말씀에 너희는 먹지도 말고
> 만지지도 말라 너희가 죽을까 하노라 하셨느니라 (창 3:2-3)

그 과정에서 하와는 하나님의 말씀을 왜곡했을 뿐만 아니라(이 문제는 나중에 다룰 예정이다.) 뱀의 말을 곱씹기 시작했다. 뱀에게 대답하면서, 하와는 하나님의 제한이 매우 불합리하고 뭔가 좋은 것을 숨기고 계신 듯 암시했다. 이는 우리가 하나님의 진리가 아닌 거짓말을 곱씹을 때 암시하는 것과도 매우 유사하게 들린다. 우리는 이렇게 하나님께서 우리에게 아낌없이 부어 주신 풍성한 선물보다는 하나님께서 가질 수 없다고 말씀하신 것들을 곱씹기 시작한다.

진리는 무엇이었을까? 진리는 하나님께서 이미 말씀하셨다. "동산 각종 나무의 열매는 네가 임의로 먹되"(창 2:16), 하나만 먹지 말라고 하셨다. 즉, 진리는 하나님께서는 너그러운 분이시라는 것이다.

신명기 6장에서, 모세는 하나님의 계명을 지키는 것의 중요성을 강조했다. 그리고 그는 백성들에게 그 계명의 핵심이 부담을 주거나 구속시키려는 것이 아님을 상기시켰다. 하나님은 그분의 율법을 그들의 복과 유익이 되기를 의도하셨다. "여호와께서 우리에게 이 모든 규례를 지키라 명령하셨으니 이는 우리가 우리 하나님 여호와를 경외하여 항상 복을 누리게 하기 위하심이며…"(24절).

당신은 하나님이 자기 아들 예수 그리스도를 선물로 주심으로 자녀들에게 "하늘

에 속한 모든 신령한 복"(엡 1:3)을 주신 너그러운 분이심을 믿는가? 아니면 그분이 당신의 인생에 설정해 놓으신 경계가 당신을 보호하기 위한 것임을 잊고 그 경계에 머무르려고 하는가? 하나님께서 주시는 복에 집중하기보다 금지된 것을 바라보고 있는 자신을 발견하고 있진 않은가? 그러기 쉽다. 당신에게 매일 쇄도하는 메시지는 마치 당신이 마땅히 받아야 할 것을 받지 못하고 있는 것처럼, "너는 그럴 만한 가치가 있어" 혹은 "너는 그만한 자격이 있어"라고 말한다. 그러면서도 동시에, 그들은 무의식적으로 당신에게 "너는 아름답지 않아" 혹은 "너는 충분하지 않아"라고 말한다. 우리 중 대다수가 하와가 그 나무 밑에서 발견한 권리 의식을 느끼면서, 동시에 깊은 자기 혐오감에 압도당하는 것이 이상한 일은 아닐 것이다.

우리는 하나님의 선하심에 주목하는 일을 잠시도 내려놓을 수 없다. 하나님께서 당신 삶에 주신 복보다 사탄의 거짓말이나 그 한계를 곱씹음으로 사탄과 협력하지 말라.

하와는 하나님 말씀의 진리를 믿기보다 거짓말을 믿음으로 그와 협력했다

하와는 하나님의 말씀보다는 사탄의 거짓말에 **귀를 기울이고** 그것을 **곱씹음으로**, 이제 그 거짓말을 믿기 시작했다. 사탄은 하와가 하나님의 말씀에 주의를 기울이지 못하도록 만들었고, 하나님께서 말씀하지 않으신 것을 말씀하셨다고 생각하도록 만들었다. 하나님은 "그 나무의 열매를 먹지 말라"라고 말씀하셨다. 그러나 하와는 하나님께서 "너희는 먹지도 말고 **만지지도** 말라"(창 3:3)라고 말씀하셨다고 말했다.

분명, 하와가 하나님의 말씀을 왜곡한 것은 사탄의 유혹에 대항할 수 있는 그녀의 갑옷에 있는 약한 고리였다. 결국 다윗 왕은 "내가 주께 범죄하지 아니하려 하여 주의 말씀을 내 마음에 두었나이다"라고 말했다(시 119:11). 하나님의 말씀은 사탄의 교묘한 공격에 대항하는 우리가 입고 있는 갑옷의 필수적인 부분이다. 하와는 하나님 말씀의 진리 대신 거짓말을 믿고 곱씹기 시작하면서 스스로 죄를 짓게 되었다.

이 부분은 우리를 정말 긴장하게 만든다. 왜 그럴까? 솔직히 말해서 우리는 많은 이들이 성경을 잘 알지 못하는 것 같아서 걱정이다. 당신의 마음을 아프게 할 의도는 없다. (당신을 불타는 집으로부터 구출하러 왔다고 경고하지 않았는가.)

오늘날 대부분의 크리스천 청소년(청년)들은 위카(Wicca), 사이언톨로지(Scientology)와 같은 '대체 종교'에 빠지기 쉽지 않다. 하지만 당신 세대의 많은 여성들은 두 개 혹은 더 많은 신앙 체계를 융합하는 혼합주의(syncretism)에 빠지기도 한다. 예를 들어, 평화를 찾기 위해서 뉴에이지 명상과 고대의 산스크리트 요가를 통해 평화를 찾는 크리스천 청소년(청년)이 있을 수 있다. 이것은 양립할 수 없는 두 가지 신앙 체계의 융합이다.

다른 어떤 세대들보다도 당신은 소셜 미디어와 인터넷을 통해 더욱 다양한 세계관을 접할 수 있다. 좋은 소식은, 그것이 당신을 더 많이 이해하고 동정심을 갖게 한다는 것이다. 나쁜 소식은, 일반적으로 오늘날의 청소년(청년)들이 기독교 신앙에 반대되는 가치관과의 갈등을 인지하지 못한 채 이를 받아들이는 경우가 많다는 것이다. 이것은 잠재적으로 당신의 마음이나 감정에 치명적인 거짓말이 침투하도록 만들 수 있다.

세상이 당신에게 말하는 것보다 하나님께서 당신에게 하시는 말씀에 귀 기울이는 것이 훨씬 중요하다. 그분의 음성을 신비한 방법으로 찾을 필요는 없다. 하나님은 당신을 위해 그것을 기록해 두셨다. 만약 당신이 소셜 미디어에서 거론되는 잘못된 가치관들

하와의 거짓말의 진전

하와는 거짓말에 **귀를 기울였다.**
그녀는 뱀에게 가까이 다가갔고,
그의 제안을 즐거워했다.
하와는 거짓말을 **곱씹었다.**
그녀는 그와 이야기를 나누었고,
그가 말한 것을 깊이 숙고했다.
하와는 거짓말을 **믿었다.**
그녀는 뱀의 약속이
하나님이 말씀하신 것보다
더욱 믿을 만한 가치가 있다고 믿었다.
하와는 그 거짓말대로 **행동했다.**
그녀는 열매를 먹었다.

에 노출되어 있다면, 당신은 반드시 하나님의 말씀을 통해 듣고 믿는 모든 것을 필터링해야만 한다.

만약 당신의 세대가 사탄이 벌이고 있는 싸움에서 승리하려면, 하나님의 말씀을 마음속에 담아 두어, 우리 문화를 통해 사탄이 하는 거짓말들을 앵무새처럼 되뇌는 사람들에게 정확하게 이야기해 줄 수 있음으로 시작해야 한다. 당신의 마음과 생각을 하나님의 진리로 가득 채우지 않으면, 당신은 결국 사탄의 거짓말을 믿게 될 것이다. 그리고 당신이 믿는 것(말로만 믿는 것이 아니라, 진정으로 믿는 것)은 당신이 **살아가는** 방식을 결정할 것이다. 하와는 그것을 어렵게 깨달았다.

하와는 사탄의 거짓말대로 행동하여 그와 협력했다 (그녀는 그 열매를 먹었다)

▶ 당신은 수업을 빼먹거나 엄마에게 투덜대는 자신을 발견하게 **될지도 모른다.**

▶ 당신은 거짓말을 하거나 음란물을 보게 **될지도 모른다.**

▶ 당신은 과식하거나 스스로 굶주리게 **될지도 모른다.**

당신이 어떻게 행동하든 상관없이 우리 삶의 모든 죄는 거짓말과 함께 시작한다. 먼저, 우리는 거짓말에 귀를 기울인다. 그리고 우리는 그것을 곱씹는다. 그리고 우리는 그것을 믿기 시작하고, 머지않아서 그것에 따라 행동하게 된다. 결국, 이러한 죄악 된 행동들은 우리 삶의 습관이 되고, 우리는 우리를 행복하고 자유롭게 해 줄 것이라고 생각했던 것들에 갇힌 느낌, 즉 속박당해 있는 우리 자신을 발견하게 된다.

거의 10년이 지난 지금도 케이틀린은 여전히 자신에 대해 믿는 거짓말에 따라 행동하는 속박 상태에 놓여 있다. 거식증과 폭식증과의 싸움은 여전히 끝나지 않았고, 의사의 권고, 수년간의 상담, 항우울제 처방, 심지어 정신 병원에 입원하기까지 했었다. 하지만 그 어떤 것도 도움이 되지 않았다. 우리는 그녀가 한 가지 중요한 요소를 놓치고 있다고 생각한다.

진리!

켈리(Kelly)는 거식증과의 싸움에서 전혀 다른 결과를 가져온 친구이다. 어느 날 그녀는 상담사 사무실에서 아무것도 먹지 않기로 한 날에는 자신을 집어삼킬 것만 같은 우울감이 찾아오는 것에 관해 이야기했다. 그 상담사는 거짓말에 협조하기를 멈추고, 진리로 그녀의 마음을 가득 채우는 선택을 할 필요가 있다고 말했다. 켈리는 그 순간 빛이 그녀의 마음속에 어떻게 들어왔는지를 회상하며 이렇게 이야기한다.

> "제가 이걸 선택한다고요? 제가 다른 것을 느끼도록 선택할 수 있다고요? 제 마음을
> 진리로 다시 훈련하면, 이 싸움에서 이길 수 있다고요?"

켈리는 그날 바로 사탄의 거짓말에 협력하는 것을 멈추고, 진리로 그 거짓말들에 대항하기 위해 스스로 몇 가지 조치를 취했다. 그녀는 하룻밤 사이에 완벽한 승리를 경험하지는 못했다. 그것과는 거리가 먼, 힘들고 기나긴 싸움을 벌여야만 했다. 때때로 그녀는 음식에 지나치게 집중하고 싶은 충동을 느끼지만, 13년간의 섭식 장애로부터 자유를 경험하고 있다!

그녀는 무엇을 했을까?
속박으로 몰아넣는 거짓말들을 극복하기 위해 당신은 무엇을 할 수 있을까?
다음 장에서 자세히 설명하고자 한다.

3장_진리

어떻게 해야 진리를 따를 수 있는가?

"그런즉 서서 진리로 너희 허리띠를 띠고…"

- 에베소서 6:14 -

1983년, 캘리포니아의 J. 폴 게티 박물관은 잔프랑코 베키나(Gianfranco Becchina)**라는 미술품 딜러의 제안을 받았다.** 그는 기원전 6세기에 제작된 대리석 조각상을 가지고 있었다. 이 조각상은 남자 청소년 조각상인 '코우로스(kouros)'라고 알려졌다. 이는 매우 놀라운 발견이었다. 이런 종류의 조각상은 극히 드물기도 하고, 보통은 손상되거나 금이 가 있는 경우가 많은데, 이 조각상은 거의 완벽에 가까웠기 때문이다.

박물관은 그 작품을 분석하고 진품 여부를 확인하기 위한 전문가 팀을 구성하여 조사를 시작했다. 핵심 샘플을 분석한 결과, 그리스의 고대 대리석인 백운석으로 만들어진 것임이 밝혀졌다. 그리고 표면은 몇천 년까지는 아닐지라도, 몇백 년에 걸쳐서 형성된 얇은 방해석 층으로 덮여 있었다.

연구원들은 이 조각상의 소유주를 추적해 1930년대의 스위스 의사 라우펜베르거(Lauffenberger)와 그 이전의 유명 그리스 미술품 상인 루소스(Roussos)로 추정했다. 연구

팀은 이 코우로스가 진품이라는 것에 동의했고, 박물관은 마침내 이 작품 한 점을 700만 달러에 구입했다. 〈뉴욕 타임즈〉는 그 구매에 큰 박수를 보냈고, 미술 애호가들은 미국 전역에서 이 작품을 감상하기 위해 몰려들기 시작했다.

하지만 세 사람은 그 조각상이 진품이라고 확신하지 못했다. 박물관 이사회의 일원인 페데리코 제리(Federico Zeri)는 조각상의 손톱을 관찰하며 무언가를 찾아냈다. 무언가가 잘못된 것 같았다. 그리스 조각 분야의 전문가인 에벨린 해리슨(Evelyn Harrison)은 조각상을 처음 본 순간 직감적으로 무언가 잘못되었다는 것을 느꼈다. 뉴욕 메트로폴리탄 미술관의 전 관장인 토머스 호빙(Thomas Hoving)은 자신이 가장 먼저 떠오른 단어가 '신선하다'였다고 말했다. 2,600년 된 조각상을 묘사하는데, '신선하다'라는 단어는 어울리는 단어가 아니었다. 이 세 명의 비주류 그룹은 박물관에 이를 좀 더 자세히 조사해 보라고 압력을 넣었다.

서서히 진실이 드러나기 시작했다. 변호사들이 문서들을 추적한 결과, 1952년에 작성된 편지 중 하나에 20년이 지나서야 존재했던 우편번호가 적혀 있음을 발견했다. 그리고 또 다른 편지에는 10년이 지나서야 개설된 은행 계좌가 언급되어 있었다. 그리스 미술 분석가들은 그 조각상의 발이 틀림없이 고대의 것이나 그리스의 것이 아닌 현대적이고 영국적인 것이라고 판단했다. 또한 표면에 덮여 있던 방해석은 대리석 조각상을 몇 달간 감자 틀에 담궈 두어 만든 것으로 밝혀졌다.

알고 보니 박물관은 1980년대 초 로마의

진리를 위한
리트머스 테스트

하나님은 진리와 교묘하게 위장한 거짓말을 구별하는 것이 얼마나 어려운지 알고 계신다. 그래서 하나님은 우리의 상상력에 아무것도 맡기지 않으셨다. 요한복음 8장 31-32절에서, "너희가 내 말에 거하면 참으로 내 제자가 되고 진리를 알지니 진리가 너희를 자유롭게 하리라"라고 말하듯 말이다.

이것은 우리를 하나님의 말씀으로 돌아가게 한다. 만약 우리가 진리를 듣고, 그 안에 거하고, 믿고, 그에 따라서 행동한다면 진리는 우리를 자유롭게 할 것이다.

한 모조품 공방에서 만들어진 가짜를 구입한 것이었다. 결국 예술에 대한 지식을 굳건히 지키고 대세나 주류에 휩쓸리지 않은 세 사람이 진실을 지켜 냈던 것이다.

이 이야기는 크리스천인 우리에게 매우 강한 본보기가 된다. 어쩌면 저항을 최소화하는 길은 "그것이 정말 사실입니까?"라고 묻지 않고, 흐름에 따라 군중을 따라가는 것일지 모른다. 따라서 그리스도를 사랑하고 진리의 편에 서는 사람들은 언제나 소수인 것 같다. 그러나 우리는 아무리 소수의 사람들만이 동의하더라도, 진리의 편에 서도록 부름받았다.

그런즉 서서 진리로 너희 허리띠를 띠고 의의 호심경을 붙이고 (엡 6:14)

이렇게 진리의 편에 서 있는 법을 배우려면 어떻게 해야 할까? 제리, 해리슨, 그리고 호빙이 했던 것처럼 하면 된다. 진리에 매우 친숙해지게 되면, 사기꾼이 나타나도 그것이 위조품이라는 것을 금방 알아차릴 수 있다.

"진리를 공부해야 한다."

거짓말의 근원이 사탄이라는 것을 아는 것만으로는, 심지어 당신이 어떻게 사탄과 협력하여 거짓말에 힘을 실어 주었는지 깨닫는 것만으로는 충분하지 않다. 진리에 더욱 친숙해지고, 진리로 충만해져야 한다.

진리의 정의

이 책을 집필하는 동안, 200명 이상의 크리스천 1020 여성들에게 거짓말의 정의와 진리의 정의를 써 달라고 요청해 봤다. 대부분 당황했다. 정의하기를 시도했던 사람

중, 그들이 내린 정의의 대부분은 '거짓말은 사실이 아닌 것', '진리는 거짓말이 아닌 것'이라고 하는 그저 반대적 의미의 진술에 불과했다.

이러한 정의의 문제점은 그들이 순환 논법을 사용한다는 것이다. 즉, 거짓말이나 진리의 정의에 대한 근본적인 출발점이 없다는 것이다. 너무 원론적인 이야기를 하는 것처럼 보인다면, 잠시만 양해해 주기를 바란다. 우리는 이것을 꼭 바로잡고 싶다.

우리가 앞 장에서 거짓말은 '사기꾼'과 같다고 언급한 것을 기억하는가? 사전(Dictionary.com)에서는 진리를 "표준이나 원본에 일치하는 것"이라고 말한다.[1] 앞서 이야기한 게티 박물관의 직원들은 700만 달러의 조각상에 대한 진실을 원본의 코우로스의 표준과 비교해 봄으로써 밝혀냈다. 따라서 우리는 모든 생각과 행동을 '표준' 또는 '원본'과 일치시켜야 한다. 그렇다면 문제는 이것이다. 진리를 위한 우리의 표준은 무엇인가? 진리라 정의되는 '원본'이란 무엇인가?

> **진리**
>
> 언제 어디서나 누구든지 승인할 수 있는 보편적인 법칙이나 사실, 표준이나 원본에 일치하는 것. '예수 그리스도'

진리의 근원

진리의 표준이나 원본은 예수 그리스도이시다. 이 근본적인 사실을 알고 있는 그리스도인은 거의 없는 것 같다. 진리의 정의를 물어본 수백 명의 크리스천 1020 여성들 중 단 한 명만이 진리를 정의했다.

"진리는 예수 그리스도와 그분의 말씀이다."

예수님은 "내가 곧 길이요 진리요 생명이니"(요 14:6)라고 말씀하셨다. 그분은 진리의 정의이시다. 그분은 완벽한 표준이셔서, 무엇이 옳고 선하고 진실 된 것인지 결정하신다. 예수님은 우리에게 진리를 계시하시되, 기록된 하나님의 말씀인 성경을 통해 하신다. 사실 '말씀'은 예수님의 이름 중 하나이다(요 1:14).

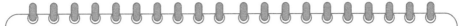

하나님은 거짓말하실 수 없다

'하나님께서 하실 수 없는 일이 있다'는 걸 쉽게 받아들이지 못할 수도 있지만, 그것은 분명한 사실이다. 민수기 23장 19절은 "하나님은 사람이 아니시니 거짓말을 하지 않으시고"라고 말하며, 디도서 1장 2절 역시 하나님은 거짓말을 하지 않으신다고 확인한다. 하나님은 거짓말을 하실 수 없다. 그분은 진리이시기 때문에, 거짓말은 그분이 누구신지에 대한 정반대이다.

그분의 말씀을 찾다가 그분이 "네 아름다움을 사모"하시며(시 45:11), 우리를 "결코 떠나지 아니하시며"(신 31:6), 그 어떤 것도 우리를 그분의 사랑에서 끊을 수 없다(롬 8:39)는 사실을 확인하노라면, 얼마나 큰 위로가 되는지 모른다. 우리의 감정이나 상황이 어떠하든 우리는 그분의 말씀을 신뢰할 수 있다.

현재 당신의 상황이나 감정이 거짓말을 믿도록 만드는가? 그러한 상황에서 과연 당신은 진리를 드러내는 성경 구절을 떠올릴 수 있는가?

예수님께서 기록된 말씀을 통해서 진리를 계시하신다면, 우리는 어떻게 그 말씀을 사용해서 우리를 향해 던져진 거짓말들과 맞서 싸울 수 있을까? 자, 자기 몸에 관해 믿었던 거짓말을 극복하고, 거식증과 폭식증을 멈추었던 켈리를 떠올려 보라. 그녀가 수년간의 속박으로부터 자유롭게 되었던 것을 기억하는가? 그녀가 어떻게 그렇게 했었는가?

그녀는 그리스도와 그분의 말씀으로 돌아섰다. 자신이 믿었던 거짓말을 반박하는 구절들을 찾아서, 그 구절들을 적어 내려갔고, 그녀의 방, 차, 교과서 등, 스테이플러나 테이프, 접착제로 붙일 수 있는 모든 곳에 붙여 놓았다. 마음과 감정이 거짓말로 공격을 받을 때마다 그녀는 그 구절들을 소리 내어 읽었다. 점차 진리로 마음이 새로워지면서, 그녀의 생각은 바뀌기 시작했다.

> "저는 곧바로 달라졌다고는 느끼지 않았지만, 언제부터인가 제게 무기가 생겼다는 걸 알았어요. 한때 강력하다고 느꼈던 거짓말을 믿는 대신에, 제가 소리 내어 읽은 내용들을 점점 더 믿기 시작했죠."

켈리는 매일 하루 종일 음식에 대해 생각하고, 자신의 가치와 외모에 관한 거짓말로 가득 찬 속박에서 벗어나, 진리를 믿고 진리에 따라 행동할 수 있는 자유를 얻었다.

> "어느 날, 한 친구가 섭식 장애에 대한 생각을 멈출 수 없어서 그걸 극복할 수 없을 것 같다고 말했을 때, 저는 제가 거기서 자유로워졌다는 걸 알았어요. 저도 그랬었으니까요. 그날 저는 제가 몇 달 동안 그런 생각을 하지 않았음을 깨달았어요. 저는 자유로워졌어요."

진리가 너희를 자유롭게 하리라

거짓말을 믿으면 어떠한 결과가 따라오게 된다. 이러한 결과에는 우울감, 관계의 문제, 절망감 같은 것들이 포함될 수 있다. 진리를 믿는 것에도 결과가 따라온다. 예수님은 당신과 내가 진리를 알 수 있고, "진리가 너희를 자유롭게 하리라"(요 8:32)라고 약속하셨다. 켈리를 비롯한 수많은 사람들이 이 자유를 경험했다. 이제 당신의 차례다.

쉽지 않을 것이다. 앞서 말했듯이 당신은 소수에 속할 것이다. 군중과 맞서 싸워야 할지도 모른다. 따라서 당신은 군중과 함께할 것인지, 진리에 편에 설 것인지를 가능한 한 일찍 결정해야 할 필요가 있다. 지금 당신의 삶은 타협할 것인지 진리 안에서 걸어갈 것인지에 대한 패턴을 만들어 가고 있다. 오늘 당신이 하는 결정은 장기적으로 영향을 미칠 것이다. 진리에 기반을 둔 삶을 사는 것은 당장에는 어려울 수 있다. 하지만 남은 평생에 유익을 얻을 수 있다.

이제, 1020 여성들이 믿고 있는 25개의 거짓말을
하나씩 하나씩 파헤쳐 보자.
진리의 편에 서 있기를 시작해 보자!

주의 말씀의 강령은 진리이오니
주의 의로운 모든 규례들은 영원하리이다 (시 119:160)

PART 2

1020 여성들이 믿고 있는 거짓말

셸리(Shelly) ✕

교회 사람들이 하나님은 우리 아빠 같은 분이라고 해서,
하나님이 싫어지고 있어.
넌 아마 우리 아빠가 어떤 사람인지, 나한테 무슨 짓을 했는지 모를 거야….
하나님이 정말 그런 분이라면… 안 돼!

다 알지는 못하지만, 셸리! 하나님과의 관계는 아빠랑 관계 맺듯이 맺진 않아~
나도 지난 몇 년간 우리 아빠랑 사이가 좋지 않았어. 하지만 난 하나님을 우리 아빠랑 완전히 분리해서 생각해. 하나님은 우리 친아빠처럼 모든 것을 망치지 않으시는 '완벽한 아버지'시거든.
나는 하나님을 나의 아버지라고 생각하긴 하지만, 우리 아빠랑 같진 않다고 생각해.

Send |

4장_하나님에 관한 거짓말

> "우리가 하나님에 관하여 생각할 때,
>
> 우리 마음속에 떠오르는 것이 우리에게 가장 중요한 것이다."
>
> - A. W. 토저 -

이제 1020 여성들이 믿고 있는 25가지의 거짓말을 소개하려 한다. 그런데 우선, 몇 가지 기본 규칙들을 살펴보자.

1. 인생의 모든 문제에 대한 답을 찾을 수 있을 거라고 기대하지는 말라. 이 25가지 목록은 완전한 것이 아니다. 사탄은 속임수의 대가이다. 그의 거짓말은 끝이 없다. 우리의 목표는 단순히 오늘날 크리스천 1020 여성들이 '가장 흔히 믿고 있는 거짓말' 몇 가지를 다루는 것이다. 그리고 이 책의 마지막 부분에서 우리가 놓친 거짓말에 대처하는 방법을 알려 줄 것이다.

2. 당신을 괴롭히는 거짓말을 극복하기 위한 단계별 가이드를 기대하지 말라. 우리는 이 거짓말을 속속들이 다루지는 않을 것이다. 이러한 주제들에 대해서는 이미 많은 책이 집필되어 있다. 우리의 목표는 당신의 삶을 파괴할 수 있는 종류에 대한 대

략적인 개요를 제공해 주는 것이다. (이 주제들에 대한 더 많은 도움말과 진리들을 확인하려면 LiesYoungWomenbelieve.com 블로그를 확인하라.)

3. 자라 가기를 기대하라. 이 거짓말들에 대한 당신의 첫 번째 반응은 "나는 그 거짓말을 믿고 있지 않아요"일 수도 있다. 그러나 우리가 정말 믿고 있는 것은 우리가 무엇을 말하는지로 드러나지 않고, 우리가 어떻게 살아가고 있는지에 의해 드러난다. 진리를 안다고 해서 그것을 믿고 있는 것은 아니다. 자신에게 물어볼 필요가 있다. "나는 이 거짓말을 믿고 있는 것처럼 살고 있는가?"

4. 성경을 사용하라. 우리의 말(혹은 타인의 말)을 진리로 받아들이지 말라. 당신은 어떤 점에서 우리 의견과 다를 수 있다. 중요한 것은 우리가 어떻게 생각하는지(혹은 당신이 어떻게 생각하는지)가 아니라, 하나님이 어떻게 생각하시는지이다. 모든 것을 하나님의 말씀의 잣대를 통해 검토하고 평가하는 것을 배우기 바란다. 시간을 할애하여 우리가 포함시킨 성경 구절을 찾아보라. 그것을 기도 일기장에 적어 보는 것도 좋다. 당신을 진리로 충만하게 하는 데 도움이 될 것이다.

5. 다른 사람들과 교제하라. 이는 매우 중요한 문제여서, 이를 돕기 위해 우리는 이 책의 '스터디 가이드북'까지 만들었다. 특정한 문제와 싸우고 있다고 생각하는 1020 여성들이 우리의 관찰 그룹에 많이 참여했다. 그들은 다른 사람들과 교제를 나누면서, 자신이 혼자가 아님을 깨달았다. 당신도 동일한 경험을 하기 원한다. 학습서를 가지고서 이 주제들을 다른 이들과 함께 탐구한다면, 당신은 진리 안에서의 삶을 걸어 나가는 데 도움이 되는 경건한 사귐의 힘을 경험하게 될 것이다.

먼저, 1020 여성들이 하나님에 관하여 믿고 있는 거짓말부터 살펴보자. 이보다 더 중요한 것은 없다. 당신이 만약 하나님에 관하여 잘못된 생각을 가지고 있다면, 다른 모든 것에 관하여도 잘못된 생각을 가지고 있을 수 있다. 당신이 하나님에 관하여 믿고 있는 것이 곧 당신의 삶의 방식을 결정한다. 당신이 하나님에 관하여 진리가 아닌 것을 믿는다면, 당신은 결국 그 거짓말에 따라 행동하게 되고, 끝내 속박을 당하게 될 것이다.

> ### 거짓말 01.
> ### "하나님만으로는 충분하지 않아."

시작하자마자, 우리의 관찰 그룹의 응답자 대다수는 "하나님만으로는 충분하지 않아"라는 말에 동의한다고 했다. 사실 우리는 많은 사람들이 이 거짓말을 의식적으로 믿고 있다는 사실에 조금 충격을 받았다. 공유된 많은 내용들이 이 거짓말에 대한 경각심을 불러일으켰다. 1020 여성들은 다음과 같은 생각들을 해 본 적이 있다고 고백했다.

▶ '부모님과 함께 지낼 **수만 있다면**, 그걸로 충분할 것 같아.'
▶ '좋은 친구를 한 명 만날 **수만 있다면**, 그걸로 충분할 것 같아.'
▶ '졸업생 대표가 될 **수만 있다면**, 그걸로 충분할 것 같아.'
▶ '육상 팀에 들어갈 **수만 있다면**, 그걸로 충분할 것 같아.'

한 가지가 지속적으로 대화의 주제로 떠오르고 있다. 다음 장에서 더 자세히 다룰 예정이지만 여기서 잠시 언급하고자 하는 것은, 하나님을 능가하는 가장 중요한 존재가 바로 친구라는 점이다. 의외로 많은 사람들이 하나님보다 친구가 더 필요하다고 믿고 있다. 대부분의 응답자는 자신들에게 문제가 있거나 조언이 필요할 때, 그것을 하나님께 아뢰기보다 친구에게 메시지를 보내거나 전화를 걸 가능성이 높다고 인정했다.

"기도할 때, 하나님의 음성이 들리는 것처럼 느껴질 때가 많아요. 하지만 친구들에게서 듣는 즉각적인 응답하고는 좀 다른 것 같아요."

"저는 하나님께 먼저 아뢰는 대신, 종종 친구들에게 이야기해요. 즉각적인 응답을 들을 수 있고, 내 편을 들어줄 거라고 믿기 때문이죠."

"제 친구들과 하나님이 함께할 수만 있다면, 행복할 것 같아요."

꽤 엉뚱하게 들리지 않는가? 그래도 좋은 소식은 이 거짓말을 믿었던 대부분의 사람들이 자기 행동이 자신의 진짜 믿음을 드러내는 영역이라는 사실을 알고 있었다는 것이다.

하나님을 위해 창조된 우리의 마음은 하나님 외에는 그 무엇으로도 채울 수 없다. 나(낸시)는 이 기본적인 진리를 깨닫기까지 수년이 걸렸다. 10대 때부터 청년 때까지, 나는 감정적인 부분을 채우기 위해 다른 사람들을 찾는 경향이 있었다. 하지만 나는 그로부터 만족을 느낄 수 없었고, 늘 '더 많이' 갈망했다. 그리고 내가 의지했던 사람들이 어떠한 이유로든 나와 멀어지면, 나는 우울해졌다. (그리고 다른 사람들도 우울하게 만들었다.)

서른 살이었을 때는 친한 친구이자 멘토 한 명이 죽었고, 다른 한 명은 이사를 갔으며,

> ### 나는 하나님보다
> ### 친구를 더 필요로 한다
>
> 우리는 1020 여성들에게 "하나님만으로는 만족할 수 없어"라는 진술에 응답해 달라고 요청했다.
>
> ① 늘 혹은 때때로 동의한다: 88%
>
> ② 동의하지 않는다: 12%
>
> 대부분의 응답자는 친구 없이는 살 수 없으며, 친구를 의지하고 있다고 답했다. 물질적인 것들은 많은 차이로 2위에 랭크되었다.

세 번째 친구는 비극적인 상황을 당하면서 내 삶에서 멀어졌다. 나는 충격에 빠졌다.

그 후 몇 달간, 나는 하나님께 대한 실망감으로 힘들어했고, 그 믿음에 대한 강렬한 의심과 내내 싸웠다.

그러다가 마침내 주님께 부르짖기 시작했을 때, 주님은 내가 내 필요를 충족시키고 내 마음속 깊은 곳을 채우기 위해서 친구들을 찾고 있었다는 것을 깨닫게 해 주셨다. 나는 사람들을 하나님의 자리에 앉혀 두었고, 그들을 내 삶의 우상으로 삼았음을 발견했다. 나의 채워지지 않는 갈망을 진정으로 채워 줄 수 있는 사람(혹은 어떤 것)은 지구상에 없다는 것을 깨달았으며, 변하지 않으시고 나를 떠나지 않으시는 하나님보다 나에게서 멀어질 수도 있는 사람들을 신뢰하고 있었기 때문에 불안했다는 것을 깨달았다.

그때의 절망적인 시기는 내 인생의 크나큰 전환점이 되었다. 나는 우상 숭배를 회개하고, 하나님만이 채워 주실 수 있는 필요를 다른 사람들이 채워 주기를 기대했던 내 모습을 생각나게 해 달라고 하나님께 아뢰었다. 그분은 내가 솔직하게 말할 수 있는 자리로 나를 인도하셨다.

> 하늘에서는 주 외에 누가 내게 있으리요
> 땅에서는 주 밖에 내가 사모할 이 없나이다 (시 73:25)

하나님은 당신의 필요를 채워 주시고, 가장 가까운 친구가 되어 주기를 원하신다. 그분의 말씀이 이렇게 약속한다. "나의 하나님이 그리스도 예수 안에서 영광 가운데 그 풍성한 대로 너희 모든 쓸 것을 채우시리라"(빌 4:19). 그리고…

▶ **그분은** 당신의 마음이 상했을 때, 치유해 주실 수도 있는 분이시다(시 147:3).

▶ **그분은** 여러분을 격려하고, 지키시고, 보호하실 수 있는 분이시다(시 121:7).

▶ **그분은** 다른 사람들이 당신을 실패하게 했을 때, 당신이 안전하다고 느끼게 해 주실 수 있는 분이시다(시 27:10).

▶ **그분은** 당신이 무엇을 할 수 있든 없든, 당신이 가치 있다고 느끼도록 만드실 수 있는

분이시다(마 10:29-31).

우리는 대개 친구들과 함께 시간을 보내면서 그들을 더욱 잘 알게 된다. 하나님과의 사귐을 갖는 것도 동일하다. 하나님의 말씀을 읽고 그분이 우리에게 무엇을 말씀하시는지를 생각하는 데 시간을 할애하거나, 기도하거나, 다른 사람들과 함께 예배하거나, 성경 공부를 함으로써 하나님과의 관계는 더욱 깊어진다. 하나님을 더 많이 알게 될수록, 그분이 당신의 깊은 필요를 충족시킬 유일한 분이심을 더욱 알게 될 것이다.

많은 친구, 4.0 이상의 학점, 뛰어난 운동 능력, 멋진 옷, 행복하고 건강한 가족을 갖는 것에는 아무런 잘못도 없다. 하나님은 우리에게 이 모든 선물과 그 이상의 복을 주실 수 있다. 하지만 그 어떤 것도 우리 마음의 가장 깊은 갈망까지 만족시킬 수는 없으며, 이러한 선물들은 하나님과의 관계가 우리 삶의 중심에 있을 때만 진정한 의미가 있다.

> ### 거짓말 02.
> ### "하나님은 내 삶에 실제로 관여하고 계시지 않아."

옥스포드 대학 출판부는 미국 10대들의 영적 삶을 분석한 획기적인 연구 결과를 발표했다. 그들은 하나님을 믿는다고 주장하는 10대들의 신앙이 일종의 '이신론'으로 설명할 수 있다는 사실을 발견했다.[1] 이들은 하나님이 존재하고, 그분이 세상을 창조하셨다고 믿지만, 지금은 하나님께서 그것들에 무관심한 상태로 계신다고 생각한다. 우리는 크리스천 10대 여성들이 이것에 동의하지 않기를 정말로 바랐지만, 그들은 그렇지 않았다. 대다수는 하나님이 자신의 삶에 실제로 관여하지 않으신다고 생각하는 경향이 있었다. 그 이유를 다음과 같이 설명했다.

"하나님은 정말 크신 분이시잖아요, 전쟁이나 자연재해 등 신경 쓰실 일이 얼마나 많으시겠어요. 제 삶에서 무슨 일이 일어나는지 신경 쓰신다는 건 믿기 어려운 일이에요."

잠시 멈춰서 생각해 보라. 당신은 전능하시고 전지하신 우주의 하나님을 믿는다고 말하면서, 그분이 당신 삶의 세세한 부분들을 알아차리지 못하시거나 신경을 기울이지 못하신다고 생각하는가? 예수님께서 하신 말씀을 들어 보라.

참새 다섯 마리가 두 앗사리온에 팔리는 것이 아니냐

그러나 하나님 앞에는 그 하나도 잊어버리시는 바 되지 아니하는도다.

너희에게는 심지어 머리털까지도 다 세신 바 되었나니

두려워하지 말라 너희는 많은 참새보다 더 귀하니라 (눅 12:6-7)

나(다나)는 하나님께서 내 인생의 가장 세세한 부분들에까지 관여하시며, 그분의 신실하심과 사랑을 거듭 증명해 주시는 것을 발견했다. 몇 년 전에 나와 남편은 한 무리의 사람들을 이끌고 아프리카 잠비아로 떠났다. 의료 서비스가 충분하지 않은 제3세계 국가에서 29명의 사람들을 책임져야 한다는 생각에 매우 긴장한 나는, 떠나기 전 하나님께 모두의 건강을 지켜 주시고 깜빡하고서 챙기지 못한 것이 있다면 어떻게든 챙겨 달라고 간구했다.

그곳에서의 첫날 밤, 내 남편 밥(Bob)은 심한 코피에 시달렸다. 나는 코피가 그렇게나 쏟아져나오는 것을 처음 봤다. 우리는 그날 밤새도록 코를 싸매며 출혈이 멈추기를 기도했다. 아홉 시간이 지났지만 피는 여전히

임마누엘

이 하나님의 이름은 하나님이 우리 삶에 매우 친밀하게 관여하신다는 사실을 상기시켜 준다.

'엘'은 하나님을 의미한다. 그리고 이름의 첫 번째 부분은 '우리와 함께'라는 뜻이다. 하나님은 '우리와 함께하시는 하나님'이시다.

멈추지 않았고, 우리는 동맥을 지혈하기 위한 소작 시술을 위해 지역 병원을 방문해야 겠다고 판단했다.

남편의 여권과 기타 서류들을 챙겼고, 잠비아 친구들이 그를 병원으로 데려가려고 했을 때, 나는 하나님께 한 번 더 간청했다. '하나님… 제발 병원으로 방문하는 이 발걸음을 피할 수 있게 해 주세요….' 바로 그때, 친한 친구 제임스 브라운이 기숙사에서 뛰어나오면서 그의 짙은 남부식 억양으로 소리쳤다. "밥이 코피를 흘리고 있다고?" 나는 기다리던 차를 향해 걸어가면서 대답했다. "응. 지금 병원으로 보내 보려고." 그랬더니, 그가 우리를 향해 걸어오면서 작은 봉투를 흔들며 말했다. "병원 안 가도 돼. 나도 지난 주에 그랬는데, 응급실 의사가 이런 일을 대비해서 나한테 코 소작 시술 키트를 몇 개 보냈어. 여기서 시술할 수 있어." 와우! 하나님은 밥과 나를 충분히 배려하셔서 친구에게 필요한 물건을 챙기라고 정확히 지시하실 정도로 나를 아끼셨다. 그런데 그분은… 당신에게도 그만큼 관심을 갖고 계신다.

그러니 어쩌면 하나님이 당신에게서 멀리 떨어져 계신 것이 아니라, 당신이 하나님으로부터 멀리 떨어져 있는 것일 수도 있다. 야고보서 4장 8절은 우리를 초대한다. "하나님을 가까이 하라 그리하면 너희를 가까이하시리라. 죄인들아 손을 깨끗이 하라 두 마음을 품은 자들아 마음을 성결하게 하라." 당신은 시간을 할애해 하나님을 가까이하고, 그분이 항상 당신 가까이에 계신다는 사실을 깨달은 지 얼마나 되었는가? 하나님이 존재하지만 내 삶에 관여하고 계시지 않는다고 믿는 것은 결국 두 마음을 갖는 것이다.

두 마음에 관해서라면, 여기 다음 거짓말을 확인해 보라.

거짓말 03.
"하나님은 내 문제를 해결해 주셔야만 해."

"하나님은 내 삶에 실제로 관여하지 않으셔"라고 믿는 1020 여성들이 많음에도, 이 거짓말이 많은 1020 여성들에게 받아들여지고 있다는 것은 참 아이러니한 일이다. 우리가 만난 대부분의 1020 여성들은 하나님이 자신의 문제를 해결해 주실 거라고 기대해서는 안 된다는 것을 머릿속으로는 알고 있다고 말했다. 하지만 자신의 행동이 '하나님은 해결해 주셔야만 한다'는 거룩하지 못한 믿음을 보이고 있다고 기꺼이 인정했다. 한 10대 여성은 그것을 다음과 같이 요약했다.

"저는 '하나님이 내 문제를 해결해 주셔야만 한다'는 것을 믿으면 안 된다는 걸 알아요. 하지만 우리는 크리스천으로서 대부분 이런 생각을 하지 않나요? 대부분의 사람들은 규칙적으로 기도하는 습관이 있지 않는 한, 문제를 해결받기 위해 하나님이 필요할 그때 하나님께 나아가 기도하거든요."

심지어 규칙적으로 기도하는 습관이 있는 많은 크리스천들조차도 찬양, 감사, 설교 듣기, 고백을 포함한 균형 잡힌 기도 생활을 하려고 하기보다는 하나님께 'to-do(할 일)' 리스트를 제시하는 경향이 있다. 이런 생각은 하나님을 마치 우리를 즐겁게 하고 우리를 섬기기 위해 존재하는 우주의 '지니'로 전락시킨다. 그것은 삶의 목표가 모든 문제에서 자유로워지는 것, 즉 어렵거나 불쾌한 모든 것을 제거하는 것이라고 암시한다.

10대들이 기도하는 방법

규칙적으로 기도하는 대부분의 10대들은 기도 시간의 대부분을 하나님께 무엇인가를 간구하는 데 할애한다고 인정한다.

77% 아픈 친구나 친척들을 위해 기도함.

72% 개인적인 필요를 구함.

71% 국제적 문제들을 위해 기도함.

23% 물질적인 것을 구함.

기도는 하나님과의 쌍방의 교제를 의미한다. 그분의 말씀을 듣고, 그분을 찬양하고, 그분께 감사하고, 그분을 기다리고, 그분의 말씀을 묵상하고, 우리의 필요를 그분께 아뢰는 것이 포함되어야 한다. 만일 당신의 기도가 대부분 개인적인 간구로 구성되어 있다면, 당신은 아마도 '하나님은 내 문제들을 해결해 주셔야만 해'라는 거짓말을 믿고 있는 것일 수도 있다.

하나님은 우리가 당면한 문제를 즉각적으로 해결하시는 것보다, 우리를 변화시키시고 자신을 영화롭게 하는 데 더 많은 관심을 쏟으신다(롬 8:29). 그렇다고 하나님이 우리의 중요한 문제들에 신경을 쓰지 않으신다는 뜻은 아니다. 그분은 우리가 생존해 나가는 것을 보기 위해 하늘에 앉아서 가만히 기다리시는 분이 아니시다. 아니, 성경의 하나님은 "환난 중의 큰 도움"이시다(시 46:1). 그러나 그분은 또한 우리의 문제를 사용하셔서 우리를 자기 아들 예수와 같이 만들고 빚어 나가시는 데에도 관심을 쏟으신다. 성경은 우리가 "그가 받으신 고난을 통한 순종"을 배워야 한다고 말하며(히 5:8), 하나님께서 우리 인생 가운데 고난을 사용하심으로 우리를 그분께 더욱 가까이 가도록 이끄시고, 그분께 더욱 반응하고 순종하게 하신다고 말한다.

사실, 성경은 하나님이 우리 인생의 시련과 어려운 시기를 사용하여 우리를 성장하도록 도와주신다고 가르친다. 야고보서 1장 2-4절은 "시험을 당하거든 온전히 기쁘게 여기라. 믿음의 시련이 인내를 만들어 낸다"라고 말한다. 그리고 로마서 5장 3-4절은 "환난은 인내를, 인내는 연단을, 연단은 소망을 이룬다"라고 말한다. 즉, 우리가 아무리 시련과 고난 중에 있더라도, 하나님은 우리의 삶에서 일하고 계신다는 것이다!

어떤 분들은 하나님께서 우리의 삶에 허락하신 고난에 순종하는 것이 중요하다는 좋은 조언을 다음과 같이 해 주셨다.

> "하나님께 문제를 해결해 달라고 기도하는 것도 좋지만, 문제 너머를 바라보고, 그 문제를 통해 하나님께서 무언가를 가르쳐 주시려는 것일 수도 있다는 걸 알아야 해요."

> "정말로 자신을 낮추고 그분의 뜻에 복종해야 해요. 자신을 내려놓고, '주님, 무엇을 원하시든지…'라고 말하세요."

우리 기도 생활의 초점은 "하나님, 제가 원하는 건 이것입니다"가 아닌, "하나님, 저

에게 무엇을 원하십니까?"가 되어야 한다. 그리스도를 닮아 가고자 하는 우리의 목표는 그분이 기도하신 방식을 따라 기도해야 한다. 예수님은 자신의 가장 큰 시련의 순간에 이렇게 기도하셨다. "내 아버지여 만일 할 만하시거든 이 잔을 내게서 지나가게 하옵소서. 그러나 나의 원대로 마시옵고 아버지의 원대로 하옵소서"(마 26:39). 우리는 이러한 종류의 순종과 복종을 반영하는 기도를 자주 듣지는 못한다. 하지만 그리스도의 모범을 따르도록 부름받았다.

나(낸시)는 내 스물한 번째 생일 주말에 이 영역에서의 큰 시험을 처음으로 경험했다. 나는 부모님과 여섯 명의 형제자매들을 만나면서 주말을 본가에서 보냈다. 토요일 오후, 부모님은 내가 지역 교회에서 봉사하고 있던 버지니아로 돌아가는 비행기를 타도록 공항으로 바래다주셨다. 아빠는 그날 오후에 친구들과 테니스를 칠 계획이셨기 때문에, 나를 내려 주셨을 때 테니스복을 입고 계셨는데, 그 모습이 내가 아빠를 이 땅에서 뵌 마지막 모습이 되었다.

내가 버지니아에 도착했을 때, 공항에서 내가 알고 지내던 한 가족을 만났다. 그들은 엄마가 나에게 연락이 닿기를 바라신다고 말해 주었다. (당시에는 휴대폰이 없었다!) 엄마에게 전화를 했더니, 아빠가 테니스 코트에서 심장마비를 일으켜, 땅에 눕기도 전에 돌아가셨다고 이야기해 주셨다. 아빠는 주님과 함께하셨다.

믿기 어려웠다. 아빠는 겨우 53세였고, 엄마는 겨우 40세였다. 어느새 엄마는 여덟 살에서 스물한 살까지의 일곱 자녀를 둔 과부가 되어 있었다. 아빠는 하나님을 향한 마음이 뜨거워 적극적으로 사역에 동참하셨다. 나와 내 형제자매들은 아빠를 너무 좋아했고, 아버지로서의 지혜와 모범에 늘 존경하는 마음을 가지고 있었다. 그러나 이제 저녁 식사 테이블에 둘러앉아서 아빠와 도란도란 이야기를 나눌 기회를 결코 가질 수 없게 되었고, 우리가 무언가 중요한 결정들을 내릴 때 조언을 구할 수도 없게 되었고, 자녀들의 결혼식에 참석하거나 손자를 품에 안아 보지도 못하게 되었다.

아빠가 세상을 떠났다는 소식을 듣는 순간, 주님은 내가 며칠 전에 읽었던 성경 구절 하나를 떠올리게 하셨다. "주는 선하사 선을 행하시오니 주의 율례들로 나를 가르치소서"(시 119:68). 그 엄청난 상실감 속에서, 하나님은 아빠가 오랜 세월 우리에게 가르쳐 준 말씀, 즉 비극 속에서도 하나님은 신뢰할 수 있는 분이라는 것을 상기시켜 주셨다. 확실히 죽음은 인류를 위한 하나님의 원래 계획에 포함되지 않은 것이 분명했다. 그러나 그분은 모든 것을 새롭게 하시는 선하시고 구속하시는 분이시다. 그리고 그 순간, 그분은 아빠의 죽음이 사고나 실수가 아닌, 더 크고 위대한 하나님의 계획의 일부이며, 이 가슴 아픈 상실을 통해 궁극적으로 그분께 영광을 돌리고, 나와 다른 사람들이 예수님을 더 닮아 가도록 사용하실 것이라고 내 마음에 확신을 주셨다.

돌이켜보면, 고통을 겪지 않게 지켜 달라고, 혹은 내 모든 문제를 해결해 달라고 하나님께 주장하기보다는 하나님의 결정(뜻)을 신뢰할 수 있도록 가르쳐 주신 아빠에게 정말 감사하다. 아빠가 남긴 가장 위대한 선물이다.

이는 우리를 중요한 주제인 '아버지'로 이끌고 온다. 아마도 당신은 내가 아빠랑 같이했던 경험과 동일한 경험을 해 보지 못했을 수도 있다. 그것이 **당신이 가진 하나님에 대한 인식**에 어떻게 작용할지에 관하여 이야기해 보자.

> ### 거짓말 04.
> ### "하나님은 우리 아빠랑 똑같아."

나(다나)는 전국 곳곳에서 10대들을 위한 행사를 진행하고 있다. 몇 년 전, 주님께서 나에게 그 행사들에 아버지에 관한 순서를 추가하라고 하시는 것 같았다. 안 그래도 나는 아버지의 부재와 관련한 이야기를 많이 들었고, 10대들이 직면하고서 자신의 아버지를 용서하는 과정을 시작할 필요가 있음을 느꼈다. 나는 그렇게나 많은 감정과 눈물이 쏟아질 줄은 몰랐다. 다음과 같은 이야기들을 들으면서 말이다.

"아빠는 내 여동생에게 입에 담을 수 없는 짓을 했어요. 그동안 아빠는 나를 완전히 무시했죠. 동생은 아빠의 애완동물이나 다름없었어요. 나는 아빠의 짐이었고요. 결국 아빠는 돌아가셨고, 엄마는 우리를 원하지 않으셨어요. 우리는 입양이 될 때까지 위탁 가정에서 또 다른 위탁 가정으로 옮겨 다녔죠. 사회 복지사들은 나에게 애착 장애가 있다고 진단하더라고요. 나는 정말이지 형편없는 아빠를 둬서 그렇다고, 그래서 그것을 치유하는 데 시간이 좀 걸리는 거라고 말하고 싶어요."

"지난 몇 년 동안 아빠하고의 관계가 그리 좋지 못했어요. 예전에는 '아빠의 딸'이었는데, 어느새 거리가 멀어졌고, 뭘 잘못했는지 모르겠어요. 저는 아빠와 관계를 맺은 것처럼 하나님과 관계를 맺고 싶지 않아요. 만약 그래야만 한다면 우리는 절대 관계를 맺을 수 없을 거예요."

당신이 아버지 혹은 당신이 믿었던 어떤 남자로부터 상처를 입은 적이 있다면, 당신은 하나님을 신뢰하기 어려울 수 있다. 심지어 그분을 두려워하거나 그분에게 괜히 화가 날 수도 있다. 아버지로서 하나님께 응답한다는 생각이 당신에게 거부감이 들지도 모른다. 하지만 그럼에도 불구하고 예수님은 제자들에게 하나님을 아버지라 부르라고 가르치셨다. 바울은 신자들에게 하나님을 아빠라는 뜻의 '아바'라고 부르기를 권한다(롬 8:15).

하나님은 아버지이시지만, 당신이 지금껏 알아 온 어떠한 사람과도 같지 않다. 가장 지혜롭고 가장 친절하신 지상의 아버지라도 우리 하늘 아버지를 희미하게 반영한 것에 불과하다. 성경의 하나님은 분명, 가장 훌륭한 아버지보다도 무한히 더 훌륭하시고, 순수하시며, 사랑이 넘치신다. 우리의 하나님 아버지는 온전하시고(마 5:48), 변함이 없으시다(약 1:17). 우리 지상의 아버지는 그런 존재가 될 수 없다(마 7:11). 당신이 어떻게 생각하거나 느끼는지에 상관없이, 하나님은 당신을 포함한 자기 자녀들을 지극히 사랑하시는 좋은 아버지이시며, 신뢰할 수 있는 분이시다.

지상의 아버지를 통해서 하나님과 관계하기보다, 하나님을 통해서 지상의 아버지와 관계하는 법을 배우라. 그런데 우리는 정말이지 이것과 거꾸로 생각하고 있다. 이 거짓말의 힘 중 어떤 부분은 우리가 지상의 아버지에게 어떻게 반응해야 하는지를 하나님께 물어야 할 때, 아버지와 같은 자질을 하나님께 부여하려고 하는 데서 비롯된다. 하나님은 당신에게 "네 아버지를 공경하라"(엡 6:2)라고 요구하신다. 그가 '좋은 아버지라면 공경하라'고 말씀하지 않으신다. 당신이 열여덟 살이 될 때까지 그를 공경하라고 하지 않으신다. 그저 아버지를 공경하라고 말씀하신다.

이것이 정말 어려울 때가 있음을 알고 있다. 당신의 아버지가 꽤 심각한 방식으로 당신에게 잘못을 저질렀을 수도 있다. 하지만 하나님은 우리에게 죄를 지은 사람들을 용서하라고 말씀하셨다(눅 11:4). 특히 당신의 아버지가 아버지로서 마땅히 보호하고 소중히 여겨야 하는 일에 실패한 사람을 마주할 때면, 용서하는 것이 불가능하다고 느껴질 수도 있다. 그러나 하나님의 말씀은 우리에게 용서할 자격이 있기 때문이 아니라, 그리스도께서 우리를 용서하셨기 때문에 용서하라고 요구하신다.

당신의 아버지가 얼마나 깊은 상처를 주었는지에 관계없이, 당신이 그를 용서하기로 선택하면 자유와 희망을 찾게 될 것이다. 우리는 그것이 결코 쉽다고 말하거나, 빠른 해결책이라고 말하는 것이 아니다. 용서와 치유는 길고도 힘겨운 여정을 동반한다. 그러나 하나님은 모든 걸음걸음마다 당신을 도우실 것이다.

켈리는 직접적인 유익들(마음이 깨끗해진 것 제외)을 경험하기 몇 해 전에 아버지를 용서했다.

"아버지는 제가 아기였을 때 집을 떠나셨어요. 10대가 될 때까지 저는 아버지를 본 적이 없었죠. 그런데 아버지는 저를 잘 모르고, 또 알고 싶지도 않다는 뜻을 전하셨어요.

아버지가 어떤 사람인지에 대한 제 모든 꿈이 산산조각 나더라고요. 저는 아버지를 용서하기 위한 여정을 시작해야만 했어요. 거기에는 어떤 보상도 없었어요. 무작정 용서했죠. 그랬더니 정말 자유로워지더라고요."

"1년 전, 제가 대학을 졸업하고 나서야 아버지는 마침내 저를 만나 보기로 결심하셨어요. 아직까지 좋은 관계를 가지고 있는 건, 용서를 경험하기 위해 8년이라는 시간 동안 사명을 다했기 때문에 하나님께서 좋은 관계를 허락해 주고 계신 것이라고 생각해요."

아버지에 대한 용서를 선택해 보는 것은 어떤가? 그런 다음, 애써 아버지의 인간적인 연약함들은 간과하고, 대신 아버지의 보호, 힘, 공급과 같은 강점들은 존경하기로 선택함으로써 아버지에게 다시 다가가기를 시작해 보았으면 한다. 이렇게 하면 아버지와의 관계가 치유될 수 있고, 하나님을 더욱 참된 빛* 안에서 바라볼 수 있게 된다.

앞으로 얼마나 많이, 혹은 얼마나 적게 부모님과 시간을 보낼 수 있을는지 결코 알 수 없다. 나의(낸시) 아버지가 돌아가시기 약 1주일 전, 아버지는 나에게 전화를 걸어서 내 스물한 번째 생일에 집으로 와서 가족들과 함께 보냈으면 한다고 말씀하셨다. 나는 2주 전에 가족들과 함께 휴가를 다녀왔고, 주말에는 일 때문에 바쁜 시간을 보내고 있어 결정하는 데 어려움을 겪었다. 아버지는 나에게 꼭 집에 오라고 말씀하진 않으셨지만, 결국 아버지의 요청을 받아들여야겠다고 생각했다. 정말 다행이었다. 그 주말에 우리 가족은 18개월 만에 처음으로 모두가 함께 모였다. 알고 보니, 아버지가 돌아가시기 전 우리 가족 모두가 함께한 마지막 시간이기도 했다.

하나님에 관한 이런 모든 거짓말은 성경을 공부하여 "영광의 광채이시요 그 본체의 형상이신"(히 1:3) **예수님을 아는 것으로 해결될 수 있다.** 당신이 그리스도를 있는 그대로 본다면, 하나님에 관하여 사실이 아닌 것들을 믿기란 더욱 어려워질 것이다.

* 아버지를 한 번도 만난 적이 없거나 아버지로부터 신체적 혹은 성적으로 학대를 받은 적이 있는 경우, 아버지를 '다시 만나는 것'이 불가능하거나 부적절하다고 생각되는 분은 용기를 내어 현명한 어른 혹은 목회자, 또는 상담사와 이야기를 나누어 보세요.

거짓말	진리
01 "하나님만으로는 충분하지 않아."	● 친구는 하나님을 위해 창조된 당신의 마음속을 결코 채울 수 없다(시 73:25). ● 하나님만으로 충분하다. 그분은 당신의 필요를 충족시키실 것이고, 당신의 가장 가까운 친구가 되기를 원하신다(시 40:4; 욥 42:4).
02 "하나님은 내 삶에 실제로 관여하고 계시지 않아."	● 당신은 하나님께 소중한 존재이며, 하나님은 당신 삶의 세세한 부분까지 관심을 갖고 계신다(시 34:15). ● 하나님을 가까이하면 그분도 당신을 가까이하실 것이다(약 4:8).
03 "하나님은 내 문제를 해결해 주셔야만 해 해."	● 하나님은 당신의 모든 문제를 해결하는 것보다 당신을 변화시키는 데 더 큰 관심을 갖고 계신다(히 5:8; 약 1:2-3; 롬 5:3-4). ● 기도 생활의 초점은 '내가 원하는 것'이 아닌, '하나님께서 원하시는 것'이 되어야 한다(마 6:44; 26:39).
04 "하나님은 우리 아빠랑 똑같아."	● 하나님은 아버지이시지만, 그분은 당신이 지금까지 알고 있던 어떤 사람과도 같지 않으시다(마 5:48; 7:11; 약 1:17). ● 지상의 아버지를 통해 하나님과 관계 맺는 것이 아니라 하나님을 통해 지상의 아버지와 관계 맺는 법을 배워야 한다(엡 6:2; 눅 6:37; 출 34:6-7).

이 책에서 가장 중요한 부분은 이 내용을 어떻게 적용하냐입니다. 당신이 하나님께서 가르쳐 주신 핵심적인 생각과 구절로 일기장을 채웠다는 소식을 듣고 싶습니다. 오늘부터 이 질문들에 답하는 일기를 써 보는 건 어떨까요?

• 하나님에 관하여 당신이 가장 믿을 법한 거짓말은 무엇인가요?

• 이 거짓말에 진리로 대항하기 위해서는 어떤 성경 구절을 마음에 저장해야 할까요?

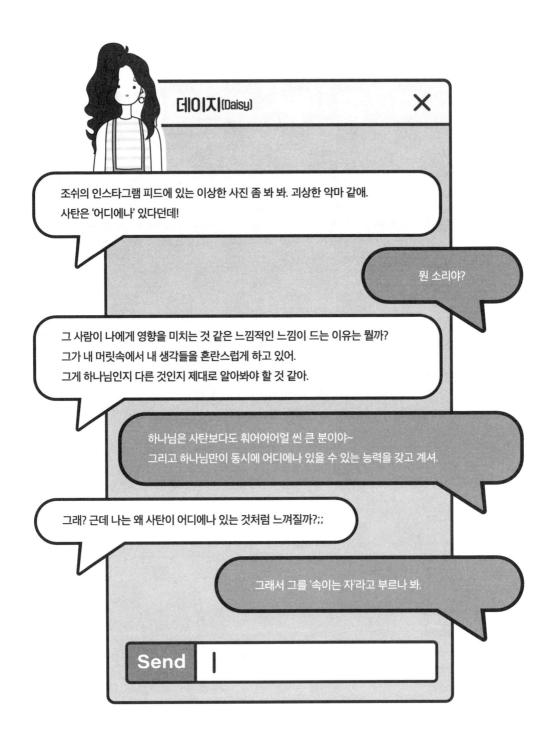

데이지(Daisy)

조쉬의 인스타그램 피드에 있는 이상한 사진 좀 봐. 괴상한 악마 같애.
사탄은 '어디에나' 있다던데!

뭔 소리야?

그 사람이 나에게 영향을 미치는 것 같은 느낌적인 느낌이 드는 이유는 뭘까?
그가 내 머릿속에서 내 생각들을 혼란스럽게 하고 있어.
그게 하나님인지 다른 것인지 제대로 알아봐야 할 것 같아.

하나님은 사탄보다도 훠어어어얼 씬 큰 분이야~
그리고 하나님만이 동시에 어디에나 있을 수 있는 능력을 갖고 계셔.

그래? 근데 나는 왜 사탄이 어디에나 있는 것처럼 느껴질까?;;

그래서 그를 '속이는 자'라고 부르나 봐.

Send

5장_사탄에 관한 거짓말

"원수가 점령한 영토, 그것이 바로 이 세상이다.

기독교는 정당한 왕이 어떻게 이 땅에 발을 내디뎠는지에 관한 이야기이며,

우리 모두를 방해 공작에 대한 위대한 캠페인에 참여하도록 부르고 있다."

- C. S. 루이스 -

나(다나)의 정말 가까운 친구 중 한 명인 브렌다 마세카(Brendah Maseka), 그녀는 아프리카 잠비아에 살고 있다. 그녀는 악마의 힘에 대한 깊은 관심을 가지고 자랐으며, 악마가 사람들에게서 쫓겨나는 사건을 많이 목격해 왔다. 그녀는 일하기 위해서 학교로 걸어갈 때 종종 주술사의 집을 지나는데, 그때마다 사람들이 뱀처럼 미끄러지듯 쓰러지는 모습을 목격했다. 마치 몸에 뼈가 없는 것같이 말이다. "그건 누군가가 속일 수 있는 게 아니야." 그녀는 신자가 아닌 사람들조차도 그 악마의 활동을 본 적이 있다고 말한다. 그녀는 이렇게 말한다. "아프리카는 원래 그런 곳이야."

브렌다는 태어났을 때 아버지가 지어 준 '조상 이름'을 가지고 있다. 그녀는 나에게 그것이 무엇인지 말해 주지 않았다. 게다가 그것이 무엇을 의미하는지 언급조차도 하지 않았다. 우리는 우리 삶의 가장 깊고도 어두운 비밀들을 공유했지만, 그녀는 내가 '그냥' 이름일 뿐이라고 생각한 것을 결코 말해 주지 않았다. 그녀에게 그것은 '그냥'

이름이 아니었다. 그녀는 사탄의 힘에 대해 매우 잘 알고 있으며, 조상의 이름을 계속 이어 가는 것을 포함해서, 사탄에게 영광을 돌릴 수 있는 어떠한 말도 하지 않을 정도로 사탄으로부터 도망치기 위해 애를 썼다.

미국 전역의 10대 여성들과 대화를 나누면서, 우리는 사탄이 누구인지에 대한 인식과 그가 하는 일에 대한 반응들이 사실은 사탄을 미화하는 경우가 많다는 것을 알게 됐다. 즉, 사탄에게 스포트라이트를 비추고, 그의 힘을 과대평가하고 있다는 것이다. 그런데, 우리가 대화를 나눈 몇몇 소녀들은 사탄을 매우 과소평가했다. 우리는 사탄이 누구이며, 그가 무엇을 할 수 있는지에 대해 꽤 많은 혼란이 있음을 발견했다.

"그는 어디에나 있다."

"그는 내 생각을 들을 수 있다."

"그는 실존하지 않는다."

우리는 왜 혼란이 있는지 이해할 수 있었다. 최근 설문조사에서, 미국인의 절반 이상이 "사탄은 문자 그대로의 존재가 아니라, 악의 상징일 뿐이라고 믿는다"라고 답했다.[1] 이러한 그릇된 믿음때문에 우리는 사탄에게 어떻게 대응해야 하는지와 관련해 누군가를 제자화할 준비가 되어 있지 못하다. 따라서 젊은 세대의 많은 이들이 사탄의 존재와 영향력을 알지 못한다. 그리고 사탄이 그저 문자적인 존재라고 믿는 사람들은 그의 힘을 과대평가할 위험이 있다.

사탄이 누구인지, 그리고 그가 어떤 식으로 활동하는지에 대한 기본적인 이해가 필요하다. 오해를 바로잡을 수 있는지 살펴보자! 그런 다음에, 사탄과 거룩하신 하나님과의 초자연적인 전쟁과 관련해서 당신이 믿는 가장 두드러진 거짓말 몇 가지를 다뤄 볼 것이다.

사탄은 누구인가?

사탄은 아름다운 천사, 즉 천사들의 우두머리 중 하나였지만, 하나님과 같이 되기를 열망했기 때문에 천국에서 쫓겨났다. 에스겔 선지자는 대부분의 성경 학자들이 사탄을 가리킨다고 동의하는 생생한 설명을 제공하는데, 그는 원래 사탄이 이러했다고 기록한다.

> "완벽한 도장"
> "지혜가 충족함"
> "온전히 아름다움"
> "수호천사"

하지만 에스겔의 기록에 따르면, 사탄은 다음과 같이 되었다(겔 28:12-17).

> "강포가 가득함"
> "아름다우므로 마음이 교만함"
> "지혜를 더럽힘"

그의 오만함과 반역의 결과로 하나님은 그를 천국에서 쫓아내셨다. 사탄은 자신이 "지극히 높은 이와 같이" 될 거라고 생각했다. 그러나 그는 하나님과 같지 않다. 사탄은 시작이 있었다. 그리고 언젠가 불과 유황 못에 던져져 영원토록 고통받을 때, 이 세상에 대한 그의 통치가 끝날 것이다. 반면 하나님은 시작이 없으시다. 그리고 그분의 통치는 결코 끝나지 않을 것이다.

사탄은 무엇을 할 수 없는가?

사탄의 능력은 하나님의 능력과 크게 다르다. 하나님은 모든 것을 할 수 있으시고 (전능), 모든 것을 아시며(전지), 또한 어디에나 존재하신다(편재). 그러나 사탄은 하나님께서 정하신 한계를 가지고 있다.

사탄은 전지(全知)하지 않다. 성경은 그리스도가 언제 다시 오실지 모른다고 말한다 (마 24:36). 따라서 우리는 그가 알지 못하는 많은 것들이 있음을 가정할 수 있다.

사탄은 전능(全能)하지 않다. 그의 능력은 제한적이고 하나님께 종속되어 있다(욥 1:12; 2:6; 눅 22:31; 약 4:7; 마 4:1-11; 엡 6:16을 보라). 그는 하나님의 허락 없이는 아무것도 할 수 없다.[2]

사탄은 편재(遍在)할 수 없다. 그는 반란을 일으킬 때 자신을 따르다가 지금은 악마가 된 천사들에게 의지해야만 원하는 곳 어디든 갈 수 있다.[3]

성경은 사탄을 우리의 대적, 고발하는 자, 유혹하는 자, 그리고 속이는 자로 묘사한다. 그는 "우는 사자와 같이 두루 다니며 삼킬 자를 찾는 자"(벧전 5:8)로 묘사된다. 그의 힘이 제한적이라고 할지라도, 하나님의 허락 아래에서 우리의 삶을 어렵게 만들 수 있고 종종 그렇게 한다. 여기서부터 혼란이 시작되는 것 같으니, 많은 크리스천 1020 여성들이 사탄에 관하여 믿고 있는 거짓말에 대해서 살펴보자.

> **거짓말 05.**
> **"일어나는 나쁜 일들은 모두 영적 전쟁이야."**

우리는 관찰 그룹에 참여한 1020 여성들이 이 거짓말을 다양한 방식으로 표현하는 것을 들었다.

"나는 나쁜 일이 일어날 때, 사탄이 하나님을 시험하는 것이라고 생각해."

"나쁜 일이 일어나는 건 사탄과 하나님이 싸우기 때문인 거야. 그러니 사탄은 실재해."

물론 사탄과 그의 사악한 힘이 수반된 싸움이 벌어지고 있는 것은 사실이다. 성경은 우리가 그 영적 싸움에 참여하고 있음을 명확하게 이야기한다.

우리의 씨름은 혈과 육을 상대하는 것이 아니요
통치자들과 권세들과 이 어둠의 세상 주관자들과
하늘에 있는 악의 영들을 상대함이라 (엡 6:12)

때때로 우리에게 일어나는 나쁜 일들은 사탄으로부터 오는 직접적인 공격이다. 때때로 우리 둘 다(낸시, 다나) 누군가를 섬기려고 준비하고 있을 때, 비정상적으로 두려운 생각이나, 강렬한 유혹 또는 극심한 무능력감을 경험하기도 한다. 우리는 그런 것들이 사탄에 의해 시작될 수 있다고 믿는다. 그럴 때는 하나님께 "우리를 악에서 구하여 주시옵소서"라고 기도하는 것이 적절하다(마 6:13). 하지만 우리에게 일어나는 모든 일들이 사탄이나 그의 부하들로부터 오는 직접적이고 부당한 공격은 아니다. 사탄만이 우리 영혼의 유일한 적은 아니라는 것이다.

우리에게 일어나는 많은 나쁜 일들은 우리 자신의 선택으로 인해 발생한다. 그리스도인의 성장을 방해하는 정말 큰 적 중 하나는 바로 신약 성경에서 흔히 '육신'이라고도 언급하는 **당신 자신**이다(롬 7:25; 갈 5:16; 벧전 2:11을 보라). 예를 들어, 당신이 대학교 입학 첫날에 학교에 도착하면 당신은 셀 수 없이 많은 신용카드 회사로부터 환영을 받을 것이다. 만약 당신이 그들의 카드에 가입만 한다면, 그들은 모두 당신에게 '공짜' 선물을 줄 것이다. 당신은 대학 로고가 새겨진 아늑한 담요, 한 달간의 무료 피자, 그리고 3만 원짜리 카페 기프트 쿠폰 같은 것들에 매료될 수 있다.

그것에 넘어가지 말라! 만일 당신이 거기에 응하게 되면, 졸업할 때쯤 당신은 큰 빚을 지고 있을 가능성이 높다. 실제로 연구자들은 많은 사람들이 70대가 되어서도 여전히 빚을 갚기 위해 일하고 있을 것이라고 예측한다.[4] 함정인 것이다!

당신이 신용카드를 사용하여 감당할 수 없는 물건을 구매한다면, 머지않아서 재정적 속박에 빠진 자신을 발견하게 될 것이다. 청구서에 적힌 금액을 납부하지 못해서 낙담하는 것은 사탄이 당신을 공격했기 때문이 아니다. 그것은 당신이 현명하지 못한 선택을 했기 때문이다. 당신 스스로가 당신의 적이었던 것이다.

때때로 일어나는 나쁜 일들은 우리가 살고 있는 타락한 세상의 영향으로 인해 발생한다. 신약 성경에서는 헬라어, '코스모스(kosmos)'를 '질서' 혹은 '하나님과 분리되어 조직화된 문화 체계'를 가리키는 말로 사용한다(요 15:18-19; 고전 1:18-24). 이 '코스모스'는 우리의 식욕과 눈을 공격하고 우리의 자부심에 먹이를 준다. 이 세상의 체계는 과거에도 그랬듯이 오늘날에도 거대한 적이다.

예를 들어, 우리의 조부모 세대에게 음란물은 그리 큰 문제가 아니었다. 음란물을 보기 위해서는 문란한 곳으로 가야만 했다. 그러나 오늘날은 이것이 어디에나 널려 있기 때문에 굉장히 큰 문제가 되고 있다. 어느 도시를 가더라도 광고판의 성적인 이미지를 보지 않고서는 운전을 할 수 없고, 진주 한 가닥만큼의 무언가 무해한 물건을 사기 위해 인터넷에 접속했다가 온라인 시청을 필터링하지 않으면, 무심코 음란한 사진들을 보고 있는 당신을 발견하게 될 것이다. 한 연구에 따르면, 16~18세 청소년 90%가 온라인으로 음란물을 본 경험이 있으며, 대부분 숙제하는 도중에 그것을 봤다고 한다.[5]

세상 걸러 내기

사용하는 컴퓨터에 필터나 책임감 있는 소프트웨어가 없으면, 당신은 조금 더 성적이고 사탄적이며 세속적인 영향에 노출되기 쉽다. 인터넷 탐색 프로그램을 확인하라. 대부분의 프로그램에는 자체 필터링 시스템이 있지만, 추가 필터를 설치하는 것이 좋다.

우리가 가장 선호하는 것은 covenanteyes(언약의 눈)이라고 불리는 책임감 있는 소프트 당신이 그것을 원하지 않았음에도, 그런 일이 일어날 수 있다. 하지만 그렇다고 해서 사탄이 당신을 향해 특별히 공격을 계획했다는 뜻은 아니다. 그것은 당신이 타락한 세상에 살고 있기 때문에 때때로 죄악에 직면할 수 있음을 의미한다.

힘든 시기를 맞닥뜨릴 때, 우리는 그 원인이 자동적으로 사탄일 거라고 가정해서는 안 된다. 성경은 거룩함을 위한 우리의 싸움이 세 가지 전선에서 벌어진다고 분명히 말한다. 우리는 사탄과 싸우기도 하지만, 우리 자신이나 세상과도 싸운다. 우리는 이 세 가지의 영역 중에 어느 하나도 무시할 수 없다. 이 세 영역은 서로 얽혀 있는 경우가 많으며, 사실 어떤 의미에서는 사탄이 이 모든 영역에 연루되어 있기도 하다. 하지만 어떤 나쁜 일이 일어났을 때, 마치 당신에게 아무 책임이 없는 것처럼 그저 '영적 전쟁'만 외칠 수는 없다.

설령 사탄이 문제의 원인이라고 해도, 당신에게는 여전히 개인적인 책임이 있다. 악마의 영향이나 억압을 받고 있다면, 하나님께서 그리스도와 십자가를 통해 자유에 필요한 모든 것을 주셨음을 기억해야 한다. 그렇기 때문에 회개와 고백, 성경의 진리를 받아들이는 것이 매우 중요하다. 욥은 사탄의 맹렬한 공격을 받았지만, 죄를 짓지 않았다(욥 1:22). 이것이 우리의 목표가 되어야 한다. 그 개인적인 책임과 관련해서 조금만 이야기해 보자.

거짓말 06.
"나는 사탄적 활동에 가까이한 적이 없어."

1020 여성들에게 거듭해서 물어보았다. "사탄적 활동에 가까이한 적이 없나요?" 그

러자 그녀들은 거듭해서 대답했다. "없는데요." 그리고 나서 조금 더 구체적인 내용을 물어보았다.

"별자리를 보거나 읽어 본 **적은 없나요?**"

"심령 활동에 참여해 본 **적은 없나요?**"

"손금을 본 **적은 없나요?**"

"악마의 힘이나 주술을 긍정적으로 묘사한 영화를 보거나, 비디오 게임을 한 **적은 없**

나요?"

그러자 대답은 이렇게 바뀌었다. "음… 있어요. 하지만…"

우리가 우연히, 또는 반복적으로 악한 것에 가까이하게 될 때, 우리는 그것에 익숙해지기 쉽다. 물론 우연히 가까이하게 된 것만으로 그것이 당신의 신앙과 가치를 파괴할 수는 없지만, 그것과 함께 자신이 실제로 무엇을 가까이하게 됐는지에 대한 인식이 부족하면 이는 위험해질 수 있음을 인식해야 한다. 예를 들어, 당신이 "위저 보드(Ouija Board)"가 그저 귀여운 작은 게임이라고 생각한다면, 그것이 죽은 자와 이야기할 수 있는 영적 관문으로 여겨지고 있다는 사실을 놓치고 있는 것이다(성경에서는 이를 '점술'이라고 부른다). 즉, 당신이 무엇을 가까이하고 있는지 인식하고, 그것에 대해 하나님이 무어라 말씀하시는지를 알고 있으라는 것이다.

하나님은 점술, 운세, 죽은 자와의 대화 등 모든 형태의 주술과 마법을 금지하고 계신다. 하나님의 말씀은 이것을 분명하게 명시하고 있다.

점쟁이나 길흉을 말하는 자나 요술하는 자나 무당이나

진언자나 신접자나 박수나 초혼자를 너희 가운데 용납하지 말라

이런 일을 행하는 모든 자를 **여호와께서 가증히 여기시나니** (신 18:10-12)

접신한 자와 박수무당을 음란하게 따르는 자에게는

내가 진노하여 그를 그의 백성 중에서 끊으리니 (레 20:6)

하나님 백성은 점술, 별자리나 운세 같은 징조나 사인을 해석해 주는 것, 혹은 심령술사같이 죽은 자를 상담하는 사람과는 분명히 아무런 관련이 없어야 한다. 하지만 어느덧 심령술 관련 TV 프로그램이 주류가 되었고, 많은 그리스도인들조차 거기에 빠져들고 있다. 청소년 그룹의 72%가 자신의 운세를 봐 본 경험이 있다고 하며,[6] 한 여자 청소년 그룹은 기독교 캠프에서 '단지 재미로' 죽은 자들과의 교류를 시도했던 것으로 알고 있다. 10대들이 이러한 종류의 활동들이 그저 "순수한 오락"이 아니라는 것을 깨닫고 있는지 궁금하다. 하나님은 그분이 이런 활동들을 어떻게 보시는지를 설명하시기 위해서 실제로 "가증히"라는 단어를 사용하신다.

이러한 경고들은 구약 성경에서만 발견되는 것이 아니다. 사도 바울은 주술이나 마술을 행하는 자는 하나님의 나라를 유업으로 받지 못할 것이라고 분명히 경고한다(갈 5:20-21). 하나님이 그렇게 주술을 용납하지 않으신다면, 최소한 우리만큼은 주술에 노출되는 것을 **조심**해야 하지 않을까?

마녀, 마법사, 좀비, 그리고 기타 죽은 자나 미신적인 캐릭터들은 공포의 대상이 아니라, 주류 엔터테인먼트의 소재이다. 우리는 종종 그 안에서 '선한 것'을 찾곤 한다. 해리 포터? '선한' 마법사다. '팀 에드워드'도 '선한' 뱀파이어이다. 그리고 최근에 몇몇 친구들과 나눈 신학적인 대화에서, 한 친구가 〈워킹 데드〉가 TV에서 가장 긍정적인 영적 프로그램이라고 말했다.

그러나 어둠의 캐릭터들을 영웅으로 내세우거나 호기심을 자극하거나 미신적인 것에 대한 실험 및 탐구를 장려하는 모든 것은 위험하므로 피해야 한다. 주술에 흥미를 느끼거나 매혹되는 것은 하나님의 대적으로 선언된 사탄과 동맹을 맺는 것과 같다. 그러니 하나님께서 주술을 가증히 여기시는 것은 어찌 보면 당연한 일이다.

자, 당신이 깨닫지 못하고 있는, 또 하나의 미신적인 관행이 있다.

요가는 많은 사람들에게서 무해하고 심지어 유익하다고 여겨지는 매우 인기 있는 운동이다. 하지만 요가가 '인도 종교의 신앙과 관습'에 뿌리를 두고 있다는 사실을 알고 있는가?⁷ 요가의 원래의 목표는 힌두교의 최고 정신인 절대자 브라만과 행복한 연합을 이루는 것이었다. 그리고 요가라는 용어는 '멍에를 메다'라는 뜻의 고대 산스크리트어, 'yug(유그)'에서 유래했으며, 요가의 많은 자세들은 태양이나 달과 같은 것들을 숭배하기 위해서 만들어졌다.

당신은 지금 이렇게 말하고 싶을지도 모른다. "잠시만요! 제가 하는 요가는 그런 미신적인 것과는 관련이 없는데요. 신에 대한 숭배 없이 그냥 자세를 잡고, 호흡을 할 뿐이에요." 그렇다면 우리는 이렇게 물어보고 싶다. "필라테스를 해 보는 건 어떠세요?" 필라테스는 같은 종류의 호흡과 비슷한 자세를 사용하며, 이교나 우상 숭배와는 관련이 없이 신체적으로는 동일한 결과를 얻을 수 있기 때문이다.

사탄적 활동들 & 크리스천 10대들

그렇다면, 13-19세의 청소년 중 실제로 사탄적 활동에 참여해 본 청소년은 얼마나 될까? 조지 바르나 연구원은 청소년 그룹에 적극적으로 참여한 학생들을 대상으로 지난 3개월 동안 설문 조사를 실시한 결과, 다음과 같은 답을 얻었다.

72% : 운세를 보거나 읽은 적이 있다.

28% : 손금을 본 적 있다.

42% : 심령술 관련 활동에 참여해 봤다.

82% : 초자연적이거나 어두운 영적 주제를 다룬 영화나 기타 프로그램을 본 적 있다.⁸

이 장 전체를 읽고서, 당신은 이렇게 생각하고 있을 수도 있다. "휴우! 미신적 행위와 연결된 어떠한 관행에도 참여하고 있지 않아서 정말 다행이다." 음… 하지만 그렇다고 해서 당신이 사탄의 영향력에 자유롭다는 뜻은 아니다. 거룩하지 못한 관습이나 비성경적 사고방식들은 당신의 삶에 사탄적 활동을 얼마든지 가까이하게 할 수 있다. 더 나아가서, 성경은 우리에게 분노(엡 4:26-27), 괴로움과 용서하지 않음(고후 2:10-11), 그리고 권위에 대한 반항(삼상 15:23)과 같은 태도들 역시도 우리를 사탄의 영향력에 취약하게 만든다고 가르친다.

당신의 삶을 면밀히 살펴보기를 권한다. 만약 당신이 미신적인 활동과 연결이 될 수 있는 어떤 행동들을 가까이하고 있거나, 마음속에 분노, 용서하지 않음, 반항하고 싶은 마음이 있다면, 당신은 원수에게 문을 활짝 열어 주고 있는 셈이다. 당장 문을 닫아 버려라!

당신에게 잘못을 저지른 사람을 용서하기로 선택하라. 당신이 참여했거나 혹은 가까이할 수 있는 모든 악한 관행들을 확실하게 포기하라. 그리고 주님께 용서를 구하고, 당신의 선택을 통해 사탄이 당신의 삶에서 얻은 모든 발판에서 해방시켜 달라고 간구하라. 이렇게 하면, 당신은 당신이 자유롭게 살기를 원하시는 그리스도와 협력하게 될 것이다.

성경은 "그리스도께서 우리를 자유롭게 하려고 자유를 주셨으니 그러므로 굳건하게 서서 다시는 종의 멍에를 메지 말라"(갈 5:1)라고 말한다. "종의 멍에"는 구약의 율법과 종교적 규칙을 가리킨다. 하나님은 우리가 수많은 외부의 규칙으로 우리의 행동을 통제하려는 것에 얽매이지 말고, 예수 그리스도와의 사랑의 관계, 즉 우리가 자유를 누리며 그분이 기뻐하시는 삶을 살도록 동기를 부여하고 가능하게 하는 관계에 온전히 참여하기를 원하신다.

이 구절의 마지막은 우리가 자유를 어떻게 잃는지를 이해하는 데 도움이 되는 비유적인 표현을 제공한다. 그리스 원어를 직역했다면 이러했을 것이다. "그리고 다시는 노예의 멍에를 메지 말라."⁹ (《스타워즈》의 팬이라면 아마도 그리스인들이 요다처럼 말했다고 생각할 수도 있다.) 우선, 이 단어는 우리 자신의 노예화에 대해 어느 정도 책임이 있음을 분명히 한다. 그렇지 않은가? 이를 인정하는 것이 중요하다.

하지만 여기서 당신이 보았으면 하는 것이 또 하나 있다. '메다'라는 단어는 헬라어로, '에네체스테(enechesthe)'이다. 이 단어는 '억누르다', 혹은 '복종시키다', 그리고 '올무

에 걸리게 하다' 라는 뜻이다. 성경에서는 이 '올무'라
는 개념이 꽤 자주 사용되었다.

올무는 야생동물을 사냥하거나 포획할 때 주로 사
용되는 도구로서, 고통스럽고 불쾌해 보이는 일반적
인 철제 이빨을 가진 강철 발판 덫이 아니다. 올무는 그
것보다 오히려 더 미묘한 고리를 형성하고 있는 단순

한 케이블 조각이다. 올무는 전혀 위협적이지 않은 것처럼 보인다. 그래서 동물들은 올
무를 통과할 때 침착하게 걸어간다. 아무것도 느끼지 못한 채 계속 걸어간다. 곧 긴장
감을 느낄 수도 있지만 앞으로 나아간다. 그러나 미처 깨닫기도 전에, 자신의 움직임의
힘에 의해 올무의 노예가 되어 버리고 만다. 조금 더 일찍 뒤로 물러났더라면 도망칠
수 있었다는 사실을 깨닫지 못한다. 사냥꾼에게 잡힌 것이지만, 사실은 자기 행동에 의
해 올무에 걸린 것이다.

이는 우리가 해롭지 않다고 생각했던 사탄의 물건에 장난스레 손을 뻗었을 때 어떤
일이 일어날 수 있는지를 보여 주는 하나의 예이다. 궁극적으로, 오직 예수님만이 우리
를 구하실 수 있지만, 우리는 우리 자신의 행동이 우리를 어떻게 취약하게 만드는지를
알아야 한다. 그래야 올무가 우리 마음이나 생각을 조여옴을 느낄 때 하나님께 회개하
고 부르짖을 수 있다.

당신이 이 영역에서 자신의 삶을 조정한다면, 아마도 당신은 혼자 서 있는 자신을
발견하게 될지도 모른다. 요한복음 3장 19절은 "사람들이 … 빛보다 어둠을 더 사랑한
것이니라"라고 상기시킨다. 많은 사람들이 자신의 삶이 하나님의 진리와 빛에 노출되
기를 원하지 않기 때문이다. 그들은 무엇인가 드러나게 되는 것을 두려워한다. 그러나
낙심하지 말라. 어둠 가운데 사는 것보다 빛 가운데 사는 것이 얼마나 더 좋은지를 보
여 줌으로써 그들을 빛 가운데 살도록 계속해서 초대하길 바란다.

거짓말	진리
05 "일어나는 나쁜 일들은 모두 영적 전쟁이야."	● 우리가 직면하는 나쁜 일 중에는 영적 전쟁인 싸움도 있다(엡 6:12). ● 때때로 우리가 직면하는 나쁜 일은 우리 자신의 선택으로 인해 발생하기도 한다(롬 7:25; 갈 5:16-18; 벧전 2:11). ● 때때로 우리가 직면하는 나쁜 일들은 우리가 살고 있는 타락한 세상 때문에 발생하기도 한다(요 15:18-19; 고전 1:18-24; 요 2:15-17). ● 근원이 무엇이든 간에, 우리는 항상 우리 자신의 선택과 행동에 대한 책임을 져야 한다(롬 14:10b, 12).
06 "하나는 사탄적 활동에 가까이한 적이 없어."	● 하나님은 어떤 형태의 주술이든 모두 금하신다(레 20:6; 신 18;10-12; 갈 5:20-21). ● 미신적 활동은 죄악 된 태도나 선택들과 함께 우리 삶에 사탄이 영향력을 행사하도록 문을 열어 준다(엡 4:26-27).

사탄에 관한 거짓말에 자신을 노출시키는 것은 매우 위험합니다. 그러나 우리는 매일 그렇게 하고 있습니다. 아래의 질문들에 대한 대답으로 일기를 작성하여 자신의 삶을 돌아보세요.

• 사탄에 관하여 당신이 가장 믿을 법한 거짓말은 무엇인가요?

• 이 거짓말에 진리로 대항하기 위해서는 어떤 성경 구절을 마음에 저장해야 할까요?

베스티(Bestie) ✕

정말 짜증 나는 하루야···. 난 가끔 내가 여자인 게 정말 싫어. 잡지를 보면서 다른 사람들과 나를 비교하고 있는 나 자신을 발견하거든. 연예인의 삶을 동경해서가 아니라, 그들을 단순히 모방하고 싶어서. 그들은 정말 완벽하게 보여. 나 역시도 완벽해 보이고 싶고···. #한숨

야! 뭐하러 연예인이 되려고 해. 빌립보서 2장 14-15절 말씀을 읽어 봐. 넌 이미 빛나고 있어!

T.T 고마워. 넌 언제나 내가 하나님의 말씀으로 달려가게 해 주는구나. #진리♥

Send |

6장_자기 자신에 관한 거짓말

"당신의 자아, 즉 당신의 모든 소망과 안위를

온전히 그리스도께 넘겨 드리는 것은 거의 불가능하다.

그러나 당신이 그분께 자아를 내어 드리기 전까지는

진정한 자아를 가질 수 없다."

- C. S. 루이스 -

폴 포츠(Paul Potts)는 사우스 웨일즈 출신의 평범한 휴대폰 판매원이었다. 꽤 뚱뚱한 체구에, 치아 상태도 좋지 않은 중년 남성에게 사람들은 그가 큰 인물이 될 거라는 기대를 전혀 하지 않았을 것이다. 자신도 마찬가지였을 것이다. 하지만 음악에 대한 애정과 재정적으로 어려운 형편 때문에 그는 자신감이 부족했음에도 불구하고, 20만 달러의 우승 상금에 대한 희망을 품고서 세상을 향해 노래했다. 그는 까칠한 사이먼 코웰(Simon Cowell)과 기타 출연진이 진행하는 "브리튼스 갓 텔런트"라는 TV 경연 대회에 도전했다. 이 유명 쇼는 방송에서 절대적인 최고와 절대적인 최악을 선발하는 방송으로 알려져 있다. 폴 포츠는 어느 쪽일까? 슬프게도 뻔해 보였다.

무대에 오르기를 기다리면서 그는 이렇게 말했다. "자신감은 항상 저에게 어려운 문제였습니다." 마침내 그가 나왔을 때 미모의 여성 심사위원이 그에게 이렇게 물었다.

"오늘 여기에 왜 나왔죠, 폴?" 그는 모두에게 이야기했다. "오페라를 부르기 위해서요."
심사위원들은 눈을 동그랗게 떴다.

잘할 것 같았다. 그런데 그는 그냥 노래가 아닌 오페라를 부르고 싶다고 했다. 누가
그런 노래에 투표를 할까 싶었다. 하지만 잠시 후, 이 무명 가수에게서 흘러나오는 풍
성하고 서정적인 이탈리아의 사랑 노래에 관객들은 모두 감동하기 시작했고, 환호와
눈물, 기립 박수가 터져 나왔다. 폴 포츠는 계속해서 노래를 부르며 쇼에서 1위를 차지
했다. 만약 그가 자기 자신에 대한 의심에 귀를 기울였다면, 자신이 세계 최고의 오페
라 가수라는 사실을 결코 깨닫지 못했을 것이다.

이처럼 우리 자신에 대한 견해는 하나님께서 우리를 창조하신 목적대로 일할 수 있
도록 해 주기도 하고, 하나님께서 우리에게 의도하신 바를 제한하기도 한다. 따라서 당
신 자신에 관하여 믿고 있는 거짓말들을 깨부수는 것이 대단히 중요하다. 가장 흔한 거
짓말 두 가지를 살펴보자.

거짓말 07.
"외모가 예쁜 애들이 더 이쁨받더라."

내(낸시)가 20대 초반의 친구와 이 거짓말에 대해서 이야기하던 중, 그녀는 "잡지 속
에어브러시 모델처럼 아름다워야만 한다고 말하거나 그렇게 생각하는 여자는 많지 않
을 것 같은데, 우리는 이 분야에서 자기 자신에 대해 엄청나게 비현실적인 기대치를 가
지고 있어요"라고 말했다. 그렇다. 어쩌면 당신은 '가장 아름다운 100인'의 목록을 들
지 못할 수도 있다. 어쩌면 당신은 흠 없는 얼굴과 완벽한 몸매를 가진 유명인처럼 보
이지 않을 수도 있다. 하지만 많은 유명인들과 같은 패션을 따르지 않았으면 좋겠다.
작은 비밀이 하나 있는데, 들어 보겠는가? 이 잡지가 세상에서 가장 아름답고 유명하

고 바람직한 여성이라고 묘사하고 있는 여성들도 실은 우리가 고민하고 있는 거짓말과 동일한 거짓말로 씨름하고 있다. 어쩌면 우리보다 더 심할 수도 있다.

생각해 보라. 할리우드는 미국에서 '미의 수도'로 여겨진다. 하지만 어디에서 더 많은 메이크업 아티스트, 보톡스 시술소, 성형외과 의사들을 찾을 수 있을까? 우리의 미의 아이콘은 한순간의 명성과 사라지는 스포트라이트를 위해 비싼 대가를 치르고 있다. 그러나 사실 지속적인 아름다움은 미용실에서 나오지 않는다. 우리는 그것을 어디에서 찾을 수 있을까? 하나님의 말씀에서 우리는 이미 심히 기묘하게 지어진(시 139:14) 존재이며, 최고의 의견을 가지신 분이 우리를 아름답게 여기신다는 선언을 발견할 수 있다.

동시에, 우리는 소위 말하는 '아름다움의 세계적 기준'이 자기 자신의 가치를 제대로 보지 못하게 만들 수도 있다는 것도 확실히 알 수 있다. 우리와 이야기를 나눈 많은 1020 여성들은 자신이 못생겼거나, 뚱뚱하거나, 둘 다인 것같이 느낀다고 말했다. 그리고 다른 이들이 자신의 외모 때문에 자신을 싫어하고 무가치하게 여김을 느낀다고도 말했다. 특정 미의 기준을 충족시키지 못하면 가치가 없고 중요하지 않다는 인식이 기저에 깔려 있는 것이다. 아! 우리의 외모에 대해서 우리가 믿고 있는 거짓말은 치명적일 수 있고 극복하기가 매우 어렵다. 머릿속으로 진실을 알면서도, 그 감정에 휘둘리는 자신을 발견할 수 있는 것이다.

> "그리스도 안에서 내가 누구인지가 가장 중요하다는 걸 알지만, 감정에 빠져 머리로 생각하는 것을 그만두면, 그것이 잘못되었음에도 불구하고 외적인 아름다움이 내면의 아름다움보다 더 중요하다고 느끼기 시작해요. 감정을 더 선호하고 이성을 버리는 거죠."

> "저는 올해 외모와 관련한 우울증 때문에 학교를 많이 결석했어요. 아침마다 얼굴, 머리 스타일, 몸매에 너무 신경을 써서 하루를 망치곤 했죠. 엄마는 저를 학교까지 끌고

가야 했고, 저는 수업에 가기 전에 화장실로 달려가 제 모습을 한 번이라도 더 확인했어요. 도저히 견딜 수 없으면, 엄마에게 전화해서 경련이 났다거나 뭐 그런 핑계를 댔어요. 제가 이렇게 하고 있다는 게 정말 싫으네요."

가 보았는가? 해 보았는가?

그렇게 멀리까지 간 적은 없지만, 우리는 동일한 생각과 감정들로 싸운 적이 많다. 내(낸시)가 어린 10대였을 때, 나는 치아 교정이 필요했고, 머리를 어떻게 해야 할지 몰랐으며, 거의 제로에 가까운 패션 감각을 갖고 있었다. 더 나아가서 10대 내내 체중 문제로 고군분투했다. (지금도 여전히 가끔 그러하지만) 원하는 것은 무엇이든 먹을 수 있고 항상 늘씬하게 보이는 키 크고 마른 여자아이들과, 작고 통통한 내 몸매를 비교하지 않을 수가 없었다.

겉으로 보이는 모습에 과도하게 집착하는 것은 별로 새롭지 않다. 우리는 모든 세대에 걸쳐 적지 않은 여성들이 고민해 온 문제라고 확신한다. 사실, 이는 인류 최초의 여성에게까지 거슬러 올라간다. 하와가 금지된 열매에 대해서 어떤 매력을 느꼈는지 기억하는가?

> 여자가 그 나무를 본즉 먹음직도 하고 보암직도 하고
> 지혜롭게 할 만큼 탐스럽기도 한 나무인지라
> 여자가 그 열매를 따 먹고 자기와 함께 있는
> 남편에게도 주매 그도 먹은지라 (창 3:6)

그 열매는 먹기에 좋았다. 그리고 하와의 지혜에 대한 열망에 호소했다. 하지만 그에 못지않게 중요한 것은, 그 열매가 아름다웠다는 점이다. 원수는 신뢰와 순종과 같

이 눈에 잘 띄지 않는 특성보다 과일의 외관을 더 중요하게 여기도록 만드는 데 성공했다. 문제는 그 열매가 아름다웠다는 것이 아니라, 그녀가 하나님과의 관계보다 외관을 더 중요하게 여겼다는 것이다. 그녀는 거짓말을 믿고 그에 따라 행동했다. 오늘날의 우리도 여전히 그렇게 하고 있다. 우리가 어떻게 행동하는지에 대한 목록은 꽤 길다.

▶ **어떤 이들은** 다른 여자아이들을 확인하고서 엄청난 자기혐오에 빠진다.

▶ **어떤 이들은** 다른 여자아이들을 확인하고서 그들에 관한 험담을 하기도 한다.
  (심지어 그들 앞에서까지)

▶ **어떤 이들은** 남자들에게서 인정받기 위해 무엇이든 한다. 무엇이든!

▶ **어떤 이들은** 자기 몸무게가 기대치에 다다르지 않았음에 대한 처벌로 자해를 한다.

▶ **어떤 이들은** 의도적으로 남자들이 원하거나 원하는 마음을 갖도록 옷을 입는다.

▶ **어떤 이들은** 남들의 시선을 즐기기 위해 몸에 꼭 맞는 옷을 입는다.

▶ **어떤 이들은** 자주 추파를 던진다(플러팅을 한다).

▶ **어떤 이들은** 과소비를 한다.

▶ **어떤 이들은** 침대에 누워서 울기만 한다.

이러한 경향을 어떻게 멈출 수 있을까?

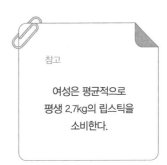

참고

여성은 평균적으로 평생 2.7kg의 립스틱을 소비한다.

먼저, 외적인 아름다움은 일시적이라는 것을 기억하라. 당신이 듣기 싫은 말일 수도 있음을 알고 있다. 하지만 빠르고 일시적인 해결책을 원하는 것은 아니지 않는가? 당신이 만약 가장 깊은 단계의 해결책을 원한다면, 진리를 얻기 위해 하나님의 말씀으로 향해야 한다. "고운 것도 거짓되고 아름다운 것도 헛되다"(잠 31:30)라는 말씀이 떠오른다. 나이 든 여성이라면, 외적인 아름다움은 덧없고, 젊어 보이는 것에 대한 우리 문화의 집착은 헛된 노력이라는 사실을 잘 알고 있을 것이다. 그러나 감사하게도, **오래 지속되는 아름다움**이 있다.

> 너희의 단장은 머리를 꾸미고 금을 차고 아름다운 옷을 입는 외모로 하지 말고,
>
> 오직 마음에 숨은 사람을 온유하고 안정한 심령의 썩지 아니할 것으로 하라
>
> 이는 하나님 앞에 값진 것이니라 (벧전 3:3-4)

이 성경 구절은 당신에게 쇼핑을 하지 말아야 한다거나 새롭게 머리를 단장하는 일이 죄악이라고 말하지 않는다(과소비만 하지 않는다면). 성경 어디에도 신체적 아름다움이나 그것을 표현하는 것에 대해 정죄하는 구절은 없다. 정죄되는 것은 내면의 아름다움을 소홀히 하면서, 외적인 아름다움에 지나친 관심을 기울이는 것이다.

나(다나)는 나의 아름다움에 대한 씨름에서 전환점을 맞이한 순간을 분명히 기억한다. 나는 피부에 항상 문제를 가지고 있었다. 10대 시절 내내 거울 보는 것이 너무 싫어서 거울 없이 어둠 속에서 화장하는 법을 배웠다. (내 딸 렉시는 나의 블라인드 마스카라 스킬에 여전히 감탄하고 있다!) 내 피부가 깨끗하지 않은 것은 사실이었지만(여전히 그렇다), 사탄은 그 사실을 이용해 거짓말을 퍼뜨렸다. 몇 년 동안, 나는 내가 못생겼을 뿐 아니라, 피부 때문에 이쁨받을 수 없다는 거짓말을 자주 믿어 왔다.

그러던 어느 날, 예수님께서 구하러 오셨다! 내가 시더빌 대학교에 재학 중이었을 때, 나는 하나님께서 내가 매일 아침 잠깐 기도하는 것을 원하시기보다, 마음과 뜻을 다해 그분을 사랑하기 원하신다는 것을 마침내 깨달았다(눅 10:27). 나는 성경을 읽기 시작했고, 더 규칙적으로 기도했다. 내 일기는 가십거리를 채우기보다는 기도의 기록으로 바뀌어 갔다. 그리고… 하나님과 함께하는 그 모든 시간 동안 때때로… 그것(외모에 대한 거짓말)을 의식하지 못한 채… 그것에 대해 기도한 적도 없이… 그것에 집중하지 않고서… 나는 거울을 보기 시작했다.

누군가가 나를 바라보면서, "와우! 너 정말 예쁘구나"라고 말한 것은 아니었지만, 두려움에 떨며 피한 것도 아니었다. 아니, 나는 거울을 보고, 그저 '하나님이 좋은 것을 만드셨구나…'라고 느꼈을 뿐이었다. 외적인 아름다움보다 내면의 아름다움에 더 집중해야 한다는 사실을 깨닫기 전까지는 하나님께서 나를 어떻게 창조하셨는지에 대해 결코 평화로울 수 없었던 것이다.

최근에 수십 년 전에 찍은 내(낸시) 동영상을 본 한 친구가 그 이후로 내가 얼마나 나이를 먹었는지 재치 있게 이야기해 주었다. (그 시절에는 조숙하게 보이려고 회색으로 염색을 했었지만 별 도움이 되지 않았다. 나는 그 이후로 염색약을 버리고 '자연스러움'을 지속했다.) 우리는 그 얘기를 하며 한바탕 웃었다. 그리고 친구에게 말했다. "알다시피, 나는 나이가 들어가는 것이 정말 아무렇지 않아. 젊어 보이려고 애쓰거나, 외모에 집착하지 않기로 오래 전에 결심했거든."

정말 그렇다. 대신에 나는 내면의 아름다움, 즉 더 사랑스럽고, 품위 있고, 친절한 사람이 되기 위해 평생을 노력하기로 결심했다. 나는 모든 연령대의 여성들이 외적인 아름다움이 없어도, 예수님과의 관계에서 비롯된 진정으로 매혹적인 내면의 아름다움을 발산하는 것을 본 적이 있다.

여기에 당신이 그런 아름다움에 집중하고 있는지를 판단하는 간단한 질문이 있다.

"오늘 당신은 거울 앞에서 당신을 외적으로 아름답게 가꾸는 데 시간을 더 보냈나요?
아니면, 하나님의 말씀 안에서 마음과 성품,
내면의 아름다움을 발전시키는 데 시간을 더 보냈나요?"

참 간단하다. 하나님은 당신이 '마음을 단장하기'를 원하신다. **하나님께 가장 중요한 아름다움은 내면에 있지만, 그것은 분명 당신이 겉으로 드러나는 모습에 반영될 것이다.** 그리고 당신의 패션 감각도 당신의 내면을 반영할 것이다. 바울 사도는 여성이 옷을 어떻게 입어야 하는지에 대해 이야기했다. 그는 여성들에게 "여자들도 단정하게 옷을 입으며 소박함과 정절로서 자기를 단장하고 땋은 머리와 금이나 진주나 값진 옷으로 하지 말고 오직 선행으로 하기를 원하노라 이것이 하나님을 경외한다고 하는 자들에게 마땅한 것이니라"(딤전 2:9-10)라고 권면했다.

당신의 겉모습은 당신의 마음을 반영해야 한다. 당신의 마음은 순수해야 한다. 그렇기 때문에 겸손이 중요하다. 당신의 마음은 즐거워야 한다. 그것이 바로 우리가 다크 고스 스타일을 크게 거부하는 이유이다. 당신의 마음은 생명으로 가득 차 있어야 한다. 그것이 바로 최근 유행하는 해골이나 크로스본을 지나쳐야 하는 이유이다. 겉으로 보이는 모습은 내면의 것을 반영하기 때문이다.

아름다움에 관한 믿음은 당신이 어디를 보느냐에 따라서 결정될 것이다. 외면과 내면를 구분하는 것이 어렵다는 것을 인정한다. 그렇기 때문에 우리는 또 다른 중요한 문제, 즉 자신을 비교하는 문제의 핵심으로 바로 들어가 보려고 한다. 우리와 이야기를 나눈 많은 크리스천 1020 여성들은 집에 뷰티 잡지를 수북히 쌓아 두고 있었다. 그 잡지를 훑어보는 것은 별로 좋은 일이 아닌 것 같았다. 몇몇은 이렇게 말했다.

"많은 광고주들이 '우리는 이제 마른 모델이 아닌 실제 모델을 사용하기 시작했습니다'라고 말했어요. 하지만 실제 모델들은 여전히 다수의 사람들보다 마른 편이에요. 저는 그렇게 날씬하지도 않고, 어디에도 낄 수 없을 것 같아요."

"패션 웹사이트를 보다 보면, 나도 저렇게 될 거라고 생각해요. 하지만 거울을 보면 전보다 더 망가진 제 모습을 발견하죠. 그렇게 보이고 싶진 않아요."

패션 웹사이트에 나오는 여성들조차도 저렇게 생기지 않았다는 사실을 상기시켜 주면 도움이 될까? 케이트 윈슬렛(Kate Winslet)은 아카데미상, 에미상, 골든 글로브상, 그래미상 등을 수상한 영국의 배우이자 가수이다. 유명 잡지의 표지에 날씬하고 섹시한 모습으로 등장했을 때 그녀는 이렇게 반응했다.

"저는 그렇게 생기지 않았어요. 더 중요한 건, 그렇게 보이고 싶지도 않다는 거예요. 내 다리의 사이즈를 약 1/3이나 줄여 놨어요."[1]

고액 연봉을 받는 매력적인 여성들은 사실 우리가 잡지 표지나 영화에서 보는 것과는 다른 모습을 하고 있다. 그리고 한 유명 여배우가 인정한 것처럼, 그들은 의외로 건강하지 못하고 달성하기 어려운 기준에 맞추기 위해 당신이 느끼는 압박과 동일한 것을 느낀다.

"저는 오디션에 참가하는 다른 여배우들보다 키나 사이즈 등 모든 면에서 두 배는 큰 것 같아요. 미쳤죠? 제 사이즈가 거기서 제일 크더라고요! '여기에 더 오래 있으면 건강에 좋지 않을 것 같은데!'라는 생각이 드는 순간이에요."[2]

언론은 그녀의 키를 173cm, 그녀의 몸무게는 52kg이라고 추정하고 있다. 그리고 아마 대부분 55 혹은 66사이즈의 옷을 입었을 것이다. 그녀가 정말 그렇게 큰가? 외적인 아름다움에 대한 세계의 기준은 도달하기가 너무 어렵다. 반면, 아름다움에 대한 하나님의 기준은 그와 단둘이 보내는 시간을 통해 얻을 수 있다. 그리고 그 내면의 아름다움은 하나님께서 주신 외적인 아름다움에 자신감을 갖게 해 줄 것이다.

거짓말 08.
"사랑받고 인정받으려면 성과를 내야 해."

우리와 이야기를 나누었던 여학생의 95%가 항상 또는 가끔 이런 거짓말에 시달리고 있음을 인정했다.

> "저는 5년 동안 우울증으로 고생하고 있어요. 제 자신이 별로 좋지 않은, 무가치한 존재라는 감정을 늘 조금 가지고 있죠. 사탄이 저에게 절대 해낼 수 없을 거라고 말하는 것 같아요. 내 인생에서 아무것도 할 수 없다고요."

> "고등학교에 입학을 하자마자, 모든 게 대학과 관련이 있을 거예요. 나쁜 성적을 받으면 모두가 그것을 지적할 거고, 매일 내가 하는 결정이 대학 진학에 영향을 미칠 거라는 엄청난 압박을 느낄 거예요. 그게 항상 당신의 마음 한구석에 자리를 잡고 있을 거예요."

> "저는 대학에서 야구를 하기 위해 장학금을 받고 싶어요. 제가 시합을 잘하지 못하면, 사탄은 '너는 이 시합을 안 좋게 만들었고, 모든 게 너 때문이야'라고 말할 거예요. 모두가 나를 이렇게 바라보는 것 같기도 해요.

모두가 당신을 그렇게 바라보고 있다고 생각하는가? 하나님과 부모님을 포함해 모든 사람이 당신의 성과에 따라 당신을 판단하는 것처럼 느껴질 수는 있다. 하지만 그것이 정말 사실인가? 우선 당신을 바라보는 하나님의 시각을 살펴봄으로써 이 거짓말을 파헤쳐 보자.

당신의 가치는 당신이 무엇을 하는지에 따라 결정되지 않는다. 하나님이 당신을 어떻게 보시는지에 따라 결정된다. 나(다나)는 내 아이들을 만나기도 전에 아이들 한 사람 한 사람을 사랑했다. 원더보이(게임 케릭터)이자 맏아들인 로비(Robby), 3년 뒤에 태어난 너무너무 예쁜 렉시(Lexi), 통통 튀고 용감한 딸 중국 입양아 어텀(Autumn). 나는 아이들을 가지거나 입양되기 전부터 아이들을 꿈꾸고 생각하며 기도했다. 아이들을 안아 보고 싶어서 아이들을 만나기까지 기다리기가 너무 힘들었다. 그런데 나는 '사람'이다. 하물며 하나님은 자기 자녀인 당신을 얼마나 많이 사랑하시겠는가?

하나님은 창세전에 당신을 선택하셨다(엡 1:4). 하나님은 당신 어머니의 모태에서 당신을 지으셨고, "심히 기묘"하시다고 선언하셨다(시 139:14). 그분은 당신이 그분을 사랑하기 전에 당신을 사랑하셨다(요일 4:9). 그리고 당신이 그분의 소유인 이상, 그 어떤 것도 그분의 사랑에서 당신을 끊을 수 없다(롬 8:38-39). 그러니 당신의 가치는 당신이 무엇을 하느냐에 따라 결정되지 않는다. 당신이 존재한다는 단순한 사실에 의해 결정된다.

성적에 대한 두려움 극복하기

부모님은 하나님이 아니기 때문에, 학교나 스포츠 등 당신이 뛰어남을 발휘하는 다양한 분야에 대한 성적에 집착할 수 있다. 그러면 당신은 부모님이 단지 당신의 성적에만 집착한다고 느낄 가능성이 높다. 하지만 부모님의 속마음을 어떻게 다 헤아릴 수 있겠는가?

부모님과 대화해 보라! 직접 대면하고서 당신의 감정을 표현하기 어렵다면, 편지를 써 보라. 우리는 편지를 통해 관계가 효과적으로 치유되는 것을 봐 왔다. 편지는 당신이 무엇을 느끼는지를 말할 수 있는 기회를 주며, 너무 부정적이거나 무례하다고 느낄 수 있는 태도를 바꿀 수 있는 기회도 준다. 한번 시도해 보고, 하나님께서 그것을 가지고 어떻게 일하시는지 살펴보는 것은 어떨까?

하나님은 당신이 중요한 일 하기를 바라지 않으시고, 다만 순종하기를 원하신다. 비지니스 리더들을 위한 어느 저명한 잡지에서는 당신의 세대를 "떠오르는 위대한 힘"이라고 불렀다.[3] 이 표현은 대학 신입생을 대상으로 한 연구에서 발견한 두 가지 두드러진 특성, 즉 성공에 대한 강한 추진력과 자신을 영재라고 생각하는 학생이 그 어느 때보다도 많다는 사실에서 비롯된 것이다.[4] 이 두 가지의 특성 때문에 사람들은 때때로 당신의 세대가 자기중심적이라고 단정 짓기도 한다. 그러나 우리가 고무적이라고 생각하는 또 다른 특성이 있다. 그들의 자선 행위를 파악해 보았을 때, 최근 대학 신입생들은 행동주의에 큰 관심을 가지고 있으며, 이전 세대보다 자원봉사 활동을 더 하거나 자선 단체에 돈을 기부할 가능성이 더 높다는 것이 입증되었다.[5]

이러한 특성들과 행동들을 포함해, 이들은 법적으로 성인이 될 때까지 세상에 이름을 알려야 한다는 인식이 점점 더 커지고 있다. 고등학교에 입학하기 전 "샤크 탱크"(Shark Tank, 미국에서 방송하는 사업 아이템 오디션 TV 프로그램)에 출연하거나, 획기적인 "엣시 스토어"(Etsy store, 미국에서 운영되고 있는 글로벌 온라인 마켓)에 입점하기, 소셜 미디어에 게시물을 올려 2분 만에 유명해지기, 혹은 18세 이전에 출판 계약을 체결하기 등, 그것을 어떻게 하는지는 중요하지 않다. 하지만 오늘날의 "떠오르는 위대한 힘"들은 위대한 방법으로 위대한 일을 성취할 것이라고 예상된다.

당신은 "떠오르는 위대한 힘"이라는 말을 기독교적으로 대입해서 "하나님을 위해 위대한 일을 해야 한다"라고 하는 '인생의 소명'을 확신하게 될지도 모른다. 그런데 이는 **위험한 사고방식이 될 수도 있다.** 이 글을 읽고 놀랄 수도 있지만, 하나님을 위해 '위대한 일'을 하겠다는 소명을 갖는 것과 '위대한 하나님'을 섬기기 위해 갖는 소명은 엄연히 차이가 있다.

이 둘 사이의 미묘한 차이는 매우 중요하다. 하나님을 위해서 뭔가 위대한 일을 하라는 소명을 받으면, 자신이 얼마나 위대한 사람인지에 초점을 맞추고 부담을 갖게 된다. 반면 위대한 하나님을 섬기기 위한 소명을 받으면, 그분께 초점을 맞추고 그분께 순종할 수 있는 마음을 얻게 된다. 당신은 진심으로 하나님의 소명을 찾고 있는가? 아니면 솔직히 말해서, 유명해지고 싶은 것인가? 그리고 기독교계에서 명성이란, 생각처럼 쉽게 얻을 수 있는 것이 아님을 고려하라.

▶ **우리 주님의 어머니 마리아는** 자신의 공동체에서 버림받고, 외양간에서 출산하고, 이국땅에서 숨어 살아야 했던 삶을 그저 "예, 주님"이라고 말함으로써 '유명인'이 되었다.

▶ **코리 텐 붐(Corrie ten Boom)은** 홀로코스트 사건 당시, 유대인을 숨겨 주고 나치 강제 수용소에서 벼룩과 함께 살면서, 먹을 것이 조금이라도 있으면 차가운 죽을 먹으며 수년을 보냈지만, "예, 주님"이라는 말 한마디로 '유명인'이 되었다.

▶ **엘리자베스 엘리엇(Elisabeth Elliot)은** 남편이 에콰도르에서 화오라니(Huaorani)족 전사들의 손에 순교했을 때, "예, 주님"이라고 말함으로써 '유명인'이 되었고, 또한 그들이 저지른 일에도 불구하고 하나님께서 그녀에게 돌아가서 그들을 사랑하라고 말씀하셨을 때도 "예, 주님"이라고 말함으로써 '유명인'이 되었다.

▶ 최초의 복음주의 인신매매 반대 운동가 중 한 명인 **에이미 카마이클(Amy Carmichael)은** 인도에서 55년간 쉬지 않고 봉사하고서 20년 동안 병상에 누워 있으면서도 사랑받지 못하는 아이들과 성 노동자들을 구출하는 일에 "예, 주님"이라고 말함으로써 유명인이 되었다.

이 여성들은 마이크도, 팟캐스트도, 블로그, 무대도 없었다. 그들에게는 한 가지가 있었으니, 바로 '순종'이었다. 하나님은 당신이 무언가 위대한 일 하기를 바라지 않으신다. 하나님은 당신이 매 순간 순종하기를 바라신다. 그렇게 할 때, 그분은 가장 적합하다고 여기시는 대로 당신을 사용하실 것이다.

가치를 얻기 위해, 하나님의 사랑을 얻기 위해 뭔가를 할 수 있다는 생각은 이단적인 생각이다. 이 거짓말의 뿌리에는 **은혜**가 아닌 **행위**에 기반한 사고방식이 있다(롬 11:6). 소중한 아들의 죽음을 통해 심오하고도 깊게 표현하신 하나님의 사랑에 응답하는 것만이 하나님의 은혜를 경험하는 데 필요한 전부이다. 그분을 위해서 무언가를 하려고 노력하기보다는(행위에 기반), 하나님께서 당신을 위해 행하신 것을 받아야 한다(은혜에 기반). 이 공짜 선물은 행위로 받을 수 없다. 왜냐하면 "행위에서 난 것이 아니니 이는 누구든지 자랑하지 못하게 함이라"라고 말씀하셨기 때문이다(엡 2:9). 그리스도는 당신이 하나님의 사랑과 수용을 은혜의 선물로서 경험할 수 있도록 기꺼이 죽으셨다.

"당신의 선행은 당신 자신이 아닌 하나님께 영광을 돌리는 것이다."

당신이 수영선수이든, 구기 종목 선수이든, 늘 A를 받는 우등생이든, 청소년이나 청년 그룹의 리더이든, 당신이 하는 모든 노력은 당신 자신이 아닌 하나님의 영광을 위한 것이어야 한다(고전 10:31). 만약 당신 자신을 가치 있게 만들기 위한 일들을 하려는 것에 압박을 느낀다면, 당신은 그 일을 잘못된 이유로 하고 있는 것이다. 하나님은 당신이 선한 일을 하기를 원하신다. 하지만 그것은 오직 우리에게 주신 그분의 큰 선물에 대한 보답으로만 하는 것이다(약 2:12-18).

소피아는 자신의 성적이 자신의 가치를 높여 준다고 믿는 파괴적인 패턴에 빠져 있다는 사실을 발견했다. 어린 시절부터, 그녀는 국제적인 수준의 수영선수로서 활동했다.

> "제가 열한 살이었을 때, 엄마는 제가 수영을 할 수 있도록 500km나 떨어진 곳으로 이사를 하셨어요. 이것 때문에 제 마음속에 수영이 너무나도 중요하다는 생각이 자리 잡았죠. 제가 저의 가치를 증명할 수 있는 곳이었어요."

그녀가 16세가 되던 해, 그녀는 그리스도인이 되었다. 신앙이 싹트기 시작했지만, 그녀는 자신의 정체성이 수영선수라는 거짓말을 믿기 시작했고, 하나님을 기쁘시게 하려면 수영을 잘해야 한다고 생각했다.

"저는 크리스천 운동선수들을 존경했어요. 그렇게 되기 위해서는, 저도 좋은 선수가 되어야만 했고, 수영에 있어서만큼은 최고가 되어야 했어요."

그녀는 곧 빅 텐 대학에서 장학금을 받고 수영선수로 초대받아, 그 어느 때보다 높은 수준에서 경쟁했다. 하지만 그녀는… 비참했다.

"제 삶을 그리스도께 내어 드린 후, 제 정체성이 그리스도 안에서 발견되었어요. 그리고 제 성적과 수영이 제게 가치를 더해 주는 것이 아님을 깨닫는 데가지 3-4년이 걸렸어요."

"하나님의 부르심을 받은 운동선수로서 성취를 자랑스러워하는 것은 좋지만, 그 성취가 자신의 정체성이 되는 것은 좋지 않다고 생각했어요. 저는 그만둬야 했죠. 그때까지 제 인생에서 가장 힘든 일은 수영선수를 그만두는 것이었어요. 정말 끔찍했죠. 처음에는 제 정체성이 무너지더라고요. 저는 당분간 애도하는 시간을 가졌고, 사람들로부터 저 자신을 고립시켰어요. 우울증이 오더군요. 심지어 머리털을 짧게 자르기도 했어요. 하지만 결국, 저는 하나님의 딸이라는 이유만으로 소중한 존재라는 것을 깨닫기 시작했어요. 이 진리를 찾기 위해 그때의 고통은 감수할 가치가 있었어요.

그렇다. 수영은 그 자체로 나쁘지 않았다. 하지만 수영은 곧 소피아에게 자신의 가치를 측정하는 척도였다. 엄마와 또래 친구들, 심지어 하나님에게까지 가치를 부여한다고 생각했다. 우리가 가치 있다고 생각하는 것들은 종종 좋은 것이다. 이것은 나(낸시)에게 반복되는 싸움이었다.

10대 때 나는 내 정체성, 즉 내 가치를 학업 성취도나 클래식 피아니스트로서의 능력에서 찾고 싶다는 유혹을 받았다. 하지만 나이가 든 지금은 연설가나 작가로서의 성과로 내 가치를 측정하기도 한다. 무언가 대박을 칠 때면, 나는 긍정적인 감정과 안정감을 느낀다. 하지만 내가 무언가를 그럭저럭 했을 때는 쉽게 낙심하고 자책에 빠진다. 당신은 '나는 그리스도 안에서 내가 온전히 받아들여졌고, 그분(또는 다른 사람들)에게서 나의 가치는 나의 성과와는 아무런 관련이 없다'라는 진리를 가지고서 의식적으로 그런 감정들에 대항해야 한다. 그렇지 않으면, 당신은 끝없이 당신 자신을 몰아붙이고 항상 '내가 어떻게 하고 있지?'에 대한 긍정적인 피드백만을 찾아다니게 된다. 그런 생각은 교만이고 성과에 기반한 기독교이다. 결국, 그것은 처음부터 끝까지 **그리스도의 공로**에 대한 겸손한 믿음과 과분한 하나님의 은혜에 기초한 참된 기독교와 정반대 되는 것이다.

만약 당신이 자신의 가치를 성과로 정의하는 경향이 있다면, 하나님의 자유로운 은혜 안에서 안식하기 위해서, 가치를 찾기 위해 하고 있는 일 중 하나 이상에서 잠시 쉬는 시간을 가질 필요가 있다. 물론 모든 것을 내려놓고, 팀원, 선생님들, 그리고 교회 교우들에게 결례를 범하지는 않고 싶을 것이다. 하지만 **조심스럽게 시도해 보기를 바란다!**

우선, 부모님과 이야기해 보라. 당신이 얼마나 부담을 느끼고 있는지 말씀드려라. 부모님과 이야기를 나누는 것만으로도 부담을 덜어 주는 데 도움이 될 수 있다. 부모님이 당신을 상담하며 조언할 때, 부모님께 지혜를 주시도록 하나님께 기도하라. **그다음**, 부모님과 교회의 지도자들의 조언에 귀를 기울여라. 하나님의 자녀로서의 가치 안에서 안식하는 법을 배우기 위해, 당분간 혹은 영구적으로 물러나야 할 일이 있는지 물어보라.

이 문제는 가만히 있어서는 사라지지 않으니 지금 당장 씨름하길 바란다. 이 문제는 당신과 함께 성장할 것이다. 그리고 그것이 더욱 커질수록, 당신의 삶에서 더욱 무거워질 것이다. 그러므로 그리스도 안에 있는 신자로서 당신의 가치는 당신이 하는 어떤 일 때문이 아니라, 단순히 하나님의 은혜로 구속받고 사랑받는 하나님의 딸이며, 그리스도께서 당신을 위해 행하신 일 때문이라는 진리를 받아들이기로 선택하라!

거짓말	진리
07 "외모가 예쁜 애들이 더 이쁨받더라."	● 외모의 아름다움은 일시적일 뿐이다(잠 31:30; 벧전 3:3-5). ● 하나님께 가장 중요한 아름다움은 내면에 있다(삼상 16:7; 딤전 2:9-10). ● 아름다움에 관한 믿음은 당신이 어디를 보느냐에 따라 결정된다(벧전 3:3-4).
08 "사랑받고 인정받으려면 성과를 내야 해."	● 당신의 가치는 당신이 무엇을 하는지에 따라 결정되는 것이 아니라, 하나님이 당신을 어떻게 보시는지에 따라서 결정된다(엡 1:4; 시 139:14; 요일 4:9; 롬 8:38-39). ● 사랑을 받고, 가치를 얻기 위해 무언가를 해야 한다는 생각은 이단적이다(엡 2:9; 롬 11:6). ● 당신의 선행은 자신이 아닌 하나님께 영광을 돌리기 위함이다(고전 10:31; 약 2:12-18).

우리 안에 가장 깊숙이 자리 잡은 죄악 된 습관의 뿌리에는 우리 자신에 관하여 믿는 거짓말이 있습니다. 하나님께서 말씀하시는 하나님 그분만을 믿을 수만 있다면 얼마나 좋을까요! 당신의 일기장을 다시 펴 보세요. 이제 당신의 마음에 진실을 받아들일 시간입니다. 아래의 질문들을 고려하면서 일기를 써 보세요.

• 나 자신에 관하여 당신이 가장 믿을 법한 거짓말은 무엇인가요?

• 이 거짓말에 진리로 대항하기 위해서는 어떤 성경 구절을 마음에 저장해야 할까요?

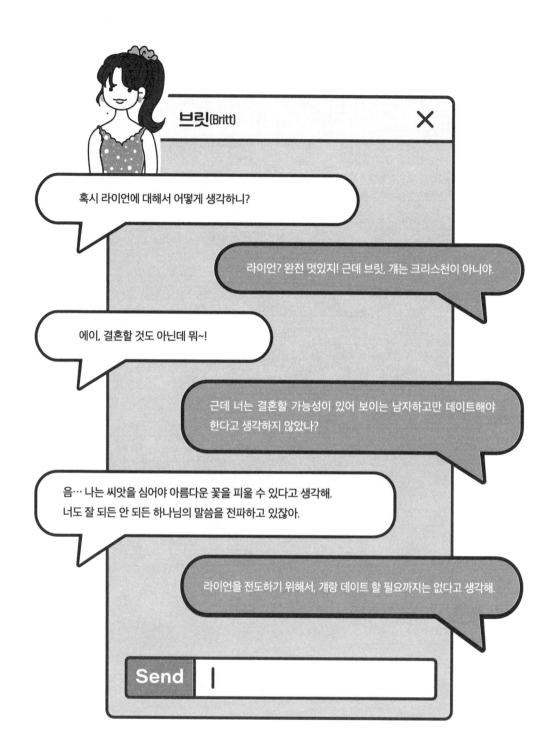

1020 여성들이 믿고 있는 거짓말

7장_성(性)에 관한 거짓말

"그분이 창조하신 뜻을 이루기 위해
그분을 신뢰하는 것은 안전한 일이다."

– 에이미 카마이클(1867-1951) 인도 선교사 –

주의 : 당신은 지금 막 이 책에서 가장 논란이 많고 마음을 아프게 하는 장에 들어왔다. 지금, 책 읽기를 멈추고 잠시 기도하기를 권한다. 정말 진심이다. 우리는 1020 여성들이 남자, 성, 섹스에 관하여 믿는 거짓말이 가장 강력한 거짓말이며, 1020 여성들의 마음을 깊고도 장기적인 상처에 노출시킬 수 있는 잠재력이 있다고 믿는다.

하나님의 말씀은 남자와 여자 사이의 결혼 관계가 그리스도와 우리의 사랑을 이 땅의 방식으로 묘사한 것이라고 설명한다. 이 주제는 구약과 신약 성경 전체에 걸쳐 있다. 하나님께서 결혼을 제정하신 주된 이유 가운데 하나는 하나님의 백성을 향한 하나님의 열정과 희생적인 사랑을 우리에게 보여 주기 위함이다. 그리고 그것이 바로 하나님께서 순결한 결혼이 되기를 원하시는 이유 중 하나이다. 즉, 결혼이나 성적인 관계가 더럽혀지면 하나님 사랑의 신성한 그림이 더럽혀지는 것이다. 당신의 미래의 결혼 생활이 하나님의 놀라운 사랑과 은혜를 세상에 보여 줄 수 있는 잠재력을 가지고 있다면, 사탄이 그 그림을 파괴하려고 시도하는 것이 당연하다.

다시 한번 권한다. 지금 당장 책 읽기를 멈추고, 이 장을 읽으면서 당신의 눈과 마음이 진리에 눈뜨게 해 달라고 기도하라.

거짓말 09.
"사귀고 싶은 사람하고 사귀는 게 뭐 어때."

우리와 이야기했던 1020 여성들 대부분은 비기독교인과 **결혼해서는** 안 된다는 것에 동의했다. 그러나 동시에, 그들 중 대다수는 비기독교인과 **사귀는 것에** 크게 거부감을 느끼지 않았다.

> "저는 정말 기독교인과 결혼하고 싶어요. 하지만 지금 당장은 결혼을 원하지 않으니까, 예수님을 믿지 않는 남자들하고 사귀어도 괜찮다고 생각해요."

> "저는 사귀는 상대가 기독교인인지 비기독교인인지는 별로 중요하지 않다고 생각해요. 일단, 저희는 아직 고등학생이잖아요. 그래서 지금은 종교가 큰 문제가 되지 않는다고 생각해요."

> "가끔은 모든 걸 진지하게 받아들이지 않고, 그냥 나가서 남자애들이랑 시시덕거리며 노는 것도 너무 재미있어요."

우리는 이 문제에 있어서 쉽게 넘어가지 않을 것이다. 이것은 당신이 생각하는 것보다 훨씬 더 심각하고 잠재적으로 당신의 개인적인 삶과 그리스도의 왕국에 영향을 미칠 수 있는 큰 문제이기 때문이다. 성경은 처음부터 끝까지 한 남자와 한 여자 사이의 결혼이 그분의 신부인 교회를 향한 그리스도의 사랑의 그림이라고 말한다. 에베소서 5장 31-32절이 이를 명확하게 보여 준다.

> 그러므로 사람이 부모를 떠나 그의 아내와 합하여 그 둘이 한 육체가 될지니,
>
> 이 비밀이 크도다 나는 그리스도와 교회에 대하여 말하노라 (엡 5:31-32)

결혼은 아름답고도 강력한 진리의 영적 그림이다. 그렇다면 사탄이 왜 그 가치와 의미에 대해 거짓말을 하고 이 놀라운 그림을 더럽히려고 애쓰는지 이해할 수 있겠는가? 결혼에 대한 하나님의 목적과 의도를 지키고 싶다면, 그리고 당신의 삶에서 그분의 가장 큰 복을 경험하고 싶다면, 단언컨대 당신은 사귀고 싶은 사람이라고 해서 아무하고나 사귀어서는 안 된다. 즉, 예수님을 알지도 못하고, 사랑하지도 않으며, 그분을 따르기로 온전히 헌신하지도 않는 사람과는 결코 사귀지 않겠노라고 결심해야만 한다.

하나님의 말씀은 우리가 믿지 않는 사람과 구속력이 있는 관계를 맺어서는 안 된다고 분명히 말하고 있다(고후 6:14-18). 결혼은 궁극적인 구속력이 있는 관계이다. 하나님은 당신이 결혼 생활에서 불신자와 얽히기를 원치 않으신다. 그리고 그 확신에 따라 살아갈 수 있는 힘이 지금 시작된다. 만약 지금 타협하면, 결혼할 준비가 되었을 때 타협할 가능성이 훨씬 더 높아진다.

스스로 '그건 그냥 가벼운 관계일 뿐이야. 이 남자랑 절대 결혼하지 않을 거야'라고 생각하지 말기를 바란다. 물론 그와 결혼할지도 모른다. 하지만 당신이 만약 현명하지 못한 관계에서 시간, 관심, 노력, 생각을 투자하면, 머지않아서 감정이 더욱 커질 것이다. 그리고 일단 당신의 감정이 한 번 관련되고 나면, 당신이 미처 꿈도 꾸지 못했던 '삶에 영향을 미치는 결정'을 내리는 자신을 발견하게 될 수도 있다. 왜냐하면, 우리의 감정은 사실이 아니라고 할지라도 분명 강력한 힘을 가지고 있기 때문이다.

이것은 타협의 여지가 없는 영역이다. 사탄은 당신의 삶에서 기쁨과 평화, 하나님께 영광을 돌릴 수 있는 기회를 빼앗으려 한다. 하나님을 향한 마음이 없는 사람과의

관계와, 고통과 아픔으로 가득할 수 있는 미래를 위해 그 모든 것을 거래할 만한 가치는 없다.

수년 동안, 많은 1020 여성들이 연애, 구애, 결혼과 관련한 선택들에 대한 깊은 후회의 마음을 우리에게 털어놓았다. 그들은 그 시절로 다시 돌아갈 수만 있다면, 무엇이든 할 수 있다고 말했다. 그러나 안타깝게도, 그럴 수 없다. 나(낸시)는 이 여성들의 가슴 아픈 이야기를 들으면서 '모든 1020 여성들이 더 늦기 전에 이 이야기를 들을 수 있으면 좋겠다!'라는 생각을 자주 한다.

그런데 이 책이 처음 출간된 이래로 우리가 사귐(연애)에 관해 이야기해 오면서, 자신의 감정만을 따르는 경향이 비단 비기독교인 남자뿐만 아니라 **여자도** 그 대상에 포함되는 것을 보았다. 최근 한 독자가 이렇게 편지를 보내왔다.

> "저는 열세 살이고, 크리스천입니다. 저는 오랫동안 양성애자라 믿어 왔고, 지금은 평생 결혼할 생각이나 다른 어떤 생각 없이 그냥 여자아이와 사귀고 있습니다."

오늘날의 성 혁명은 "당신이 옳다고 느끼는 대로 뭐든 해라"라고 외친다. 양성애와 레즈비언을 자유롭게 실험하는 것은 괜찮다고 여겨질 뿐만 아니라, 성 정체성의 혼란이나 동성 간의 끌림으로 어려움을 겪는 사람들에게도 동정심을 갖고 긍정적으로 바라봐 주는 분위기다. 우리의 감정이 어째서 우리의 사귐의 관계를 결정할 수 없는지 이해하는 것을 돕기 위해서, 기본으로 돌아가 보자.

성의 설계는 남성과 여성의 의미에서 시작된다. 하나님 말씀의 첫 장은 이를 명확하게 보여 준다.

하나님이 이르시되 우리의 형상을 따라
우리의 모양대로 우리가 사람을 만들고 …

하나님이 자기 형상 곧 하나님의 형상대로 사람을 창조하시되

남자와 여자를 창조하시고 (창 1:26-27)

하나님은 인류를 자기 형상대로 창조하셨다. 그리고 자신에 대한 무언가를 반영하기 위해서 남성과 여성이라는 두 가지의 다른 생물학적 성들을 창조하셨다. 하나님은 무엇을 반영하기 원하셨을까? 글쎄… 천국에 가기까지는 하나님이 왜 이 두 개의 생물학적 성을 창조하셨는지 완전히 이해할 수 없겠지만, 우리는 우선 하나님이 관계적인 존재라는 것을 깨달을 수 있다. 이 관계는 삼위일체에서 명확히 볼 수 있다. 성부 하나님, 성자 하나님, 성령 하나님은 별개의 인격이지만 본질적으로 한 분이신 한 하나님이시다. 뚜렷하게 다른 한 남자와 한 여자도 결혼으로 결합하면 비슷한 하나 됨을 보여 준다.

창세기의 다른 장에서, 첫 남자와 여자가 서로 만나는 순간 어떤 일이 일어났는가? 그들은 결혼을 한다. 에덴동산 바로 그곳에서! 창세기는 우리에게 이렇게 말한다.

이러므로 남자가 부모를 떠나

그의 아내와 합하여 둘이 한 몸을 이룰지로다 (창 2:24)

남성과 여성은 별개의 독립된 인격체이지만, 결혼 언약 안에서 함께할 때 하나가 된다. 즉, 결혼에 대한 하나님의 의도는 성부, 성자, 성령 하나님의 아름다운 연합을 드러내는 것이다.

이 모든 것을 잘 알고 있는 사람이라 할지라도 건강하지 않거나 지혜롭지 않은 관계, 또는 하나님의 연합을 반영하지 않는 관계에 대한 강렬한 욕망의 유혹을 받을 수 있다. 여기서 우리가 명심해야 할 것은 감정은 사실이 아니라는 것이다. 우리의 감정은 심하게 요동칠 수 있고, 현실보다는 변화하는 상황에 따라 좌우되는 경우가 많기 때문

이다. 사실, 성경은 우리의 감정을 포함한 마음이 하나님의 은혜와 내주하시는 성령님으로부터 떠나면 "거짓되고 심히 부패하다"(렘 17:9)라고까지 말한다.

그러므로 성과 관련해서 가장 중요한 것은 당신이 어떻게 느끼는지가 아니라 하나님이 무어라 말씀하시는지이다! (매일 반복하며 되뇌도 나쁘지 않은 문장이다!) 당신은 하나님의 형상을 지닌 여성이다. 그리고 당신의 성과 미래의 결혼(그것이 하나님의 계획이라면)은 당신이 하나님의 형상인 것과 그분의 구속하신 사랑을 죄악 되고

감정은
사실이
아니다.

깨어진 세상에 전하는 데 도움이 되도록 고안되었다. 그리고 그분의 계획을 따르는 것은 장기적으로 볼 때 항상 당신의 마음에 가장 안전하고, 가장 건강하며, 가장 만족스러운 선택이 될 것이다.

우리는 1020 여성들이든 나이가 더 든 여성들이든 할 것 없이, 많은 여성들이 경험했던 다양한 종류의 아픔을 덜어 주고 싶다. 우리는 당신이 남은 생애 동안 하나님의 가장 좋은 것을 누리길 원한다. 그래서 당신에게 도전을 주려고 한다. 당신이 엄숙하게 약속할 것을 촉구하고 싶다. (결혼은 고사하고 사귐을 생각하는 것조차 너무 어리다고 생각할지도 모르겠지만, '지금'이야말로 현명하고 경건한 신념을 키워야 할 때이기 때문이다.) 그 도전은 아래와 같다.

진리를 추구하는 사람들의 관계 도전

언젠가 제가 결혼하는 것이 주님의 뜻이라면,
저는 그리스도와 그의 신부인 교회의 표상이 되는
결혼을 통해 하나님께 영광을 돌리고 싶습니다.
저는 오직 예수님을 알고, 예수님을 사랑하며, 예수님을 따르는 사람(남자)과만
사귐의 관계를 맺음으로써 그 뜻을 지키겠습니다.

당신은 아마도 '가벼운 만남(casual dating)'에 대한 기준이 불필요하게 높다고 생각할 수도 있다. 하지만 생각해 보라. 만약 당신이 경건한 남편이 될 자격이 없는 누군가와 사귀지 않는다면, 당신은 주님을 욕되게 하거나 장기적으로 마음의 상처를 입을 가능성이 크게 줄어들 것이다. 우리는 이 약속이 당신이 절대 후회하지 않을 약속이라고 확신한다.

> ### 거짓말 10.
> ### "나는 남자친구가 꼭 필요해."

어느 날, 나(낸시)는 주님을 사랑하고 사역에 적극적으로 참여하고 있는 젊은 친구와 이 책에 관해 이야기하고 있었다. 남자들에 관한 이야기가 나오자, 그녀는 즉시 이 거짓말에 공감하며, "맞아요!"라고 말했다. "남자들의 관심을 받으려는 욕구는 우리에게 매우 큰 문제예요. 우리는 남자들의 관심과 인정을 받기 전까지는 가치 있는 존재가 아니라고 믿도록 설계되어 있는 것 같아요."

우리 관찰 그룹의 3분의 2 이상이 "남자친구가 생기면 인생이 더 나아진다고 느낀다"라고 말했다. 이 거짓말은 공립, 기독 학교, 홈스쿨링 등 모든 유형의 학교에서 똑같이 널리 퍼져 있었다. 또한 현재 남자친구가 있는지 그 여부와도 상관관계가 크게 있어 보이지 않았다. 결론적으로, 대다수의 10대 여성들이 자기 인생에서 남자가 꼭 필요하다고 느낀다는 것이다.

"남자친구가 꼭 있어야 하는 건 아니지만, 누군가가 나를 좋아하고 있는 걸 아는 건 좋아요."

"학교에서 크리스천으로서 올바른 남자가 나타날 때까지 기다리는 것은 정말 어려워요. 다른 모든 사람들이 남자친구를 사귀는 것 같아서 저도 남자친구를 만들어야 한다는 생각이 들어요."

"남자친구가 있었다면, 지금보다는 훨씬 나았을 것 같아요."

남자친구 갈망 지수

1020 여성들에게 "남자친구가 있다면 내 인생이 더 나았을 것 같다"라는 문항에 응답해 달라고 요청했다.

68% : 항상 혹은 때때로 그렇다.

32% : 절대 그렇지 않다.

이런 결과를 본 후, 나(다나)는 깊은 고민에 빠졌다. 그 문제를 더 잘 정의하고, 해결책을 제시하고자 노력했다. 이러한 연구는 내가 '갈망'이라고 부르는 것을 발견하기 위해 다시 창세기로 돌아가게 했다. 그 갈망은 일종의 저주이다. 이는 에덴동산의 하와, 첫 번째 거짓말, 죄로 거슬러 올라간다. 그녀와 아담이 죄를 범한 후, 하나님은 모든 것이 예전과 같지 않음을 보여 주시기 위해 나타나셨다. 그리고 죄가 세상에 들어온 이후 새로운 삶의 조건에 대해 설명해 주셨다. 하와에게 이렇게 말씀하셨다.

너는 남편을 원하고,

남편은 너를 다스릴 것이니라 하시고 (창 3:16)

여기서 '**원하다**(욕망)'라는 단어가 매우 중요하다. 논란의 여지가 있는 단어이기도 하다. 일부 신학자들은 하와가 남편에 대한 강박적인 욕망을 가졌음을 의미한다고 말한다. 또 다른 이들은 하와가 남편을 통제하려는 욕망을 가졌다는 의미라고 말한다. 확실히, 죄는 남편의 리더십에 저항하려는 욕망과 남성에 대한 불건전한 욕망(집착)이라는 두 가지 방식으로 우리에게 부정적인 영향을 끼쳤다. 죄의 결과로, 한때 순수하고 건강했던 하와와 남편의 관계가 뒤틀리고 건강하지 않게 되었다고 해도 과언이 아니다.

사실, 이 두 가지 해석은 크게 다르지 않을 수 있다. 많은 여성들이 젊은 시절(아마 노년기에도) 대부분의 시간을 남자를 얻는 데 할애하고 있음은 분명하다. 창세기 3장 16절에 나오는 '원하다'의 히브리어 원어는 '쭉 뻗다, 또는 혹은 뒤쫓다'를 의미하는 어근에서 유래했다.[1] 10대 여성들이 남성을 갖고 싶어 하는 마음 때문에 힘들어하는 모습을 보면서, 나는 그들도 종종 남성을 통제하고 싶어 하는 마음을 가지고 있다고 생각했다. 남자를 갖고자 하는 마음이 남자를 통제하고자 하는 마음으로 발전하기 때문이다. 내가 본 여학생들의 사례는 다음과 같다.

▶ 이번 달에 기독 대학에서 만난 한 여성이 나에게 이런 질문을 했다. "내 남자친구는 아직 나에게 사랑한다는 말을 하지 않았어요. 제가 먼저 고백해도 될까요?"

▶ 내가 잠시 멘토링 했던 한 여학생은 남자가 데이트 신청을 할 때까지 기다리는 것은 구시대적이라며, 자신이 먼저 데이트를 신청하겠다고 말했다.

▶ 내가 멘토링 했던 또 다른 여학생은 남자친구를 항상 성경공부에 참여하도록 이끌어 주는 좋은 뜻을 가지고 있었다. 그녀는 항상 데이트 마지막에 기도를 할 수 있는지 물어보는 사람이었다. 하지만 그녀는 나에게 이렇게 물었다. "왜 그는 나에게 먼저 성경을 읽자고 청하지 않을까요? 왜 그는 함께 기도하자고 말하지 않을까요?" 그녀는 자신이 남자가 리드할 수 있는 여지를 만들어 주지 못하고 있음을 알지 못했다.

겉으로 보기에는 이 여성들이 남자를 **갖고 싶어** 하는 '정상적'이며 강한 갈망을 가지고 있는 것처럼 보일 수 있다. 하지만 조금 더 자세히 들여다보면, 그 바람 이면에는 관계를 통제하고 이끌고 싶은 갈망이 숨어 있다. 언젠가 하나님의 말씀에 따라 남편이 사랑스럽고, 또 남편이 희생적으로 아내를 이끄는 결혼 생활을 하고 싶다면, 지금부터라도 자족하면서 남자가 주도하도록 배려하기를 바란다.

그러한 갈망은 위험하다. 그것이 중학생 시절의 남자에 대한 열광으로 시작될 수 있지만, 점점 커져서 삶을 통제하고 압도하려는 더 큰 욕망으로 발전할 수 있기 때문이다. 그에 대한 해답은 다만 욕망을 부정하는 것이 아니라, 욕망을 이해하고 방향을 바꾸는 것이다. 지난 몇 년 동안, 나는 잠언의 한 구절이 이와 관련이 있다고 생각하여 많은 생각을 해 왔다.

> 사람은 자기의 인자함으로 남에게 사모함을 받느니라
>
> 가난한 자는 거짓말하는 자보다 나으니라 (잠 19:22)

이 구절은 사람들이 진실된(지속적이고 변함없는) 사랑을 바란다는 것을 인정한다. 그리고 이러한 바람은 우리가 두려워해야만 하는 무언가가 아니다. 사랑의 필요성을 부정하는 것보다는 사랑에 가난해지는 것이 낫다. 하지만 그것을 아는가? 당신이 찾고 있는 사랑은 남자에게서 오는 것이 아니다. 변함없는 사랑의 원천은 단 하나뿐이다. 바로 하나님이시다. 만약 결혼이 그리스도와 우리의 관계에 대한 그림이라면, 당신은 그 그림을 그리기 위해 그리스도의 사랑을 알아야 한다. 남자가 아닌 하나님의 사랑을 향해 힘차게 달려가라!

내가 남자를 향한 이 강한 욕망을 남자친구 광기보다는 '갈망'이라고 부르기를 선호하는 이유가 여기에 있다. 남자친구 갈망은 비교적 무해하고 '정상'적으로 여겨지기 때문이다(거짓말을 하거나, 형제자매 간의 경쟁을 경험하거나 불순종하는 것도 '정상'이다. 하지만 저런 정상적인 것들의 각각은 모두 해롭거나 죄악 된 것으로 인식될 수 있다.) 우리가 남자를 갈망하는 방식에 대한 언어를 재구성하면서, 그것이 해로울 수도 있고 심지어 죄가 될 수도 있다는 것을 알게 해 주고 싶다. 하나님과 그분의 사랑에 속하는 동경의 자리(pedestal of longing)

에 남자를 올려놓으면 우리 마음의 우상이 만들어지는 것이다. 그렇지 않은가?

변함없는 사랑의 원천인 남자는 없다. 그러니 남자를 얻고 유지하는 것을 고민하거나 애쓰지 말라. 대신, 참된 만족의 원천에 당신의 에너지를 쏟길 바란다. 만약 당신이 먼저 예수님과의 사랑의 관계를 추구한다면, 그분은 당신의 마음속의 가장 깊은 갈망을 충족시켜 주실 뿐만 아니라, 언젠가 하나님께서 당신에게 그분의 강력하고 변함없는 사랑의 그림이 될 남편을 기쁘게 주실지도 모른다.

기억하라. 하나님은 결혼을 가장 먼저 설계하신 것이 아니라 결혼으로 묘사되는 우리와 그분 간의 사랑의 관계를 설계하셨다. 본 적이 없는 것을 그림으로 그릴 수는 없다. 하나님과의 사랑의 관계를 추구하는 데 시간을 보내고, 그분이 과연 결혼을 통해 그 관계를 그림으로 그리시려는지 아닌지는 오롯이 그분께 맡기라. 가장 깊은 갈망을 충족시키기 위해 남자와의 관계를 기대하는 것은 평생의 실망과 잠재적인 재앙을 초래할 수 있다.

사만다(Samantha)에게 일어난 일이다. 남자친구가 있어야만 한다는 거짓말에 넘어갔을 당시, 사만다는 지역 사회와 교회의 리더로서 확고한 신자였다.

"여기까지 오게 될 줄은 몰랐어요. 저는 그냥 남자친구가 필요했어요. 제가 만난 남자는 정말 멋져 보였어요. 그는 깨끗해지고 싶다고 말했고, 저와 함께 교회에 속하고 싶다고 말했어요. 초반에 저는 그가 마약과 같은, 저를 놀라게 하는 몇 가지 문제로 어려움을 겪고 있다는 것을 알아차렸어요. 하지만 저는 그가 그것을 극복하도록 도울 수 있다고 확신했어요. 남자친구를 사귀는 데 방해가 되는 것은 아무것도 허용하고 싶지 않았던 거죠. 그런데 얼마 지나지 않아… 저도 거기에 빠져들었어요."

"그러고 나서 알게 된 건, 제가 고등학교 졸업반 때 임신을 했다는 거였어요. 저는 그때 우리가 결혼만 한다면 모든 게 괜찮을 거라고 믿었던 것 같아요. 우리는 하나님을 사랑했거든요. 그래서 우리는 졸업하던 주간에 배가 둥그렇게 나온 채로 결혼을 했어요. 그렇게 약 2년 정도 지내다가 남편이 갑자기 떠났어요. 저는 지금 열아홉 살이고, 멋진 아이가 있고, 아이를 사랑해요. 그런데 제 삶은… 음… 힘들어요. 열다섯 살로 돌아가서 제 자신에게 '남자친구가 꼭 있어야 할 필요는 없어'라고 말해 주고 싶어요. 거기에는 지속적인 행복이 없거든요."

솔로몬의 노래는 성경에서 가장 로맨틱한 책이다. 솔로몬 왕과 신부의 사랑 관계를 묘사하고 있기 때문이다. 이 열정적인 사랑 이야기에서 젊은 여인은 세 번이나 사랑을 '흔들'거나 '깨우지' 않겠다는 다짐을 표현한다(아 2:7; 3:5; 8:4). 도대체 무슨 뜻일까?

The MacArthur Study Bible(맥아더 스터디 바이블)은 솔로몬의 신부가 "내 사랑이 원하기 전에는 흔들지 말고 깨우지 말지니라"(아 2:7)라고 말한 의미에 대해 이렇게 설명한다.

> [그녀는] 솔로몬에 대한 사랑의 강렬함을 결혼식 전까지는 경험할 수 없다는 것을 알기 때문에 [친구들에게] 성적 순결에 대해서 책임을 지라고 권유한다. 지금까지 솔로몬에 대한 술람미 여인의 고조되는 욕망은 결혼한 부부에게 어울리는 노골적이고 공개적인 표현에 비해서 은밀하고 섬세한 방법으로 표현되었다.[2]

이 예비 신부는 결혼할 남자에 대한 강렬한 사랑과 욕망을 가지고 있다. 이러한 욕망은 하나님께서 창조하신 것으로 잘못된 것이 아니다. 하지만 그녀는 그러한 욕망이 자신과 이 남자가 결혼 언약으로 서로 연합한 후에야 적절하게 표현되고 성취될 수 있다는 것을 알고 있다. 그래서 그녀는 그것들이 타당하게 성취될 수 있을 때까지 그 욕망을 일깨우지 않기로 결심했다.

하나님은 때가 될 때까지 당신이 '사랑을 흔들어 깨우기'를 원하지 않으신다. 하나님께서 우리에게 사랑을 너무 일찍 흔들어 깨우지 않도록 가르치시는 데에는 그럴 만한 이유가 있으시다. 남자와 일찍 사귐을 갖는 것은 종종 성적인 죄로 이어지기 때문이다. 연구에 따르면, 중학교 1학년 때부터 남자친구가 있는 여학생은 고등학교 때 성(性)적으로 활동할 확률이 높다고 한다. 더 나아가서, 6개월 이상 사귀는 것은 10대 청소년의 조기 성행위로 이어지는 5대 요인 중 하나라고 한다.[3] 즉, 연애에 마음이 얽히게 되면, 당신의 순결을 지키기 어려워지는 것이다.

그렇다면 사랑을 흔들어 깨울 적절한 시간은 언제일까? 인생에서 결혼에 대해 생각할 준비가 되었거나, 하나님께서 평생을 남편으로 헌신할 준비가 된 남자를 당신의 삶에 데려오셨을 때 사랑을 '흔들어 깨우기' 시작하는 것이 적절하다. 또는 부모님과 다른 경건한 친구 및 인생의 지도자들이 "이 사람이 바로 그 사람이야"라고 확신하도록 도움을 줄 수도 있다.

그러므로 하나님께서 당신의 남편으로 선택하신 남자와 결혼식장을 걸어 내려와 "사랑해"라고 말한 뒤에는, 하나님의 영광을 위해 사랑을 온전히 흔들어 깨우고 자유와 열정으로 그 사랑을 마음껏 누릴 수 있다. 10대 소녀들이 그리스도와의 관계를 발전시킬 수 있는 시기, 결혼에 대한 애착과 책임감으로 시간을 낭비하는 것을 보면, 안타깝기 그지없다. 미아(Mia)는 이를 바꾸기 위해 과감한 조치를 취했다. 그녀는 남자를 찾는 데 쏟았던 시간을 하나님을 알아가는 데 사용하기로 결심했다.

"저는 고1 때 남자애들한테 완전히 미쳤었어요. 부모님은 걱정이 많으셨죠. 남자를 사귀는 건 아니었지만, 남자친구를 갖고 싶다는 마음은 계속 있었어요. 엄마는 제가 정말 멋진 계획을 세울 수 있도록 도와주셨어요. 고3 때 제 인생의 1년, 저는 하나님과의 관계에 전적으로 집중하려고 했어요. 매일 드리는 기도 외에도 일주일에 하루는 주말 저녁을 그분과 '함께' 보내는 시간을 가졌어요. 제 마음은 오롯이 그분께만 집중되어 있었죠. 두 달 정도 지나고 나서, 저는 '남자? 뭣이 중헌디!'의 상태가 되었어요. 그때가 제 고교 생활 중 최고의 한 해였어요.

"저와 제 남자친구는 순결에 관심이 많아서, 관련 행사들이 있을 때 순결에 관해 이야기하려고 노력해요. 사람들에게 우리가 하는 것처럼 하면 된다고 말하죠. 그냥 오럴섹스를 하면 된다고요."

"저희는 그냥 친구 사이였는데, 어느새 쓰레기 같은 사진들을 주고받고 있더라고요. 저희는 그렇게 온라인상에서 서로를 만족시켜 주는 사이가 되었지만, 실제 섹스는 한 번도 하지 않았어요."

"솔직히 말하면, 우리 청소년 그룹에서 제가 어떤 식으로든 키스를 하거나 만지지 않은 남자는 한 명도 없어요. 어떤 애들은 진도를 조금 더 나가기도 했지만, 제게는 분명 넘지 않는 선이 있어요. 저는 섹스를 전혀 해 본 적이 없어요."

와우! 이런 말들은 어쩌면 대부분의 1020 여성들이 생각하는 사고방식을 표현하고 있는지도 모른다. 그들은 하나님의 사고방식을 반영하지 않고 있다. 장기적으로 볼 때, 하나님의 사고방식만큼 당신에게 기쁨과 만족을 주는 것은 없을 것이다. 에베소서 5장 3절은 '순결'에 대한 하나님의 기준을 정의한다. "성적인 죄를 짓지 않도록 조심하십시오. 어떤 종류의 악이나 탐욕도 틈타지 못하게 하십시오"(쉬운 성경). 이것은 분명 실제로 성관계를 갖는 것을 포함한다. 하지만 여기서 금지하는 성적인 죄는 그보다 더 광범위하다. 결혼 생활의 침대 밖에서는 성관계의 암시조차도 있어서는 안 된다. 성적인 죄를 암시하는 남자들과의 신체 접촉도 마찬가지다. 예수님은 성적인 죄의 정의를 확대하셔서 누군가를 바라보고 음욕을 품는 것까지 죄라 하셨다(마 5:28).

▶ 가슴골이 드러나는 로우컷 탱크톱을 입으면, 성관계를 넌지시 암시하는 것이다.

▶ 프로필 사진에 야한 사진을 올리면, 성관계를 넌지시 암시하는 것이다.

▶ 누군가에게 음란한 문자 메시지를 보내면, 성관계를 넌지시 암시하는 것이다.

▶ 가벼운 온라인 음란물을 보면, 성관계를 넌지시 암시하는 것이다.

▶ 성적인 유머나 언어를 사용하는 노래, TV 프로그램, 영화를 가까이하면, 성관계를 넌지시 암시하는 것이다(바로 다음 구절, 에베소서 5장 4절은 "누추함과 어리석은 말이나 희롱의 말이 마땅치 아니하니"라고 말한다).

예수님의 말씀처럼, 이러한 정신적이고 시각적인 영역의 불순함은 매우 중요하게 생각되어야 한다. 그것들은 당신의 도덕성을 빼앗아 간다. 그리고 종종 당신의 평판조차도 빼앗아 간다.

최근에, 나(다나)는 한 기독교 고등학교에 불려 가 섹스팅에 빠져 있는 여중생 학급 전체를 만나게 되었다. 여학생들은 거의 벗은 사진을 장난삼아 **서로** 주고받고 있었으며, 완전히 벗은 사진을 보내기도 했다. 샤워하는 사진, 욕실 사진, 라커룸 셀카 등. 그러나 그들은 노골적인 성적 사진은 아니었고, 그냥 '여자들끼리' 찍은 유치한 사진일 뿐이라고 했다. 성범죄자에게서 해킹당했다고 학교를 찾아온 경찰관에게 이들은 그렇게 말한 것이다. 여기서부터 정말 복잡해졌다. 엄밀히 말해 그 사진들의 대부분은 모두 아동 포르노였고, 그 지역에서는 기소 대상에 대한 연령 제한도 없었다. 따라서 정부가 그 여학생들을 합법적으로 다룰 수 있는 방법은 그들을 아동 포르노 밀매범으로 분류하는 것이었고, 이를 통해 법의 심판을 받게 해야만 했다.

하나님은 당신의 몸과 정신, 마음, 평판이 안전하게 지켜지기 원하신다. 따라서 여자친구들끼리 주고받는 장난스러운 사진이든, 연인과의 성적인 사진이든, 섹스팅에 붙들리기를 원치 않으신다.

그것은 단지 패션인가?

미니스커트, 많이 파인 캐미스, 몸에 달라붙는 티셔츠. 당신은 오늘날의 일반적인 패션 트렌드에 따라 옷을 입어도 괜찮다고 생각할 수 있다. 정말 괜찮을까?

1020 여성들이여, 우리가 진정 하나님을 사랑한다면, 우리는 입는 옷을 포함해 우리 삶의 모든 영역에서 하나님을 기쁘시게 해 드리고 싶을 것이다. 하나님의 말씀은 우리가 옷차림과 행동에 있어서 존경받을 만하고 겸손하기를 원하신다고 분명히 말씀하고 있다(딤전 2:9).

최근에 내(낸시) 남편과 나는 우리가 아는 사랑스럽고 아름다운 젊은 여성들이 선정적이고 노출이 심한 사진을 SNS에 게시하는 것을 보면서, 그것이 우리를 얼마나 슬프게 하는지에 대해 이야기하고 있었다. 이 여성들은 그저 자신을 예쁘고 귀엽게 보인다고만 생각하는 것 같았다. 하지만 우리는 (잠 7:10의 간교한 여인처럼) 그들이 보내는 메시지가 무엇인지, 그리고 크리스천 남성들이 여성의 성적 매력이 강조되는 옷차림과 사진에서 어떤 자극을 받는지를 알고 있는지 매우 궁금했다.

이 형제들의 마음을 순수하게 유지하기 위한 노력은 매우 힘겨운 일일 수 있다. 우리는 그들을 더 어렵게 만들고 싶지 않다(롬 14:13).

우리는 또한, 우리 아름다움의 가장 깊은 보물을 스쳐 지나가는 모든 남자와 공유하는 것이 아니라, 오직 한 남자만을 위해서 보존하도록 부름받았다(잠 5:18-19). 우리가 어떻게 옷을 입고 어떤 사진을 찍어 다른 사람과 공유할지 결정할 때는 이 모든 것을 염두에 두어야 한다.

하지만 크리스천 1020 여성들이 어려움을 겪고 있는 영역은 마음과 눈의 성적인 죄만이 아니다. 성적인 접촉에서부터 강박적인 자위행위나 구강 성교에 이르기까지 다양한 행위를 하면서도 이러한 행위가 성적인 죄가 아니라고 합리화하는 1020 여성들의 이야기를 들으면 가슴이 무너진다. 이러한 행위는 분명히 성적인 죄가 맞다.

순결에 관한 하나님의 기준은 높다. 하지만 자제력을 발휘한 것의 대가는 그만한 가치가 있다. 세상은 당신이 뭔가를 놓치고 있다고 말하려고 할 것이다. 그러나 그것은 절대 사실이 아니다. 하나님은 우리가 하나님의 율법의 가치와 필수성에 의문을 제기하는 경향이 있음을 알고 계신다. 우리는 궁금하다. **도대체 이 율법의 목적은 무엇일까? 어떻게 그게 선할 수 있을까?** (하와가 선악을 알게 하는 나무에 대한 하나님의 한계에 의문을 품었던 것처럼.) 답은 '항상 복을 누리게 하기 위해'(신 6:24) 이 모든 규례를 지키라 명령하셨다는 것이다. 이러한 추론을 따라서, 성에 대한 하나님의 제한은 선물을 더욱 환상적으로 만들기 위해서 주어진 것이기도 하다. 정말 그러할까?

사회 과학이 이를 증명한다. 미국인의 성생활에 대한 정말 자유로운 연구 중 하나에서,[4] 결혼 전에 성관계를 갖지 않은 사람들이 성적 만족도가 더 높다는 사실이 밝혀졌다. 또한 '종교적으로 활동적인' 사람들이 성적 만족도가 가장 높았다는 사실도 밝혀졌다. 하나님은 당신에게서 무언가를 숨기고 계시지 않으신다. 결혼이 여러분의 삶에 대한 하나님의 뜻이라면, 하나님은 당신이 언약 결혼 관계에서 가능한 한 최고의 성적 만족을 경험할 수 있도록 기다리기를 원하신다.

우리는 육체적 친밀감을 위한 하나님의 때를 기꺼이 기다리기를 간절히 바란다고 하는 많은 여성들을 만났다. 많은 경우, 그들은 그렇게 하지 않아서 고통스러운 대가를 치렀다. 그러나 우리는 어렵게 기다리기를 선택한 사람들도 알고 있다. 그중에 스테파니(Stephanie)는 현재 그 선택의 유익을 즐기고 있다.

> "중학교 때 저는 결혼할 때까지 성적으로 순결하겠다고 하나님과 부모님, 그리고 제 자신에게 약속했었어요. 남편에게 바라는 성품 리스트도 만들었죠. 그런데 시간이 지나면서, 제 기대치가 너무 높았던 것 같다는 생각이 들더라고요. 제가 가진 기준에 들어맞는 남자는 없었거든요. 어떤 친구들은 그런 남자는 절대 존재하지 않는다고 말하기도 하더라고요."

"고등학교 3학년 때, 저는 제가 바라던 남자를 꼭 만나겠다는 꿈을 거의 포기할 뻔했어요. 절대 이루어질 수 없는 일이라고 믿었기 때문에, 저는 하나님보다 서두르고(부모님의 조언을 듣지 않고) 연애를 시작해야 한다는 압박감을 이기지 못했죠. 저는 곧 하나님과의 관계, 친구와의 관계, 부모님과의 관계에서 그에 따른 결과를 경험했어요. 하나님은 저를 징계하셨고, 그리고 나서 저는 다시 한번 제 미래를 그분께 맡겼습니다."

"결국 하나님은 저를 위해 누군가를 예비하셨고, 그분의 완벽한 때에 저에게 그를 데려오셨어요. 저는 순결을 지키는 것이 인내심과 더불어 시류를 거스르는 의지가 매우 요구되는 일이지만, 그것이 보다 나은 것임을 깨달았습니다. 그 결과는 모든 희생을 감수할 만한 가치가 있고, 결혼을 더욱 달콤하게 만들어 주더라고요."

스테파니의 남편도 동의했다.

"저는 어렸을 때, 여성의 마음을 얻기 위한 욕망과 감정을 박스에 넣고 잠가서, 그 열쇠를 주님께 드리겠다고 기도했었습니다."

"그리고 제 마음에 맞는 분이 나타나면 제 마음속의 이 상자가 열리기를 원한다고 기도했어요. 스테파니에게 모든 것을 내어 줄 때 정말 기쁘고 감격스럽더라고요. 저는 누군가와 사귀어 보지 않은 것을 절대 후회하지 않습니다. 저는 아내에게 말할 과거의 관계에서의 상처가 없었어요. 오직 아내를 위해 저 자신을 아껴 왔거든요."

"이제 저는 제 남은 인생을 제가 온 마음과 애정을 쏟는 한 여성을 위해 사랑을 쏟아부을 수 있게 되었습니다."

언젠가는 남자가 당신에 대해 그런 말을 해 줬으면 좋겠다고 생각하지 않는가? 당신이 올바른 남자를 기다리면서 둘의 관계에 대한 하나님의 계획을 따를 때, 당신의 결혼 생활에 하나님의 복이 임하는 기쁨을 누리게 될 것이다.

거짓말 12.
"나는 순결을 지키면서까지 외로움을 견딜 수 없어."

관찰 그룹에서의 정말 슬펐던 순간 중 하나는, 기독교 중학교에 재학 중인 한 여학생이 순결을 지키려는 많은 사람들이 느끼는 큰 외로움에 대해 목소리를 냈을 때였다. 그녀는 이렇게 말했다.

> "우리 학교에서는 대부분 이성 간에 관계를 갖는 것이 정상적이라고 생각합니다. 모두
> 가 관계를 해 봤거나, 비슷하게 해 봤을 거예요. 제가 가장 많이 고민하는 부분이 바로
> 그거예요. 과연 제가 기다릴 수 있을지…. 저는 그게 너무 중요해요. 저는 기다리는 걸
> 힘들어하거든요.

우리가 소통했던 10대들 중에서 **그 여학생 혼자만 그런 것은 아니었다.** 대다수의 응답자가 "나만 관계를 갖지 않는 것 같다"라는 말에 선뜻 동의하지는 않았지만, 압도적인 수의 응답자가 자신은 여전히 외로움을 느낀다고 말했다. 그들은 통계를 알고 있었다. 그들은 크리스천 10대 여성들의 대다수가 처녀라는 것을 알고 있었다. (통계적으로 60%가 넘는다.[5]) 그러나 머리로 아는 지식이 많은 이들의 마음을 바꾸지는 못하는 것 같다. 외로움에 집중하면 '외로움을 견딜 수 없어'라는 거짓말을 믿게 된다. 그리고 그 거짓말은 타협할 수 있는 여지를 열어 준다.

나(다나)는 최악의 외로움은 타협의 여파에 있다고 생각한다. 열다섯 살 때 나는 기

독교 고등학교에 다녔다. 동아리에서 활발히 활동했고, 리더로 인정받아, 교회 주일학교에서 3-4세 반을 맡아 가르치도록 초청받기도 했다. 열다섯 살 때, 나는 소외된 이웃을 찾아가 복음을 전하는 여름 성경학교 교사가 되기 위해 훈련을 받았다. 나는 정말 하나님을 사랑했다. 하지만 몇몇 강력한 거짓말들로 인해 일시적으로 하나님의 인도하심에서 벗어나기도 했다.

압박감이 커지고 상황이 악화하였다. 나는 이 형제와 헤어져야 할 필요가 있음을 알았지만, 헤어질 엄두가 나질 않았다. 슬며시 기어들어 온 "나는 순결을 지키면서까지 외로움을 견딜 수 없어"라는 거짓말에, 나는 상상할 수 없는 짓을 저지르고 말았다. 나는 하나님께서 결혼식 날 밤에 남편에게 주라고 내게 주신 선물을 버리고 말았다.

그때는 내 삶이 얼마나 외로웠는지 말로다 표현할 수 없을 정도였다. 나는 잠잠히 내가 그토록 진심으로 사랑했던 모든 사역의

남자에 대한 지나친 욕망을 잠재우기 위한 열 가지 추천 목록

⑩ 선교 여행을 가 보세요.

⑨ 엘리자베스 엘리엇의 《열정과 순결》을 읽거나, 폴라 헨드릭의 *Confessions of a Boy-Crazy Girl*(어느 소년에게 빠져버린 소녀의 고백)을 읽어 보세요.

⑧ 미래의 남편에게 일기를 써 보세요.

⑦ 미래의 남편의 자질에 대한 목록을 작성해 보세요.

⑥ 이것에 대해 이야기할 수 있는 멘토를 구하세요.

⑤ 운동을 하거나 스포츠에 참여해 보세요.

④ '인생의 남자'인 아빠와 함께하는 시간을 많이 가져 보세요.

③ 남자에게 열광하지 않는 친구들과 어울리세요.

② 불순한 생각이나 로맨스를 조장하지 않는 좋은 영화나 책의 리스트를 작성해 보세요.

① 하나님께 사랑의 편지를 써 보세요.

자리를 내려놓았다. 내 삶에 남은 시간은 외로움이 커지는 침묵을 만들었다. 한동안은 그 관계를 유지했지만, 둘 사이에는 큰 틈이 생겨 버렸다. 결혼 이후라면 더욱 가까워졌을 육체적 행위가 둘의 사이를 갈라놓는 걸림돌이 되고 만 것이다.

결국 나는 그 남자와 헤어졌다. 내가 저지른 일에 관해 이야기할 수 있는 사람이 단

한 명도 없다고 생각했다. 교회 사람들은 모두 완벽해 보였다. 확실히 그들은 내가 저지른 죄의 깊이를 전혀 알지 못할 거라고 생각했다. 나는 10년간 이 일을 아무에게도 말하지 않았다.

나는 그 외로움이 뭔지 안다. 당신도 마찬가지일 것이다.

나는 하나님의 은혜로 내 죄를 온전히 고백했다. 그리고 시간이 흘러 주님께서 내 마음을 은혜롭게 치유해 주셨음을 말할 수 있어 너무 감사하다. 하나님은 결혼식 날 밤에 나에게 순결하고 멋진 크리스천 남편을 주셨고, 그는 나에게 큰 용서를 베풀어 주었다. 아니, 아낌없이 용서를 베풀어 주었다. 마치 나의 구원자처럼…. 그리고 오늘 하나님은 나를 사용하여 당신과 같은 1020 여성들이 순결의 길을 선택하도록 독려하고 계신다. (우리 하나님은 우리의 상한 마음을 회복시키시는 자비롭고 창조적인 분이시다.) 만약 당신이 이 외로움을 알고 있다면, 나는 당신이 내 인생이 치유된 것을 보고, 하나님께서 당신도 치유하기 원하신다는 것을 알기 바란다.

그렇다. 순결에 대한 헌신은 당신이 사랑을 '깨울' 적절한 시간이 되기까지 당신의 마음을 지키도록 도전한다. 그렇다. 이것은 종종 고통스럽게 느껴진다. 하지만 자기를 부인하는 고통이 자기를 파괴하는 고통보다 훨씬 낫다.

1900년대의 유명했던 기독교 작가인 C. S. 루이스는 아내를 암으로 잃었다. 그의 삶을 다룬 작품인 영화 〈섀도우랜드〉는 아내의 병을 슬퍼하는 루이스의 모습을 보여 준다. 그는 아내와 함께 경험했던 기쁨을 회상하고, 그녀의 임박한 죽음을 받아들이면서, "지금의 고통은 그때의 행복의 일부입니다"라고 말한다.[6] 이는 사실이다. 당신이 지금 기다리면서 느끼는 고통은 당신이 곧 느낄 행복이 될 것이다. 그것

기다림이
외로울 수 있음을
잘 알고 있어요.

이 하나님께서 당신을 위해 준비하신 것이라면, 당신의 결혼 생활은 더욱 소중하고 아름다워질 것이다.

나(낸시)는 '하나님께서 혹시 나에게 남편을 주지 않으신다면 어떡하지?' 하는 생각으로 힘들어하는 사람들을 위해 한마디 더하고 싶다. 많은 미혼 여성들에게 결혼을 할 수 없다는 생각은 독방 종신형을 선고받는 듯한 기분일 것이다. 그러나 결혼은 놀라운 선물이고, 나는 하나님께서 대부분의 사람들이 결혼하기를 원하신다고 믿는다. 하지만 50대 후반(하나님께서 내 인생에 멋진 남편을 데려오셔서 나를 깜짝 놀라게 하셨던 때)까지 미혼 여성으로 살아온 나는, 만약 하나님의 계획이 당신의 예상보다 더 오래, 심지어 평생 미혼으로 사는 것이라면, 당신의 인생이 기혼 여성만큼이나 의미 있고 복된 인생이 될 수 있다고 확신할 수 있다. 물론 (모든 기혼 여성들이 직면하는 것처럼) 어려움이 있을 것이다. 하지만 당신이 어떤 상황을 만나든 하나님은 당신이 직면하는 모든 일에 대해 매일 은혜를 베풀어 주실 것이다.

사실, 외로움은 당신이 미혼이든 기혼이든, 타락하고 상처받은 세상에서 피할 수 없는 현실이다! 하지만 당신이 그 무엇보다도, 그 누구보다도 하나님과 그분의 뜻을 구하기로 마음을 정한다면, 우리는 당신이 진정으로 외롭지 않을 것이며, 참된 기쁨이 부족하지 않으리라고 약속할 수 있다.

거짓말	진리
09 "사귀고 싶은 사람하고 사귀는 게 뭐 어때."	• 하나님은 당신이 불신자에게 묶여 있는 것을 원치 않으신다(고후 6:14) • 당신이 누구와 사귐을 갖는지는 미래에 큰 영향을 미친다(요 4:8). • 결혼은 그리스도와 교회의 하나 됨을 보여 주기 위해 제정된 것이다(엡 5:32).
10 "나는 남자친구가 꼭 필요해."	• 결혼의 목적은 단순히 행복해지는 것이 아니라, 하나님께 영광을 돌리는 것이다(고전 10:31). • 하나님은 적절한 때가 될 때까지 사랑을 흔들어 깨우기를 원치 않으신다(아 2:7).
11 "그건 진짜 성관계가 아니잖아."	• 성관계를 암시하는 것은 무엇이든 피하라(엡 5:3). • 성적인 유머를 사용하는 노래, TV 프로그램, 영화를 가까이하는 것은 성적인 죄를 암시하는 행위이다(엡 5:4). • 순결에 대한 하나님의 기준은 높지만, 그 보상은 자기 절제의 고통을 감수할 만한 가치가 있다(신 6:24; 빌 4:13).
12 "나는 순결을 지키면서까지 외로움을 견딜 수 없어."	• 금욕은 성관계를 갖지 않는 것이 아니라, 올바른 성관계를 갖기 위해 기다리는 것이다(히 13:4). • 하나님의 때에 하나님을 영화롭게 하는 결혼은 모든 일시적인 외로움의 순간을 감수할 만한 가치가 있다(엡 5:27).

아마도 우리가 남자와 성에 관하여 믿는 것보다 더 장기적인 결과와 고통을 주는 거짓말은

없을 것입니다. 거짓말에 속지 마세요. 잠시 시간을 내어서 이 질문들에 답을 해 보세요.

• 남자들에 관하여 당신이 가장 믿을 법한 거짓말은 무엇인가요?

• 이 거짓말에 진리로 대항하기 위해서는 어떤 성경 구절을 마음에 저장해야

   할까요?

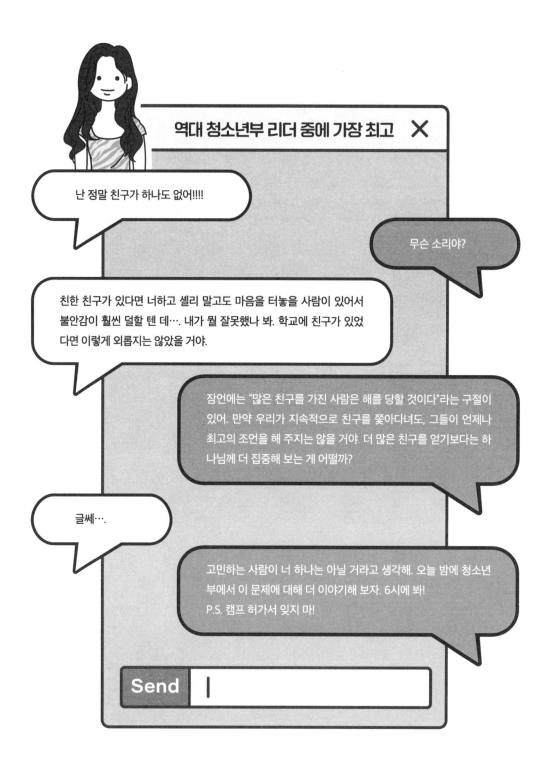

8장_인간관계에 관한 거짓말

"친구가 되고 싶은 마음은 금세 생기지만,

우정은 천천히 익어 가는 열매이다."

- 아리스토텔레스 -

상황 1: 일요일 아침 10시다. 교회 모임이 시작하려고 할 때, 새디(Sadie)는 이 사람 저 사람 모두를 만난다. 그녀는 모두를 웃으면서 안아 준다. 그녀는 이번 주말에 청소년 수련회를 계획하고 있는 청소년 담당 목사의 아내인 코리(Corrie)를 보자마자 문으로 달려간다. 그녀는 코리를 안아 주며 자신이 수련회를 얼마나 기대하고 있는지, 그리고 하나님을 만날 준비를 얼마나 잘하고 있는지를 말한다. 그녀는 코리에게 수련회를 계획해 줘서 고맙다고 말하면서 또 다른 이들을 안아 주기 위해 달려간다. 새디는 '자비'라는 강한 영적 은사를 가지고 있으며, 그것을 알고 있고, 그것을 사용하길 좋아한다.

상황 2: 일요일 밤 10시다. 새디는 한 시간 동안 노트북 앞에 앉아 있다. 지금 그녀는 제이크(Jake)에게 메시지를 보내고 있다. 처음에는 코리가 얼마나 '위선적'인지에 대해서 이야기한다. 그러면서 대화가 약간 성적인 주제로 바뀐다. 제이크는 새디의 순결을 빼앗고 싶지만, 확신이 서지 않는다고 말한다. 새디는 목사의 딸이다. 새디의 아빠는 어떻게 생각할까? 새디는 아빠가 상관할 일이 아니라고 말한다. 진짜 새디의 모습은 무엇일까?

당신이 눈치챘는지 모르겠지만, 인간관계는 형제들보다 자매들에게서 더욱 복잡할 수 있다. 게다가 여기에 미디어 기술이 더해지면서, '두 얼굴'이라는 의미를 완전히 새롭게 해석할 수 있게 되었다.

> ### 거짓말 13.
> **"집에서는 이런 사람이고 다른 데서는 다른 사람이어도 괜찮아.**
> **특히 온라인에서는 더더욱...."**

무려 84%나 되는 1020 여성들이 "내 또래들이나 나와 비슷한 사람들 사이에서만 나 자신일 수 있다"라는 말에 동의했다. 놀라웠다. 우리는 더 많은 이야기를 듣고 싶었다. 1020 여성들과 이야기를 나누어 보니, 그들은 집에 있을 때의 자신과 친구들과 있을 때의 자신 사이에 근본적인 차이가 있음을 인정했다.

그러니 1020 여성들에게 어느 정도의 불

우리는 1020 여성들에게 "나는 친구나 나와 비슷한 사람들과 있을 때만 나 자신이 될 수 있다"라는 말에 응답해 달라고 요청했다. 여기에 그들이 말한 것이다.

84% : 동의하거나 혹은 어느 정도 동의한다.

16% : 동의하지 않는다

안감은 항상 있을 수밖에 없었다. 그리고 우리는 더 이상 어떠한 새로운 것도 찾지 못했다. 그러던 차에 미디어 기술이 발전하면서 상황이 완전히 달라졌다. 우리들 중 꽤 많은 사람이 집에서의 모습과 밖에서의 모습을 모두 가지고 있는 것 같다. 음… 적어도 당신의 '친구들'은 그렇지 않은가?

"제가 아는 많은 사람들은 함께 있을 때는 제가 아는 그 사람인데, 메신저에서는 완전히 다른 사람이 되더라고요. 마치 거기서는 자신이 아닌 다른 사람이 되어야 한다고 생각하는 것 같아요."

"교회의 착한 여자애들도 그리 노골적이지는 않아도 여전히 성적인 걸 어필하는 사진을 스스로 게시하곤 해요. 실제로는 한 사람이면서, 컴퓨터상에서는 다른 사람이 될 수 있다고 믿는 거죠."

대화가 길어질수록, 더 많은 소녀들이 자신에 대해 인정하기 시작했다.

"우리 엄마가 제 문자를 보면 정말 싫을 것 같아요."

"중학교 때, 실제로 한 여학생에게 냄새가 너무 심해서 샤워를 해야 할 것 같다고 이메일을 보낸 적이 있어요. 제가 그런 짓을 했다는 사실이 믿기지가 않아요."

우리는 대화를 나눠 온 크리스천 1020 여성들 중 꽤 많은 이들이 온라인에서 험담을 하고, 가벼운 욕설을 하고, 남자와의 성관계나 월경 등에 대해 아무렇지 않게 이야기하고, 또래 집단이 아닌 어린 친구들에게 못되게 굴고, 야한 사진들을 게시하거나 보는 경향이 있다는 사실을 발견했다. (집이나 교회에서는 절대 할 수 없는 일이지만!) 인터넷은 당신이 직접 되어 보지 않은 누군가가 될 수 있는 공간을 제공한다. 교회나 집에서는 한 가지 방식으로 행동하고 믿는다고 주장하지만, 당신의 메신저를 보고서 그러한 믿음과 모순된다면, 당신은 자신이 되고 싶지 않다고 말했던 그 '위선자'로 살고 있는 것이다. 우리는 우리의 외모를 어떻게 예쁘게 유지하는지를 잘 알고 있다. 우리는 우리가 교회에 있을 때나 좋은 인상을 주려고 노력할 때 어떻게 보이고 행동해야 하는지를 잘 알고 있다. 하지만 우리는 언제나 면밀한 조사를 감당할 수 있는 삶을 살 수 있어야 한다.

만약 우리가 지금 당장 당신의 SNS에 들어가 본다면, 당신이 주장하는 내용(자기 자신)이 정확하게 반영되어 있는가? 지난 24시간 동안 당신이 보냈던 메시지를 볼 수 있다면 어떠한가? 당신의 전화 통화를 엿들을 수 있다면, 당신이 그리스도를 따르는 사람이라는 것을 알 수 있는가? 친구의 등 뒤에서 친구에 대한 안 좋은 말들을 문자로 보내고 있진 않은가?

예수님 시대의 바리새인들은 거룩하게 보였다. 하지만 예수님은 그들을 향해 "회칠한 무덤 같으니 겉으로는 아름답게 보이나 … 안으로는 외식과 불법이 가득하도다"라고 말씀하셨다(마 23:27-28). 즉, 예수님은 위선을 경멸하셨다. 예수님은 죄에 사로잡힌 사람들

> ### 참된 믿음을 보존하기 위한 5가지 실천
>
> 1. 당신의 담당 목회자의 아내가 당신을 인스타그램에서 팔로우하도록 초대하라.
> 2. 매일 한 명 이상의 친구에게 경건한 격려의 메시지를 보내라.
> 3. 블로그를 기도 요청이나 찬양 나눔을 위한 장으로 사용해 보라.
> 4. 가장 좋아하는 성경 구절을 인스타그램 프로필에 써 넣어 보라.
> 5. 당신이 좋아하는 신앙 서적들의 게시판을 만들고 그것을 걸어 두어 보라.

에게 친절과 연민을 베푸셨고, 당시의 종교적 위선자들을 매우 엄중히 꾸짖으셨다.

이렇게 위선의 삶을 살면 비참한 결과를 초래할 수 있다. 카리사(Carissa)라고 부르는 한 젊은 여대생에게 일어난 일이다. 그녀는 처음에는 순수하게 인터넷에서 사람들을 만나 채팅을 하기 시작했다. 하지만 이내 그녀는 그들과 심한 성적인 대화를 나누기 시작했다. 그것만으로 만족이 되지 않자, 그녀는 직접 남성들을 만나기 시작했다. 결국 그녀는 불과 몇 달 전까지만 해도 꿈도 꾸지 못했을 일들을 기꺼이 하게 되고 말았다.

그녀의 어머니는 인터넷 문제가 시작된 열아홉 살 때까지만 해도 카리사가 '유순'하고 '순종적'이었다고 설명한다. 결국 가족이 개입했고, 카리사도 그것에 잘 반응하는 것처럼 보였다. 그녀는 어머니에게 '그동안 자기에게 쏟아부어 주신 진심'에 대해 감사했다. 그럼에도 불구하고 카리사는 여전히 속박되어 있었다. 그녀의 어머니는 최근 딸의 인생에서 일어난 일을 나누면서 눈물을 보이고 말았다.

"카리사는 전혀 모르는 낯선 한 여자를 만나 오후가 가기 전에 휴대폰 번호를 교환했다고 하더라고요. 그리고 그 여자는 휴대폰으로 카리사의 사진을 찍어 지인 남성에게 이메일로 보냈는데, 곧바로 그와 뜨겁고 무게 있는 문자 메시지를 주고받기 시작했다더군요. 그리고 나서 카리사는 그 남성을 만나 저녁 식사를 하고, 그의 집으로 간 거예요."

카리사는 이 남자와 부적절한 관계를 시작했다. 그녀의 삶은 교회 친구와 가족 앞에서, 그리고 인터넷에서 기꺼이 하나의 삶을 살고자 하는 의지로 시작했지만, 결국 통제 불능 상태로 방향을 틀었다. **하나님은 당신이 위선적인 사람이 되기보다는 한결같은 사람이 되기를 원하신다.** 하나님은 당신이 진정성 있는 믿음을 가지고서 삶과 관계의 모든 분야에서 실천하기를 원하신다. 성경은 "하나님을 가까이하라 그리하면 너희를 가까이하시리라 죄인들아 손을 깨끗이 하라 두 마음을 품은 자들아 마음을 성결하게 하라"(약 4:8)라고 말한다. 야고보서 1장 8절에 따르면, 두 마음을 가진 사람은 "모든 행동에 안정이 없다"(새번역)라고 한다. 그리스도를 따른다고 하면서도 세상과 육신을 섬긴다면, 당신의 삶 전체는 불안정해질 것이다.

이 장의 시작 부분에서, 우리는 새디를 소개했다. 새디는 분명 두 마음을 가진 10대 여성이었다. 그러나 그녀는 그것을 싫어했다. 회복하는 과정은 꽤 힘들고 눈물겨웠다. 그녀의 부모님은 문자 메시지 몇 개를 발견하고서, 그녀가 제이크와 성적인 대화를 나누고 있다는 사실을 알게 되었다. 그들은 새디가 미디어를 사용하지 못하도록 했고, 그 남자와 그의 부모님과 담당 목사님까지 대면했다. 정말 정신없었다!

그러나 주님은 그 어려움을 통해 그녀의 마음을 부드럽게 하셨고, 그녀는 기독교 고등학교 교목에게 가서 어려움을 나누고 영적인 도움을 받았다. 그 목사님은 그녀에게 회개에 관하여 성경이 무어라고 말하는지 가르쳤고, 그녀에게 책임을 묻고서, 그녀가 예수 그리스도를 향해 한 마음으로 헌신하는 자리로 돌아갈 수 있도록 도와주었다. 오늘날 그녀는 하나님을 향한 온전한 마음을 가진 참그리스도인으로서 살고 있다. 하나님은 그녀의 삶에 가져올 수 있는 파괴로부터 그녀를 해방시켜 주셨다.

그분이 당신을 위해서 그렇게 해 주시길 원하는가? 그렇다면, 이렇게 기도하라.

일심으로 주의 이름을 경외하게 하소서 (시 86:11)

> ### 거짓말 14.
> ### "친구만 있었다면, 내가 이렇게 외롭지는 않았을 거야."

이 거짓말을 보면서, 당신은 어쩌면 "하지만 그건 사실이에요!"라고 말하고 싶을 수도 있다. 당신이 학교에서 가장 유명한 여학생이 아니거나, 절친한 친구가 없거나, 심지어 나쁜 아이들의 표적이 되고 있음이 사실일 수 있다. 당신도 어느 정도는 친구들 사이에서 어려움을 겪고 있지 않은가? 이는 보편적으로 1020 여성들이 겪는 성장통 중 하나이다. 그리고 아, 미움받는 친구들이 겪는 감정들…. 정말 못된 친구들과 하루를 보낸 후 침대에 몸을 던져 웅크리고 울어 본 적이 없는 사람이 있을까?

> "지난주 어느 날 밤, 저는 집에 와서 거의 1시간 반 동안 울었어요. 왜냐하면 저는 다른 친구들은 모두 짝을 지어 다니는데 저는 짝이 없이 이쪽저쪽 둥둥 떠다니는 것 같은 느낌이었거든요. 저는 다른 사람과 어떻게 어울려야 할지 모르겠어요."

> "저는 매일 외로워요. 가장 친한 친구 두 명과 작년에 헤어졌거든요. 두 친구 모두 6개월 만에 부모님의 이혼을 경험하고서 완전히 상실감에 빠지는 바람에, 한 명은 학교를 완전히 중퇴했고, 다른 한 명은 전학을 가 버렸어요. 아무도 저에게 같이 하자거나 같

이 있자고 하지 않아요."

내(다나의) 친구 수지 웨이벨(Suzy Weibel)은 그녀의 책(*Secret Diary Unlocked*)에서 롤러코스터를 타는 여자친구 문제를 다루고 있다. 그 책에서 그녀는 자신의 중학생 때의 일기장에서 실제 발췌한 내용을 공유한다. (내가 만난 여고생들은 그것이 꼭 자기 중학교 시절 일기장 같아서 그 책을 내려놓을 수 없었다고 한다.) 여자친구에 관해 다룬 장을 읽어 보면 좋겠다. 다음은 그녀의 일기 중 몇 가지이다.[1]

12월 22일 베스가 나에게 "당신은 정말 예뻐요"라는 문구가 적힌 접이식 거울을 선물했다(나는 항상 나 자신을 낮게 보기 때문이다).

1월 14일 나는 베스가 준 "당신은 정말 예뻐요" 거울이 내 콤플렉스를 하나도 도와주지 못한다고 생각한다. 내 롤러 돔에 가면 거울이 항상 깨졌다. 나는 내가 못생기지 않았다는 건 알지만, 사람들이 나를 좋아하지 않는 이유가 있다고 생각한다.

1월 31일 갑자기 모든 사람의 절친이 그 애가 됐다…. 그 애가 갑자기 인싸가 되다니… 정말 질투가 나는 것 같다. 하지만 나도 나를 안다.

3월 7일 나는 캠이 나를 좋아한다고 생각하지 않는다. 그 애가 행동하는 걸 보면 알 수 있다. 그 애는 지니를 좋아한다. 어제 미술 시간에 캠을 위해서 그렇게까지 했는데도 불구하고, 그 애는 다시 '슈! 넌 정말 바보야'라는 태도로 돌아갔다.

만약 수지의 이런 생각이 당신의 중학생 때와 같은 것으로 들린다면, 이 책을 읽기 잘했다. 고등학생이 되면 상황이 다소 안정되는 경향이 있지만, 친구 관계에 대한 불안은 종종 어느 정도는 지속된다. 한 가지 분명하게 말하고 싶은 것은, 친구에 대한 당신의 감정은 흔한 감정이라는 것이다. 친구에 대한 감정은 그 자체로 나쁘거나 죄악 된 것이 아니다. 위험한 것은 우리의 행동과 결정이 하나님의 진리보다는 우리의 감정에 의해 좌우되도록 허용할 때이다. 친구 관계의 문제에서 하나님의 진리는 무엇일까?

첫째, 하나님은 당신이 그분을 알고, 그분의 친구가 되도록 창조하셨다.

거짓말 01 "하나님만으로는 충분하지 않아"를 다룰 때, 친구가 하나님의 최고 라이벌인 것 같다고 언급했었다. 17세기의 프랑스 철학자 블레즈 파스칼(Blaise Pascal, 1623-1662)은 우리 각 사람은 '하나님 모양의 빈 공간(a God-shaped hole)'을 가지고 창조되었다고 했다. 우리는 우리의 그 빈 공간을 다른 것으로 채우려고 평생을 노력하지만, 마치 바다를 골무로 채우려는 시도처럼 헛되고 헛된 일이다.

> "우리 각 사람은 하나님 모양의 빈 공간을 가지고 창조되었다."
>
> – 블레즈 파스칼 –

성경은 아브라함이 하나님의 친구였다고 말한다(약 2:23). 예수님은 우리가 그분을 알고 그분의 말씀에 순종할 때 자신의 친구라고 말씀하신다(요 15:14). 우리는 온 우주의 하나님과 교제하기 위하여 창조되었다. 중고등학교 시절에 많은 여학생들이 그 공간을 친구들로 채우려고 노력하는 경향이 있다. (사실 이것은 10대뿐만 아니라 모든 연령대의 여성들에게도 어려움이긴 하다.) 하지만 친구는 우리 마음의 가장 깊은 갈망과 필요를 결코 만족시킬 수 없다. 오직 하나님만이 그 공허함을 채울 수 있다.

둘째, 하나님보다 더 좋은 친구는 없다. 당신은 이런 친구를 갖고 싶지 않은가?

- 그분은 결코 떠나지 않으신다(히 13:5).

- 그분은 당신에 관하여 세세하게 아신다(마 10:30).

- 그분은 당신을 여전히 사랑하신다(요 3:16).

● 그 어떤 어려움이 있더라도, 당신은 그 사랑에서 결코 분리될 수 없을 것이다(롬 8:35).

● 그분은 영원히 당신과 함께 살고 싶어 하신다(요이 2).

이것이 바로 찐 우정이다. 그렇다면 왜 우리는 이 비교할 수 없는 세속적인 우정을 필사적으로 추구하면서 많은 감정 에너지를 소비할까? 크리스티 프리드릭(Christie Friedrick)은 그녀가 10대 때 자신의 가장 친한 친구가 단연코 하나님이었다고 말하는 젊은 여성이다. 그녀는 종종 친구들과 어울리기보다는 주님과 시간을 보냈다(하나님과 시간을 보내면서 남자밖에 모르던 것을 극복해 낸 친구의 이야기가 떠오른다). 그녀는 이른 시기에 하나님과의 우정을 키우는 법을 배웠다. 친구와 더 가까워지기 위해서는 친구와 시간을 같이 보내야 하는 것처럼, 우리도 하나님과의 시간을 보내야만 한다. 그분이 우리를 더 잘 알기 위해서가 아니라, 우리가 그분을 알아 가고 그분의 우정을 신뢰하기 위해서이다.

일단, 당신이 그 빈 공간을 크고 유일하신 하나님으로 채우고 나면, 당신은 친구와의 우정을 똑같이 바라볼 수 없을 것이다. 당신이 가진 친구와의 우정은 복이 더해진 것이기는 하지만, 절실하게 필요한 것은 아니다.

우정과 관련해서 한 가지 더 짚고 넘어가야 할 것이 있다. 우리 연구에서 여학생들에게서 들은 많은 이야기는… (음… 있는 그대로 말해도 될까?) 사실 좀 이기적이었다. 당신은 이 땅의 우정에 대해 다른 접근 방식을 취해야 할지도 모른다.

당신은 참된 친구가 되라는 부름을 받았다. '누가 나를 좋아하는지'에만 초점을 맞춘다면, 당신은 참된 우정을 추구하지 않는 것이다. 누가 나에게 자신들과 어울려 달라고 하는지에만 초점을 맞춘다면, 그것은 모두 잘못된 것이다. 그것은 영적인 사고방식이 아니다. 누가 나를 **좋아하는지**보다 누가 나를 **필요로 하는지**에 더 관심을 기울일 수 있도록 주님께 도움을 구하라.

친구는 친근한 모습을 보여야 하며, 친구의 양(ㅅ)보다는 우정의 깊이에 더욱 관심을 기울여야 한다(잠 18:24). 참된 친구라면 언제나 당신을 사랑할 것이고, 이혼, 질병, 혹은 전학 등 기쁠 때나 슬플 때나 늘 그곳에 있을 것이다(잠 17:17). 아첨이나 입에 발린 소리를 사용하지 않으며, 대신 일시적인 상처를 혹 주더라도 진실하게 말할 것이다(잠 27:6).

당신의 우정이 필요한 사람들이 있다. 그들이 누구인지를 볼 수 있는 눈을 주시도록 하나님께 기도하고, 그들의 친구가 되어 주면 좋겠다. 그리고 너무 늦지 않았다면, 제발, 제발, 제발, 중학생 무렵 때처럼 당신보다 어린 친구들을 모두 끊어내 버리는 어리석고 철없는 짓은 하지 말길 바란다. 어색하게 몇 달 동안 친구로 지낸 관계가 평생의 친구가 될 수도 있다.

내(다나의) 친구, 작가 수지 웨이벨 이야기로 돌아가 보자. 그녀는 한 청소년 캠프에서 연설을 하고 있었는데, 한 여학생이 친구가 절실하다는 문제로 내게 다가왔다. 그 여학생은 정말로 못된 아이들의 표적이 된 것 같았다. 수지는 그 여학생에게 예수님을 제외한 가장 좋은 친구는 아마도 좋은 책이거나 네 발 달린 털복숭이 동물일 거라고 상담했다. 그리고 누군가가 자신의 친구가 되길 바라는 마음을 멈추고, 친구가 될 만한 누군가를 찾아보라고 도전했다. 몇 주 후, 그 여학생은 수지에게 다음과 같은 이메일을 보냈다.

> "저는 선생님의 조언을 받아들이고서, 저는 매일 점심시간에 혼자 앉아 있는 한 여학생에게 다가갔어요. 정말 괜찮은 친구였어요. 금세 친구가 되었죠. 알고 보니, 그 애도 친구가 필요했더라고요."

우정에 관한 탁월한 진리를 알고 싶은가? 진리는, 당신이 도움이 필요한 누군가의 참된 친구가 되고 그리스도와의 우정을 경험하도록 부름받았다는 것이다.

> ### 거짓말 15.
> ### "내 인생의 권위자는 나야."

당신의 엄마와 이런 식으로 대화를 나눈 경험이 있는가?

엄마 딸, 이제 갈 시간이야. 10분 전에 경고했다! 아래층으로 내려와!

딸 엄마… 거기까지 가는 데 15분도 안 걸려요! 으~~

엄마 거기까지 가는 데 15분은 걸려. 얼른 신발 신고 와!

딸 (복도로 나와서) 봐요! 내 머리 보여요? 엉망이에요. 샤워하고 가게 엄마가 날 더 일찍 깨웠어야죠. 내 머리 지금 극혐이에요… 이 꼴로 갈 수는 없어요! 제에에발! (욕실로 후다닥)

엄마 너, 60초 준다! 물건 챙기고, 차 타고 가면서 머리를 뒤로 묶으면 되잖아!

딸 (계단을 쿵쾅거리며 뛰어 내려오며) 도무지 이해해 주질 않아. 이해하려고 안 해! 대체 왜 그러는 거야? (집 문을 쾅 닫으며)

여자아이들을 양육하는 것에 있어서 일반 서적 중 베스트 셀러에 따르면, 이 대화는 엄마가 굉장히 잘하는 것이라 칭찬받을 만하다고 제안한다. 딸은 엄마가 자신의 마음에 상처를 들여다볼 수 있도록 허용하고 있으며, 이는 좋은 일이라고 저자는 말한다. 그녀는 엄마가 여성이기 때문에 자신을 이해해 줄 것이라 믿고 있다는 것이다. 이 저자에 따르면, 엄마는 그러한 상호 작용을 극복하고, 칭찬을 받는 법을 배우면 된다.[2]

그러나 우리는 다르게 생각한다! 우리는 이 대화가 아이의 반항과 무례함을 드러내며, 어떠한 크리스천의 가정에서도 일어나서는 안 되는 일이라고 생각한다. 우리는 그것이 매우 친숙하게 들림을 알고 있다. 어째서 그렇다고 생각하겠는가? 음… 당신의 집에 감시 카메라가 없을 테니, 아마도 우리 집에서 그런 모습을 본 적이 있는 게 분명하다.

사탄은 권위를 싫어하고 당신과 나에게 권위에 대한 특별한 혐오감을 안겨 주었다. 순종하기 위한 투쟁은 오늘날의 문제만이 아니다. 사실 에덴동산에서 하와가 직면했던 문제의 본질이 바로 이것이었다. 뱀이 하와에게 접근한 문제의 핵심은 바로 "하나님이 네 삶을 다스릴 권리가 있느냐?"라는 도전이었다. 사탄은 사실상, "너는 네 삶을 스스로 운영할 수 있고, 어떠한 사람의 권위에도 순종할 필요가 없어"라고 말한 것이다.

사탄은 하와가 하나님의 지시에 순종하면 이내 비참해지고 인생에서 뭔가를 놓치게 될 것이라고 설득했다. 그날부터 지금까지, 사탄은 여성들에게 '순종이란 부정적이고 제한적인 개념'이라고 확신시키는 데 탁월한 능력을 발휘해 왔다. 사탄은 우리의 문화, 끊임없이 성장 중인 심리학의 명성, 그리고 할리우드 엔터테인먼트를 이용해 우리의 반항심을 부추긴다. 여러분 중 일부는 우리만큼이나 명확하게 인식하고 있는 것 같다. 우리가 만난 대부분의 1020 여성들은 "내 인생의 권위자는 나야"라는 거짓말에 따라 행동하고 있다고 인정했다. 몇몇은 그 갈등을 이렇게 표현하기도 했다.

> "저는 오늘날의 미디어, 특히 영화에서는 부모를 멍청하거나 아무것도 모르는 사람으로, 혹은 이상한 사람으로 묘사하는 경우가 많다고 생각해요. 미디어는 부모를 마치 사람이 아닌 것처럼, 아무것도 모르는 멍청한 권위자처럼 인식하기를 원하는 것 같아요."

> "부모님과 싸우는 건 별로 큰 문제가 아니에요."

> "저항하는 것은 언제나 모든 세대를 위해서 해야 할 멋진 일이에요."

사탄은 수 세기 동안 반항을 통해 가족, 우정, 결혼을 망쳐 왔다. 순종에 관한 그의 거짓말은 끝이 없다. 진리를 살펴보기 전에 그 **거짓말** 중 몇 개를 파헤쳐 보자.

"내 권위를 인정해 줄 때만 순종하면 돼." 이는 순종이 아니다. 그것은 단지 동의나 협력일 뿐이다. 에베소서 5장 21절은 우리가 "그리스도를 경외함으로" 하나님이 정하신 권위에 순종해야 한다고 말한다. 심지어 하나님께서 당신에게 부여하신 권위를 인정해 주지 않더라도, 그리스도에 대한 사랑과 존경이 순종하도록 동기를 부여해야 한다.

> 하나님께서 당신에게 부여하신 권위에 동의하지 않는다 해도, 예수 그리스도를 향한 사랑과 존경이 순종하도록 동기를 부여해야 한다.

"내 생각이나 의견들을 내 권위자에게 표현할 수 없어." 순종한다고 해서 생각을 할 수 없는 것은 아니다. 때때로 겸손하고 존경스러운 태도로써 그들과 다른 생각들을 표현할 수 있다. 하지만 권위자의 생각이 바뀌지 않는다고 해서, 목소리를 높이거나, 불만을 표시하거나, 불복종할 자유가 주어지는 것은 아니다.

"내 권위자는 항상 옳아." 그것이 바로 순종에 관한 것이다. 때때로 부모님, 선생님, 목사님, 정부 지도자들이 틀릴 수 있다. 그들도 사람이기 때문이다. 때때로 그들은 잘못된 결정을 내릴 수도 있다. (그들이 틀렸다고 생각할 때 어떻게 해야 하는지에 대한 몇몇 조언들은 다음 페이지에서 확인하라) 그럼에도 불구하고, 순종의 행동은 일종의 보호가 될 것이다.

부모님의 결정에 동의하지 않을 때, 어떻게 대응해야 하는가?

우리는 이 책을 읽는 모든 1020 여성들이 완벽한 부모님을 가지고 있지 않음을 잘 알고 있다. 아니, 완벽한 부모란 있을 수 없다. 그렇다면, 부모님이 불합리하다고 느끼거나 부모님의 결정이 틀렸다고 느낄 때, 어떻게 대응해야 할까? 여기에 몇 가지 제안이 있다.

1. **인간의 모든 권위는 궁극적으로 하나님께 귀속되며, 필요하다면 부모님의 마음을 바꾸실 수 있을 만큼 하나님은 크신 분이라는 사실을 기억하라**(잠 21:1). 하나님과 그분의 주권적

인 계획을 신뢰하는 법을 배우고, 하나님은 부모님의 실수를 무효화할 수도 있다는 사실을 기억하라.

2. **자신의 태도를 점검하고, 자신의 잘못에 대해 용서를 구하라.** 어떤 식으로든 고집스럽고 반항적이거나 무례한 적은 없었는지 하나님께 생각나게 해 달라고 기도하라. 교만하거나 투덜거리거나 쿵쿵거리며 불만을 표출한 적이 생각나거든 부모님에게 자신의 나쁜 태도를 고백하라. 그러면 부모님이 당신을 신뢰할 수 있다고 느끼는 데에 큰 도움이 될 것이다. (부모님도 자신의 실수를 기꺼이 인정할 것이다.)

3. **부모님과의 관계에 투자하라.** 엄마나 아빠에게 쪽지를 쓰거나, 아이스크림을 사러 가자고 청하거나, 집안일을 돕겠다고 마지막으로 제안한 게 언제인가? 부모님에게 관심이 있다는 것을 알리면, 의사소통이 개선되고 문제 해결이 더 쉬워질 것이다.

4. **주님께 그것에 대해 아뢰라.** 만약 부모님의 마음이 잘못되었다면, 하나님께 부모님의 마음을 바꾸어 달라고 기도하라. 올바른 마음의 태도와 그 상황에서 옳은 일을 알 수 있는 지혜로 응답할 수 있도록 은혜를 달라고 간구하라. 그런 다음 주님께서 두 사람의 삶에서 일하실 시간을 달라고 기도하라.

5. **호소하라.** 다니엘은 왕이 하나님께서 원하지 않으시는 음식을 먹으라고 명령했을 때 호소했다. 그리고 정중하게 대안을 제시했다. 왕은 그의 호소를 받아들였고, 하나님은 다니엘이 죄악 된 선택을 하지 않도록 보호해 주셨다(단 1:5-16). 부모님이 다른 결정을 내릴 의향이 있는지 정중하게 여쭤 보라. 부모님이 요구하는 것이 죄악이 아니라면, 부모님이 어떤 결정을 내리든 부모님의 권위에 순종하겠다고 알려 드려라.

6. **순종하기를 선택하라.** 부모님이 성경에서 금지하는 일을 요구하거나, 혹은 성경에서 명령하는 일을 금지하지 않는 한, 부모님의 의견에 동의하지 않더라도 순종하기를 선택하라. 죄 없으신 하나님의 아들이신 예수 그리스도조차도 한 때는 10대였기 때문에, 지상의 부모들에게 순종하는 데 어려움을 겪어야 했다는 사실을 기억하라. 그들은 죄가 있었고, 때때로 실수를 하기도 했지만, 예수님은 여전히 순종하셨다(눅 2:51).

그렇다면, 순종에 관한 진리는 무엇일까? **순종은 당신을 하나님의 보호 아래에 둔다. 반항은 자신도 알아차리지도 못하는 방식으로 당신을 사탄의 영향력에 노출시킨다.** 하나님께서 우리 삶에 두신 권위에 대한 영적 보호 아래 놓일 때, 하나님은 우리를 보호해 주신다. (이는 우리에게 나쁜 일이나 힘든 일이 일어나지 않는다는 뜻이 아니라 모든 문제를 통해 우리와 동행하신다는 뜻이다.) 반면, 우리가 내 뜻대로 하겠다고 고집하고서 그 보호 아래에서 벗어나면, 우리는 취약해지고 원수에게 우리를 공격할 새로운 기회를 주게 된다. 우리는 많은 크리스천 1020 여성들이 부모, 교사, 혹은 목사님의 권위 아래 자신을 두지 않는 것이, 적잖은 이들이 지성과 감정과 의지에 대한 원수의 공격을 받는 이유 중 하나라고 믿는다. 당신이 언젠가 결혼을 하게 되면, 남편의 권위에 무시하고 대항하게 될지도 모른다.

나(다나)는 결혼 후 거의 10년간, 남편을 존중하는 것이 얼마나 아름다운 일인지 깨닫기 전까지 남편을 존중하는 데 어려움을 겪었다. 나는 큰일에는 저항한 적이 없다. 남편이 낯선 곳으로 이사를 가자고 했어도 했을 것이다. 하지만 교회에 주차할 장소나 공항으로 떠날 시간 같은 사소한 일까지 남편이 결정하려고 할 때

순종은 당신을 하나님의 보호 아래에 둔다.

면, 그때는 난리가 났다. 어리석었다. 나도 안다. 사랑하는 남편은 참 놀라울 정도로 사랑스럽고 인내심이 많고 친절했다. 그에 비해 나는 종종 오만하고 성급했으며 냉정했다(10대 때 엄마와 함께 있었던 기억이 떠오른다).

어느 날 주님은 그분의 관점으로 모든 것을 보게 하셨다. 나는 말 그대로 한밤중에 남편을 깨워서 내가 이런 방식으로 우리 결혼 생활에 상처를 준 것에 대해 사과했다. 그날부터 우리의 결혼 생활은 진정으로 꽃을 피웠다. 비록 내가 남편 다스리는 것을 포기한 듯 보였을지 모르지만, 나는 궁극적으로는 하나님 다스리는 것을 포기했다고 믿는다. 그러자 그분은 내 결혼 생활을 아름답게 만들어 주셨다.

표면적으로는, 부모나 다른 권위자에게 순종하는 것이 그들과 당신의 관계에 관한 것일지 모르지만, 사실 보이지 않는 영역에서는 더 큰 통제권의 싸움에 관한 것이다. 자신의 권위를 내려놓고 하나님께 순종할 것인가? 아니면 자신의 권위에 고집을 부릴

것인가? 당신이 하나님께 기꺼이 순종할 때, 당신은 엄마나 아빠, 선생님께 순종하는 것이 그리 어렵지 않음을 알게 될 것이다.

결론은 다음과 같다. 우리가 사람의 권위에 순종하는 것은 우리가 하나님을 얼마나 크게 믿는지를 보여 주는 증거이다. 그분이 사람의 권위보다 더욱 크고 위대하신 분이라고 믿는가? 그분이 당신을 권위 있는 자리에 둔 사람들의 마음조차 바꾸실 만큼 크신 분이라는 것을 믿는가? 잠언 21장 1절은 "왕의 마음이 여호와의 손에 있음이 마치 봇물과 같아서 그가 임의로 인도하시느니라"라고 말씀한다.

그러므로 순종에 관한 진리는, 더 높은 권위가 모든 사람의 권위를 제어한다는 것이며, 경건한 순종은 위대한 은혜와 보호의 수단이라는 것이다.

거짓말	진리
13 "집에서는 이런 사람이고 다른 데서는 다른 사람이어도 괜찮아. 특히 온라인에서는 더더욱…."	● 당신의 삶이 당신이 믿는다고 말하는 것과 모순된다면, 당신은 위선자다(마 23:27–28). ● 하나님은 당신이 한결같은 마음으로 안정되기를 원하신다(약 1:8; 4:8)
14 "내가 친구만 있었다면, 이렇게 외롭지는 않았을 거야.	● 당신은 참된 친구가 되라는 부름을 받았다(잠 18:24; 17:17). ● 당신은 그리스도와의 우정을 추구하도록 부름받았다(요 15:13–15).
15 "내 인생의 권위자는 나야.	● 순종은 당신을 하나님의 보호 아래에 둔다(엡 5:21). ● 반항은 당신을 사탄의 공격에 노출되게 한다(삼상 15:23). ● 하나님께서 정하신 권위에 당신을 기꺼이 맡기겠다는 것은 하나님을 얼마나 크게 믿는지를 보여 주는 가장 큰 증거이다(잠 21:1).

우리가 건강한 방식으로만 관계를 맺는다면, 그 관계는 하나님께서 주시는 위대한 선물입니다. 하지만 관계에 관한 거짓말은 관계를 고통스럽게 만들 수 있습니다. 진리를 추구하기로 선택함으로써 인생에서 상처의 순환을 멈추세요. 일기장을 펼쳐서 다음 질문들에 대한 답을 적어 보세요.

• 관계에 관하여 당신이 가장 믿을 법한 거짓말은 무엇인가요?

• 이 거짓말에 진리로 대항하기 위해서는 어떤 성경 구절을 마음에 저장해야 할까요?

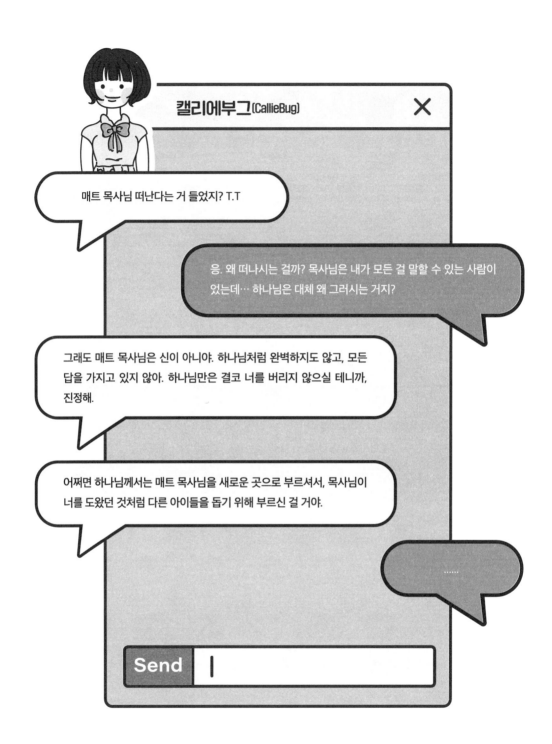

1020 여성들이 믿고 있는 거짓말

9장_믿음에 관한 거짓말

"기독교라고 통용되는 것 중에 참된 기독교가 아닌 경우가 너무나 많다.
그것은 사기다. 그리고 슬픈 것은 대부분의 사람들이 이 차이를 모른다는 것이다."

- J. 데이비드 호크 -

이 장을 쓰기 시작한 날 아침, 나(다나)는 스타벅스에서 코트니(Courtney)를 만났다. 코트니는 교회 장로님의 딸이다. 그녀의 어머니는 교회의 어린이 사역을 이끌고 있으며, 가족들 모두 적극적으로 기독교 신앙에 헌신하고 있다. 그리스도의 몸에 대한 우리의 대화는 다음과 같이 계속되었다.

> **다나**　오늘은 교회에 관한 거짓말과 관련된 이야기를 써 보려고 해. 전국에서 1020 여성들의 감정이 가장 많이 드러난 영역인데, 정말 많이 울었단다.
>
> **코트니**　정말요? 왜요?
>
> **다나**　대부분 청소년 담당 목회자들 때문에.
>
> **코트니**　왜 청소년 담당 목회자들 때문에 울까요?
>
> **다나**　음… 그들은 늘… 떠나거든.

코트니의 눈은 커졌고, 완전히 동의하는
듯 고개를 끄덕였다.

코트니   맞아요. 그것에 대해서 좀 써 주세
요! 저희 교회에서도 그런 일이 있
었어요. 청소년 담당 목사님이 바람
을 피웠는데, 어느 날 갑자기 사라졌
지 뭐예요. 한 아이는 그걸 도저히 감
당할 수 없었나 봐요. 목사님하고 비
상식적으로 지나치게 연결되어 있
었거든요. 그 아이의 이메일 주소가

"PCslittleangel"이었는데, "pastor chad's little angel(채드 목사의 작은 천사)"를 의미
했어요. 그 아이는 그 목사님이 떠날 때 엉엉 울고, 그를 떠나게 만든 목사님들한
테 엄청 화를 냈대요. 자기 죄에 대해서 사과하지 않고 도리어 정당화하려고 노
력한 거죠. 어쨌든 그 아이는 이제 교회에 나오지 않아요. 그걸 절대 용납할 수
없었던 거죠.

다나   음… 청소년부가 그걸 극복하는 데 얼마나 걸렸을까?

코트니   여태 극복 못 하고 있어요.

채드(Chad) 목사는 5년 전에 떠났다. 그 이후로 코트니의 청소년부에는 다른 청소년
담당 목사가 사역하고 있었는데, 리더십이 일을 제대로 하지 못한다는 이유로 떠날 것
을 요청했으며, 이제 막 다른 누군가를 소개하고 있다고 한다.

다나   너희 청소년부는 활동적이니?

코트니 별로요.

다나 왜?

코트니 저는 저희 청소년부가 개웃기다고 생각해요.

다나 그게 청소년 담당 목사님이 갑작스레 떠나는 것과 관련이 있니?

코트니 모든 게 그거랑 관련이 있죠.

거짓말 16.
"우리 목사님(전도사님)은 나와 하나님과의 연결 고리야."

이 거짓말은 의심할 여지 없이 관찰 그룹에서 가장 많은 눈물을 흘리게 한 거짓말이었다. 사실 인간적으로 생각하면, 여성들이 실망한 것은 정당한 것일 수 있다. 많은 이들이 한 번 이상 담당 목회자가 떠나는 것을 지켜봤을 것이다. 그런데 적잖은 경우 그들은 은혜롭게 떠나지 않았다. 설령 은혜롭게 떠났더라도 당신은 당신의 영적 삶의 중요한 조언자였던 사람에게서 버림받았다고 느낄 수 있다.

"청소년 담당 목회자들이 자주 이직을 한다는 건 알지만, 참 받아들이기 힘든 일이에요. 목사님은 제가 모든 걸 털어놓을 수 있는 사람이었는데, 그랬던 분이 사라지니 이제 어떻게 해야 할지 모르겠어요."

"제가 다니는 교회는 마을에서 가장 큰 교회인데요. 저희 담당 목사님은 우리 교회에 불만이 많으신 것 같아요. 이곳은 그저 자기 여정에서 잠시 들르는 곳일 뿐인가 봐요."

"사람들은 자기 담당 목사님을 경험하고 그들을 하나님처럼 생각하는 것 같아요. 어쩌면, 그들을 거룩한 존재로 여기기 때문에 그들이 머물지 않는 것일지도 모르겠어요.

> 하나님은 우리가 하나님을 대신해서 다른 사람들을 바라보기 시작할 때가 얼마나 위험한지 알고 계시니까요. 머릿속에서는 그 목사님들이 신이 아님을 알고 있지만, 그분들이 떠날 때는 무척 당혹스러워하며, 마치 하나님께서 떠나신 것처럼 허망해하는 것 같아요."

담당 목회자나 지도자들은 당신의 인생에서 중요한 영적 지도자임이 분명하다. 하지만 우리는 오직 그리스도와 그리스도를 통해서만 하나님께 나아갈 수 있다. 성경 학자들은 이것을 "만인 제사장론"이라고 부른다(참고 벧전 2:9). 구약 시대에 하나님은 특정한 사람들을 제사장으로 세우셨다. 그들은 이스라엘 백성들을 예배로 이끌었고, 하나님의 백성들을 대신해서 기도와 희생을 하나님께 드렸다. 오늘날, 그리스도는 우리의 대제사장이시다. 그분은 십자가에서 죽으심으로 우리의 죄를 위해 완전한 희생을 치르셨고, 예수님과의 관계를 통해 우리를 하나님 앞으로 직접 초대하신다. "하나님은 한 분이시요 또 하나님과 사람 사이에 중보자도 한 분이시니 곧 사람이신 그리스도 예수라 그가 모든 사람을 위하여 자기를 대속물로 주셨으니 기약이 이르러 주신 증거니라"(딤전 2:5-6)

영적 지도자가 당신을 떠나거나 상처를 줄 때, 당신은 그리스도께 더 가까이 다가갈 수 있고, 그분의 은혜로 치유받을 수 있는 기회를 갖게 된다. 그러나 안타깝게도, 많은 이들이 담당 목회자를 떠나보내고 나서 고백하기를, 교회로부터 혹은 하나님으로부터 멀어지게 되었다고 고백했다. 한 20대 여성은 이렇게 말했다.

> "그래서 많은 사람들이 고등학교를 졸업한 이후에 교회에 돌아오지 않는다고 생각해요."

그 이유가 아닐 수도 있지만, 수백 명의 당신 세대의 여성들과 이야기를 나눠 본 결과, 우리는 많은 1020 여성들이 부모가 더 이상 교회에 가라고 요구하지 않아서 교회로 돌아가지 않는다고 확신한다. 나(다나)는 청소년 담당 목사님에게서 상처를 받았을 때 교회를 떠나고 싶은 마음이 든다는 것을 충분히 이해한다. 내가 중학교에 다닐 때, 나는 정말 좋은 청소년 담당 목사님을 만났다. 그분은 중요한 시기에 내 인생에 큰 영향을 미쳤다. 성인이 되고서 더 이상 연락을 주고받지는 않았지만, 나는 그분의 설교 테이프를 우편으로 받아 보곤 했다. 나는 그분을 정말 존경했다. 그런데 몇 년 후, 내가 30대 초반이었을 때, 그분은 매우 고통스러운 방식으로 나를 비난했다. 돌이켜보면, 그에게 그럴 만한 상황이 있었음을 인정하지만, 그 문제를 해결하는 과정에서 다른 친구나 조언자들을 나와 단절시켰다는 것을 알게 되었다.

나는 너무 큰 충격을 받았다. 그는 내 청소년 담당 목사였다! 내 인생에서 가장 힘들었던 중학교 시절 두 해 동안 나를 지도해 주셨던 분이셨다! 그랬던 분이 어떻게 나에게 그런 상처를 줄 수 있을까? 나는 학창 시절 그분을 정말 추앙했고, 여전히 그분을 추앙하고 있었음을 깨닫게 되었다. 그러니 그때의 자연스러운 반응은 (내가 당시 그분이 계신 교회에 다니지 않았지만,) 교회 자체를 더 이상 나가지 않는 것이었을지 모른다. 하지만 몇 개월 동안, 나는 하나님께 순종하는 마음으로 교회를 오갔다. 그리고 그것을 완전히 회복하는 데 2년이 걸렸다. 얼마 후, 그 목사님이 나를 찾아와 자신의 행동에 대해 사과했다.

나는 주님이 나에게 영적 지도자를 하나님의 자리로 끌어올리지 말라는 교훈을 주시고자 하셨다고 믿는다. 이러한 경험을 겪어 봤기 때문에, 나는 당신의 상처를 이해한다! 교회에 대한 당신의 선택에 대해서 누구도 비난할 수 없다. 그러나 우리는 각자 우리의 행동과 반응에 대한 책임이 있다. 그러므로 당신이 그리스도의 몸으로부터의 단절하기로 한 선택에 대해 당신의 담당 목회자만을 탓할 수는 없다.

하나님의 가족은 함께할 때 가장 효과적으로 일할 수 있다. 당신은 그들이 필요하고 그들도 당신을 필요로 한다. 사탄은 교회를 싫어하고 언제나 교회를 공격하고 있으므로, 당신도 교회에서 여러 나쁜 일들을 겪을 수 있다. 하지만 교회에서 아무리 나쁜 일들을 많이 겪을지라도 당신이 성장하고 봉사하며 제자로 훈련을 받을 수 있는 가장 좋은 곳은 바로 지역 교회다. 최초의 교회 공동체는 정기적으로 함께 모여 각자가 가진 것을 모두 공유했다. 그들은 서로의 육체적 필요를 채워 주려 했고, 서로에게 헌신했으며, 크고 작은 어려움 속에서도 함께 뭉쳐 서로에게 영적 도움을 주려 했다. 그들은 완벽하지 않았다. 오늘날 어떤 교회도 완벽하지 않다. 하지만 교회는 하나님의 계획이며, 예수님은 교회를 사랑하시고 교회를 위해 목숨을 바치셨다. 힘들 때면 그곳을 멀리하고 싶을 수도 있지만, 그분은 우리에게 하나님의 영적 가족의 일원으로서 '탈퇴'라는 선택권은 주지 않으셨다.

> ### 거짓말 17.
> ### "교회 모든 사람들은 나를 판단해."

이것은 우리의 엄청난 거짓말 중 하나였다. 관찰 그룹에 참여한 여학생들의 91%는 항상 또는 때때로 판단받는다고 느낀다는 데 동의했다. 이들 중 오직 9%만이 자신이 출석하는 교회에 자신을 판단하는 사람이 없다고 생각한 것이다. 판단받는 것에 대한 이 거대한 두려움은 두 가지 강렬한 방식으로 나타났는데, 이는 위험하다고 생각된다.

첫째, 많은 사람들이 가짜가 되는 것에 부담을 느끼는 경향이 있었다.

재판 배심원

"교회 모든 사람들이 나를 판단하고 있는 것 같다"라는 명제에 동의하는지 안 하는지를 1020 여성들에게 물어봤다. 그들이 대답한 내용은 다음과 같다.

91% : 늘 혹은 때때로 그렇다

9% : 전혀 동의할 수 없다

"저는 고정관념에 빠지는 게 두려워요. 제가 특정한 방식으로 예배를 드리거나 나눔을 많이 하지 않으면, 사람들은 제 믿음이 진짜라는 걸 이해하지 못할 거 아녜요. 하지만 사람들이 원한다고 해서 그들이 원하는 대로만 하고 싶지는 않아요. 저는 저에게 편안한 방식으로 제 신앙을 표현하고 싶어요. 가짜 기독교는 원하지 않거든요."

"제가 그들과 똑같기를 기대하는 사람들이 많아요."

둘째, 많은 사람들이 판단받을까 봐 힘들어하는 죄에 대해 연장자에게 말하고 싶지 않다고 말했다. 대다수의 1020 여성들은 자신의 죄를 극복하도록 도와주는 누군가의 복을 경험해 본 적이 없었던 것 같다.

"저는 매주 예배당에 앉아서 그림처럼 완벽한 가족들을 봐요. 그에 비해 제 죄는 너무 추악해요. 이 이야기를 나눌 만한 사람이 있으면 좋겠는데, 그건 불가능해 보여요."

"주일 저녁이면 교회에서 집에 돌아오기 직전에, 알코올 중독자를 위한 지원 모임을 가져요. 그 결정이 내려졌을 때, 얼마나 소란스러웠는지 몰라요. 그 사람들은 그렇게 깨끗한 사람들이 아니거든요. 실내 주차장에서 담배를 피우기도 하고요. 정말 여러모로 신경 쓰이게 했어요. 여기 한 무리의 사람들이 자신들이 필요한 것에 대해 진솔하게 이야기하고 있는데, 정작 그들을 환영해야 할 곳, 그 해답을 가지고 있는 교회는 여기서 모일지 말지를 놓고 싸우느라 너무 바빴어요. 제가 제 죄에 관해서 이야기할 것 같나요? 천만에요."

인간적으로 보면, 우리는 이러한 반응을 이해할 수 있다. 그러나 성경은 사람을 단순히 외모로 판단하지 말라고 하셨다(요 7:24). 그리고 우리가 비판하는 그 비판으로 우리도 비판을 받을 것이라고 말씀한다(마 7:1-2). 즉, 기독교인들이 비판적인 태도를 가지고 있음을 보거나 듣더라도, 당신은 친절하고 진실하게 대응해야 한다. "그들이 담배를 피우는 걸 알지만, 그들은 도움을 받고자 노력하고 옳은 방향으로 나아가고 있는 것 같아. 그들에게 정말 필요한 것은 예수님이니까, 그들이 이곳에서 예수님을 만날 수 있도록 기도하자"라고 말이다.

하지만 만약 그 판단이 당신을 향한다면 어떻게 해야 할까? 당신은 무엇을 하면 될까? 당신은 아마 당신을 판단하고 있는 사람들에게도 겸손한 마음으로 대응해야 한다는 우리의 생각을 듣고서 깜짝 놀랄 수도 있다. 예를 들어, 당신이 토요일 하루 종일 열심히 쇼핑을 해서 어렵게 구입한 예쁜 옷을 입고 교회에 갔다고 가정해 보자. 당신은 그 모습이 무척이나 사랑스럽다고 여겼을 것이다. 당신은 그 값을 지불하기 전에 모든 평가를 거쳤을 것이기 때문이다. "좋아! 귀엽고 정숙해 보이겠지?! 교회에서 입기 딱 좋은 옷 같아!"라고 스스로에게 말하면서 그렇게 구입했을 것이다.

그렇게 교회에 '귀엽고 정숙해 보이는' 옷을 입고 갔는데, 당신이 아는 나이 많고 경건한 여성이 다가온다. 그녀는 어린이 사역 책임자이고 당신이 3-4세 아이들을 가르친다는 것을 알고 있다. (그런데 그녀는 요즘 썩 예쁘게 보이지 않는다. 당신은 스스로 생각한다. '대체 그 옷은 언제 적 유행한 거지?', '음… 진짜 정숙하다.' 그런데 그녀는 당신의 옷이 그렇게 정숙하지 않다고 생각한다.) 친절하긴 하지만 그녀는 굳이 당신에게 새로 산 옷에 대해 말하려 하지 않는다. 대신에 그녀는 3-4세 수업을 가르치기 전에 당장 집으로 달려가서 옷을 갈아입으라고 한다. 가슴이 철렁 내려앉는다! 무슨 말을 해야 할지 모르겠다. 화장실로 달려가서 울고 싶은 마음이 들 수도 있지만, 그러면 더 창피할 것이다. 차라리 정숙해도 너무 정숙한 그녀에 대해 한두 마디 하는 것이 더 나을지도 모른다.

잠깐! 이 문제는 누가 옳고 그르냐의 문제가 아니다. 문제는 당신과 내가 그리스도의 몸 안에서 다른 사람들을 존중하고 존경하도록 부름받았다는 것이다. 하나님의 말씀은 실제로 우리에게 "형제를 사랑하여 서로 우애하고 존경하기를 서로 먼저 하며"(롬 12:10)라고 도전하며, "뭇 사람을 공경하며 형제를 사랑하며"(벧전 2:17)라고 도전한다.

그렇다면 이런 상황에서 어떻게 해야 하는가? 이런 혁신적인 방법은 어떨까? 엄마에게 자동차 키를 달라고 부탁하면서 아침 예배와 주일학교 사이 휴식 시간에 집에 가서 옷을 갈아입고 오는 게 좋겠다고 제안하는 것이다. 이러한 방법이 윗사람을 존중하는 방식이 아닐까? 우리는 종종 타인의 취향을 조용히 **따르도록(defer)** 요구받는 때가 있다.

우리가 비판을 받거나 판단을 받는다고 느낄 때, 방어적이 되거나 그것에 저항하려고 하는 것은 자연스러운 일이다. 하지만 겸손하게 대응할 수 있는 능력은 성숙하다는 표이다. 우리가 그것들을 겸손과 가르침을 얻을 수 있는 태도로써 대응한다면, 오히려 그 비평가로부터 많은 것을 배울 수 있다.

많은 이들과 이야기를 나눠 본 결과, 우리는 당신이 경험하고 있는 것의 대부분이 실제 판단이 아니라, 판단을 받는 것에 대한 **두려움**이라는 확신이 들었다. 다르게 말해, 당신이 경험하고 있는 것의 대부분은 당신의 머릿속에서 일어나는 일이라는 것이다. 진짜가 아니라는 말이다. 무슨 의미인지 알겠는가?

우리는 대부분의 경우 그들이 실제로 판단받고 있는 것이 아니라, 단지 판단받는 것을 **두려워**하고 있는 것이라고 생각한다. 우리 교회와 사역지의 10대들이 우리의 판단을 두려워한다는 사실을 깨닫고 이 말을 떠올렸다. 우리는 그들을 진심으로 사랑하고, 그들이 하는 어떤 말도 감당할 수 있다. 그러나 그들의 선택 중 일부에 동의하지 않을 수도 있고, 만약 그들이 진리에 어긋나는 길을 걷고 있다고 생각되면 솔직하게 말할 만큼 그들을 사랑할 것이다. (그들도 우리에게 그렇게 하기를 원한다!) 그들이 진리에 어긋나는 길을 걷고 있어도 그들에 대한 우리의 사랑과 헌신이 조금도 줄어들지 않을 것이다.

따르다(defer):
타인의 의견이나 바람 또는 결정을 존중하는 것, 혹은 그 사람의 권위에 대한 인식, 지식 또는 판단을 인정하고 복종하는 것
※ 동의어: 양보하다(yield)[2]

판단받는 것에 대한 두려움 때문에 성숙한 지혜의 근원에서 벗어날 수도 있다. 특히 죄를 고백할 경우 당신은 그것을 극복하는 것에 도움이 필요하다. 야고보서 5장 16절에서는 "그러므로 **너의 죄를 서로 고백하며** 병이 낫기를 위하여 서로 기도하라 의인의 간구는 역사하는 힘이 큼이니라"라고 말한다. 그리스도께서 우리로 하여금 하나님께 직접 나아가 용서를 구할 수 있게 해 주신 것은 사실이지만, 우리가 서로에게 죄를 고백하는 것이 중요한 것 또한 사실이다. 당신의 비밀스러운 수치심을 감싸 주고, 당신을 사랑해 주며, 당신이 성경적인 방법으로 문제를 헤쳐 나갈 수 있도록 도와줄 수 있는 누군가와 그것을 함께 나누는 것을 통해서도 많은 치유를 받을 수 있다. (그 상대가 그러한 처지에 있었음도 알 수도 있다)

물론 나이가 많고 지혜로운 사람에게 자신의 죄를 털어놓고 기도해 달라고 부탁하는 것은 쉽지 않은 일이다. 하지만 자신을 겸손히 낮추고 판단받는 것에 대한 두려움을 극복한다면, 당신은 판단받는 것에 대한 끔찍한 두려움에서 해방되는 복을 경험하게 될 것이다.

거짓말 18.
"그러니 당연히 크리스천이지."

수년 동안, 나(낸시)는 교회 안에서 자라면서 참된 구원의 증거가 거의 없음에도 불구하고 자신이 크리스천이라고 주장하는 사람들에 대해서 깊은 우려를 해 왔다. 그들

은 다양한 형태의 거짓말을 믿으며 그것에 속아 왔다.

> "나는 항상 교회를 가. **그러니 당연히** 크리스천이지."

> "우리 부모님은 크리스천이셔. **그러니 당연히** 나도 크리스천이지."

> "나는 교회 안에서 자랐어. **그러니 당연히** 크리스천이지."

> "교회 캠프에서 날 전도했어. **그러니 당연히** 크리스천이지."

> "엄마가 그러는데, 내가 세 살 때 그리스도를 영접하기 위해 기도를 했대. **그러니 당연히** 크리스천이지."

이것 말고도 더 있다. 그런데 참된 구원의 본질과 그리스도인 됨은 직업이나 행위의 문제가 아니라 변화의 문제이다. 오직 하나님만이 누가 신자인지 아닌지를 알 수 있지만, 하나님은 우리가 스스로 판단할 수 있는 몇몇 기준들을 알려 주셨다.

우선, 고린도후서 5장 17절은 "그런즉 누구든지 그리스도 안에 있으면 새로운 피조물이라 이전 것은 지나갔으니 보라 새것이 되었도다"라고 말한다. 즉, '거듭난' 사람은 새로운 생명, 새로운 마음, 새로운 본성, 새로운 충성, 새로운 주인을 갖게 된다. 당신의 삶에서 그러한 급진적인 변화를 경험해 본 적이 있는가?

요한의 첫 번째 서신은 진정으로 회심한 사람들에게 구원의 확신을 주고, 구원의 고백에 대한 참증거가 없는 이들에게 경고하기 위해서 쓰였다. 요한은 진정으로 구원받은 사람과 구원받았다고 공언하지만 종교적 위선자에 불과한 사람을 구별하는 구체적인 특징을 제시하는데, 그가 지적한 몇 가지 특징은 다음과 같다.

하나님의 명령에 순종한다 : 우리가 그의 계명을 지키면 이로써 우리가 그를 아는 줄 안다. 누구든지 "나는 그를 안다"라고 말하면서 그의 계명을 지키지 않는 사람은 거짓말쟁이요 진리가 그 속에 있지 않는 것이다 (요일 2:3-4).

예수님처럼 행동한다 : 이로써 우리가 그분 안에 거함을 알 수 있다. 누구든지 그분 안에 거한다고 말하는 사람은 그분이 걸으신 길과 같은 길로 걸어야 한다(요일 2:5-6).

원한을 품지 않는다 : 자신이 빛 가운데 거한다고 말하면서 형제를 미워하는 사람은 여전히 어둠 가운데 있는 사람이다(요일 2:9).

모든 영화나 TV 프로그램을 볼 필요가 없고, 세상에 나오는 모든 신곡을 다 들어 볼 필요도 없다 : 누구든지 세상을 사랑하면 아버지의 사랑이 그의 안에 있지 않는 것이다(요일 2:15).

믿음에서 벗어나지 않는다 : 그들이 우리에게 속해 있었다면 우리와 함께 거했을 테지만, 그들은 모두 우리에게 속하지 않았음을 분명히 할 만큼 우리를 떠났다(요일 2:19).

기독교 가정 내에서 자란다는 것은 위대한 복일 수 있지만, 그렇다고 해서 저절로 크리스천이 되는 것은 아니다. 청소년부에서 활동한다고 해서 당신이 크리스천이 되는 것도 아니며, 기독교 학교에 다니거나 기도를 하거나 '착한 소녀'가 된다고 해서 크리스천이 되는 것도 아니다. 오직 예수 그리스도와의 진정한 만남, 즉 성령께서 당신의 죄를 깨닫게 하시고, 그리스도께로 이끄셔서, 당신이 회개와 믿음으로 응답하는 것만이 당신을 하나님의 가족의 일원으로 확립시킨다. 이러한 하나님의 값없는 은혜의 행위 외에는 아무것도 당신을 크리스천으로 만들 수 없다. 당신이 크리스천이 되기 위해 스스로 할 수 있는 일은 아무것도 없다(엡 2:8-9).

하나님의 사랑에 응답하고 그분께 삶을 드릴 때, 성령님은 당신 안에서 역사하신다. 그분은 당신을 새롭게 하시고, 당신이 하나님께 순종하고 섬기고 싶은 새 마음을 주신다. 또한 죄를 이겨 내고 하나님의 영광을 위한 선한 일을 할 소망과 힘을 주신다. 이러한 변화는 내(다나)가 대학 캠퍼스 근처에 위치한 오래된 50년대 식당에서 처음 만난 한 여학생에게서 아름답게 드러났다.

티쉬(Tish)는 나에게 이메일을 보내 성관계를 가졌던 또 다른 남자와 헤어지게 되었다고 고백했다. 그녀는 교회 안에서 자랐고, 교회에 적극적으로 참여했음에도 불구하고 성적인 죄를 극복할 수 없다는 사실에 당황해

미국의 10대들은 자신이 어떻게 천국에 들어갈 것이라고 믿는가?

53% : 예수 그리스도와의 인격적인 관계

27% : 친절한 행동

20% : 종교[3]

예수님은 "내가 곧 길이요 진리요 생명이니 나로 말미암지 않고는 아버지께로 올 자가 없느니라"(요 14:6)라고 말씀하셨다. 천국으로 가는 길은 한 가지이며, 그것은 죄에서 돌이켜 예수 그리스도를 자신의 주님과 구원자로 믿는 믿음을 고백하는 것이다. 그 믿음과 순종의 발걸음을 내디뎠는가?

했다. 반복되는 죄 때문에 그녀는 매번 관계를 가질 때마다 버림받았다는 느낌을 받고서 감정적으로 피투성이가 되었다.

앉아서 이야기를 나누는 동안 그녀의 얼굴에서 눈물이 흘러내렸다. 고통은 매우 현실적이었다. 그녀는 이를 극복하기 위해 모든 것을 시도해 본 듯했다. 기도, 성경 읽기 등, 데이트에도 많은 경계가 있었다. 그러나 그녀는 늘 실패했다. 하나님은 신약 성경에 나오는 니고데모의 이야기를 내 마음에 떠올리셨다. 이 여학생이 교회 안에서 겪은 일을 생각하면, 그런 익숙한 이야기를 꺼내는 것조차 어리석게 느껴졌다.

내가 말문을 열었다. "티쉬, 정말 유치하게 들릴지 모르겠지만, 성경 이야기를 하나 읽어 주고 싶은데, 괜찮을까요?" 그녀는 더듬더듬 말을 이어 갔다. "네. 알겠어요." 유대 사회의 종교 지도자였던 니고데모가 밤에 몰래 가서 천국에 어떻게 들어가는지 예수님께 묻는 이야기를 읽는 동안 그녀의 눈은 촉촉이 젖어 있었다. 예수님은 하나님의 영으로 거듭나야 한다고 말씀하셨다.

나는 계속했다. "티쉬, 니고데모와 같은 사람이 평생을 유대인 '교회'의 지도자로 살면서도 그를 사랑했던 분, 예수님과 여전히 관계를 맺지 못했다면, 나는 티쉬도 같은 처지에 놓일 수 있지 않을까 하는 생각이 들어." 그녀는 눈물을 하염없이 흘렸다. 내가 "거듭나고 싶니?"라고 물었고, 그녀는 "네"라고 대답했다. 우리는 함께 기도했다.

수년 동안, 다른 사람들이 그녀의 마음속에 많은 씨앗을 심어 주었음에도, 바로 그때가 구원의 순간이었다. 그리스도께서 자신을 구원해 주실 거라 믿고 자기 삶의 주권을 그분께 내어 드리므로, 그녀는 유혹에 맞서 싸우고 하나님을 기쁘시게 하는 삶을 살 수 있는 힘을 주시는 성령님을 인격적으로 모시게 되었다.

7년 전의 일이었다. 티쉬는 여전히 싱글이며, 그 이후로 몇 번의 중요한 사귐은 있었지만, 잠자리는 가지지 않았다. 그녀는 도덕적인 자유를 누리며, 펜실베니아의 한 교회에서 학생들과 함께 사역하면서 주님을 섬기고 있다. 여러 차례 선교 여행도 다녀오면서 그녀는 완전히 달라진 1020 여성이 되었다.

당신의 경우는 티쉬의 것과 비슷할 수도 있고, 혹은 세부적으로 꽤 다를 수도 있다. 하지만 묻고 싶다. **당신은 티쉬가 도달한 지점에 도달한 적이 있는가? 당신은 당신이 지은 죄로 인해, 실제로 하나님께 대항하고 있음을 알아차린 적이 있는가? 당신은 하나님께 죄를 고백했었는가? 당신의 삶에 대한 주권을 하나님께 내어 드렸는가?**

다음 장에서 살펴보겠지만, 크리스천이 된다고 해서 하루아침에 영적 거인이 되거나 다시는 죄의 유혹에 시달리지 않게 되는 것은 아니다. 하지만 성경에서 말하는 '거듭남'을 경험하면, 당신은 완전히 다른 사람이 되어 하나님께서 당신에게 허락하신 놀라운 여정을 시작하게 된다.

거짓말	진리
16 "우리 목사님은 나와 하나님과의 연결 고리야."	● 우리는 오직 예수 그리스도를 통해서만 하나님께 나아갈 수 있다(히 13:15-16; 벧전 2:9). ● 당신은 교회가 필요하고, 교회도 당신을 필요로 한다(고전 12:12-27; 히 10:24-25).
17 "교회 모든 사람들은 나를 판단해."	● 우리는 다른 사람을 존중하고 존경하는 태도를 보여야 하며, 우리를 판단하고 있다고 느끼는 사람들도 존중해야 한다(롬 12:14-21). ● 판단받는 것에 대한 두려움이 죄를 숨기는 핑계가 되어서는 안 된다(약 5:16).
18 "그러니 당연히 크리스천이지."	● 하나님과의 관계를 맺기 위해 우리가 할 수 있는 일은 아무것도 없다(엡 2:8-9). ● 참된 회심에는 그리스도를 구원자와 주님으로 믿는 믿음이 필요하며, 하나님에 대한 사랑이 커지고, 죄에 대한 증오가 커지며, 하나님의 말씀에 순종하고자 하는 열망이 커져야 한다(롬 10:9-10; 행 20:21). ● 당신이 진정 하나님의 자녀라면, 죄를 이기고 하나님께 순종할 수 있는 힘을 포함하여 새사람이라는 증거가 있을 것이다(고후 5:17).

오늘날에는 믿음에 관한 거짓말들이 많이 떠돌고 있습니다. 믿음에 관한 거짓말은 사탄의 오래된 도구 중 하나이지만, 그는 당신의 세대를 위해 그것들을 맞춤화했지요. 일기장에 다음의 질문에 대한 답을 써 보면서, 그리스도의 몸에 관한 진리를 확인해 보세요.

• 믿음에 관하여 당신이 가장 믿을 법한 거짓말은 무엇인가요?

• 이 거짓말에 진리로 대항하기 위해서는 어떤 성경 구절을 마음에 저장해야 할까요?

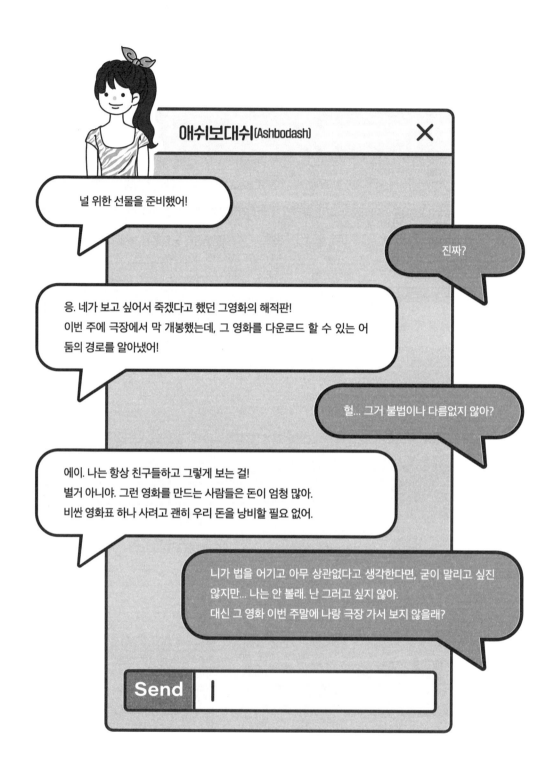

10장_죄에 관한 거짓말

> "죄는 하나님과의 소통에 일종의 정적인 방해를 가져와, 결과적으로
> 우리가 죄와 싸우는 데 필요한 자원으로부터 우리를 차단한다."
>
> - 필립 얀시 -

일단 당신의 믿음이 그리스도 안에 있고 하나님의 자녀라는 확신을 갖게 되었다면, 그리스도 안에서 새로운 피로물로서 그분을 사랑하고 섬기고자 하는 새로운 소망을 갖게 되었다 할지라도, 크리스천은 절대 완전하지 않다는 사실을 기억하길 바란다. 성경에서 '칭의'라고 말하는 구원의 초기 시점 이후에는 '성화'라고 말하는 삶의 전반에 걸친 과정이 이어진다. 성화는 삶의 모든 영역에서 점점 더 예수님을 닮아 가는 것과 관련된 중요한 신학적 용어이다.

그 과정에는 시간이 걸린다. 육체적으로나 영적으로나 하루아침에 '아기'에서 '어른'이 되는 사람은 없다. 영적 성장의 과정에는 기복이 있다. 유혹으로부터 자유롭거나 그분의 자비와 은혜가 절실히 필요하지 않은 상태에는 결코 도달할 수 없다. 그래서 성경은 크리스천의 삶을 '싸움(전쟁)'이라고 묘사한다. 때때로 그 싸움은 매우 격렬하고 지저분할 수 있다.

하지만 신앙이 성숙해짐에 따라 더욱 일관되게 승리할 수 있을 것이다. 그리고 죄에 관한 거짓말들을 믿어 버리면 승리는 일어나지 않는다. 진리로 그 거짓말들에 대항해서 싸울 수 있는지 함께 살펴보자.

거짓말 19.
"나는 죄를 이길 수 없어."

꽤 많은 1020 여성들이 이런 감정을 느끼고 있다.

▶ 수치심

▶ 죄책감

▶ 아픔

어쩌면 당신은 누군가에게 거짓말하고 누군가를 험담하는 것 때문에 어려움을 겪고 있을 수 있다. 매번 '다시는 안 그래야지'라고 하며 마지막이라고 약속하면서도, 누군가 속이고 싶은 충동을 나로서는 도저히 억제할 수 없는 것처럼 느껴질 수도 있다. 혹은 아무도 모르는 은밀한 죄에 갇혀 있는 것처럼 느끼고 있을지도 모른다.

솔직히 말해, 우리는 이 책을 읽는 1020 여성들 중 다수가 혼전 성행위(음행), 레즈비언, 자위 행위 등의 성적인 죄에 속박되어 있음을 알고 있다. 물론 이러한 주제는 쉽게 이야기할 수 있는 주제가 아니며, 절대 아무렇지 않게 이야기해서도 안 된다. 하지만 많은 사람들이 이러한 문제와 다른 문제들에 대해 도움을 요청해 왔기 때문에 이를 무시할 수는 없다. 이는 매우 실제적인 싸움이며, 기독교 환경에서 자란 많은 1020 여성들도 죄와 유혹이라는 싸움에서 반복적이거나 만성적인 패배를 경험하고 있다.

이 거짓말과 관련해 우리가 매우 우려하는 것은 당신이 믿는 것이 살아가는 방식을 결정한다는 것이다. 만약 당신이 죄를 지을 수밖에 없다고 믿는다면, 죄를 짓게 될 것이다. 당신이 속박 안에 살 수밖에 없다고 믿는다면, 속박 안에 살게 될 것이다. 당신이 죄를 이길 수 없다고 믿는다면, 죄를 이길 수 없을 것이다. 당신이 진리로 이 거짓말을 극복하지 못하면, 당신은 다른 많은 거짓말들을 극복하는 데 어려움을 겪을 것이다.

만약 우리가 "그렇다. 당신은 죄를 이길 수 없다"라고 말한다면 놀랄지도 모르겠다. 그렇다. 당신은 죄를 이길 수 없다. 당신은 스스로를 변화시킬 힘이 없다. 예수님은 "나를 떠나서는 너희가 아무것도 할 수 없음이라"(요 15:5)라고 말씀하셨다. 즉, 당신 스스로는 죄를 이길 수 없지만, 예수님은 당신을 변화시킬 수 있다는 것이다. 그분의 능력을 통해서(오직 그분의 능력을 통해서만), 당신은 죄에 대해서 '아니'라고 거절할 수 있고, 하나님께 대해 '예'라고 말할 수 있다.

> 당신은 죄에 대해서 '아니'라고 거절할 수 있고, 하나님에 대해서는 '예'라고 말할 수 있다.

만약 당신이 예수님 안에 있다면, 진리는 이것이다.

> 죄로부터 해방되어 의에게 종이 되었느니라 (롬 6:18)
>
> 이는 그리스도 예수 안에 있는 생명의 성령의 법이 죄와 사망의 법에서 너를 해방하였음이라 (롬 8:2)

예수님은 우리가 거듭날 때 우리를 자유롭게 하신다. 지난 장에서 소개한 여대생 티쉬는 교회에 적극적이었고, 열심히 기도하며 성경을 읽었음에도 성적인 죄를 극복하지 못했다. 거듭나지 않은 채, 여전히 죄에 종노릇하고 있었기 때문이었다. 죄를 이길 수 있는 성령의 능력도 없었고, 여전히 옛 본성의 지배를 받고 있었던 것이다. 하지만 그녀가 그리스도를 구주로 영접했을 때, 그 옛 본성이 죽고 죄에서 해방되어 이제 습관적인 죄를 이길 수 있는 힘을 갖게 되었다. 그리스도의 죽음을 통해, 당신도 나도 그렇게 할 수 있다.

> 우리가 알거니와 우리의 옛 사람이 예수와 함께 십자가에 못 박힌 것은
>
> 죄의 몸이 죽어 다시는 우리가 죄에게 종 노릇하지 아니하려함이니,
>
> 이는 죽은 자가 죄에서 벗어나 의롭다 하심을 얻었음이라 (롬 6:6-7)

예수 그리스도를 진정으로 따르는 사람이라면 누구나 죄에 대한 승리를 누리기 시작할 것이다. 심지어 가장 중독성 있는 습관조차도 그리스도를 통해 극복할 수 있다. 어떤 경우에는 그 승리가 즉각적으로 이루어지기도 한다. 작가 베키 티라바시(Becky Tirabassi)는 10대 시절과 대학생 시절에 알코올 중독으로 고생하다가 그리스도를 영접한 후 즉시 술에 대한 강박으로부터 벗어났다고 고백했다. 그러나 당신은 예수님과 진실된 관계를 맺고 있으면서도 여전히 죄에 굴복하는 자신을 발견할 수 있다. 베키가 술과 관련해서 경험했듯이, 하나님은 구원의 순간에 모든 죄의 강박으로부터 우리를 구원해 주지는 않으시기 때문이다. 하지만 하나님의 자녀인 우리에게는 모든 죄의 속박과 습관들을 극복할 수 있는 힘이 있다.

만약 당신이 삶에서 같은 죄를 반복적으로 저지르고 있다면, 스스로에게 몇 가지 질문을 던져 보라. 나는 진정으로 이 행동이 죄라는 것에 동의하는가? 아니면 내가 하고 있는 행동에 정말 아무 문제가 없다고 생각하고 있지는 않은가? 성경은 죄가 하나님을 대적하는 것이며 우리의 삶을 파괴하기 때문에, 하나님께서 죄를 미워하신다고 가르친다. 하지만 당신은 자기 죄를 미워하는가? **당신의 삶에서 이런 죄의 습관으로부터 자유로워지기를 진정으로 원하고 있는가?**

하나님은 우리가 죄를 이기는 데 도움이 되는 많은 자원들을 주셨다. 그분의 성령, 은혜, 말씀, 기도 외에 두서너 가지 예를 들자면 다음과 같다. 그분이 우리에게 주신 가장 중요한 자원은 바로 예수 그리스도의 몸, 즉 교회의 다른 신자들이다. 갈라디아서 6

장 1절은 "형제들아 사람이 만일 무슨 범죄 한 일이 드러나거든 신령한 너희는 온유한 심령으로 그러한 자를 바로잡고 너 자신을 살펴보아 너도 시험을 받을까 두려워하라"라고 한다. 이 구절은 신자들을 향한 말씀이다. 참된 신자들은 때때로 죄에 걸려 넘어질 때가 있다. 그러나 다른 사람들의 도움 없이 당신의 삶에서 죄를 이기는 것은 불가능하다. 지난 장에서 언급했듯이, 지역 교회에서 나이가 많고 지혜로운 사람에게 자기 죄를 고백하는 것은 엄청난 가치가 있다. **누군가에게 죄를 털어놓는 것은 그 죄에서 벗어나는 과정에서 중요한 단계가 될 수 있기 때문이다.** 또한 당신이 계속해서 승리하는 데 필요한 책임감과 기도의 힘을 가져다줄 것이다.

내(낸시의) 책 중에 《깨어짐: 하나님이 사용하시는 마음》(Brokenness: The heart God Revives)이라는 책에서, 나는 20대 중반에 직면했던 습관적인 죄와 싸우던 경험들에 대해서 이야기했었다. 하나님의 영은 우선 내가 '진실을 과장하는'(거짓말하는) 죄를 짓고 있다는 사실을 깨닫게 하셨다. 내가 쓴 글은 다음과 같다.

> "아무도 제 거짓말을 알아채지 못했고, 다른 사람들은 제가 범한 죄를 비교적 대수롭지 않게 여겼을지 모르지만, 저는 제 마음속에서 하나님의 확신이 숨 막힐 듯(복을 받은 듯) 느껴졌고, 이 일을 반드시 밝혀야 한다고 생각했습니다."

> "저는 하나님께 동의했고, 저의 거짓말을 고백하며, 모든 상황에서 진실만을 말하기로 결심했습니다. 하지만 곧 거짓말이 제 삶에 깊숙이 뿌리내려 있었다는 것을 알게 되었습니다. 저는 거짓말에 푹 빠져서 헤어나올 수가 없었습니다."[1]

하나님은 내 마음에 야고보서 5장 16절의 원리를 떠올려 주셨다. "그러므로 너희 죄를 서로 고백하며 병이 낫기를 위하여 서로 기도하라 의인의 간구는 역사하는 힘이 큼이니라." 주님은 나에게 경건한 두 친구에게 거짓말한 죄를 고백하라고 하셨다. 그것은 내가 해 왔던 일 중 가장 어려운 일이었지만, 친구들의 책임감과 기도와 함께 그 겸손의 발걸음은 거짓말의 거점으로부터 자유를 경험하는 출발점이 되었다.

당신도 다른 사람이 알지 못하는 죄의 습관이 있을 수 있다. 어쩌면 내가 겪었던 거짓말과 동일한 죄일 수도 있다. 만약 누군가에게 이를 말한다면, 판단받을까 봐 두려울 것이다. 여기서 두 가지 문제를 동시에 해결해야 한다! 당신은 자유로워지기 위해서, 알고 존경하는 그 사람에게 마음을 여는 어려운 과정을 거쳐야 한다. 특히 험담이나 거짓말과 같은 마음의 죄는 혀만 있으면 쉽게 죄에 빠질 수 있다. 더불어 당신의 죄가 사람 혹은 페이스북 같은 외부적인 무언가와 관련이 있다면, 죄를 짓게 하는 모든 것을 '근본적으로 차단'해야 한다. 마태복음 18장 8절은 "만일 네 손이나 네 발이 너를 범죄하게 하거든 찍어 내버리라 장애인이나 다리 저는 자로 영생에 들어가는 것이 두 손과 두 발을 가지고 영원한 불에 던져지는 것보다 나으니라"라고 말하기 때문이다.

무슨 뜻인가? 당신으로 하여금 죄를 짓게 하는 무언가가 있다면, 그것을 제거하라는 뜻이다! 컴퓨터가 죄를 짓게 하는 수단이라면, 그것을 사용하지 않아야 한다. 특정 관계에서 지속적으로 죄를 범하는 자신을 발견한다면, 그 관계를 정리해야 한다. 당신이 SNS를 통해 자극적인 사진을 올리고 싶은 유혹을 받는다면 그 계정을 비활성화하는 것도 좋겠다. 아주 단순하다. 당신을 죄로 이끄는 것들에 대한 접근을 중단하면 유혹의 마음을 죽일 수 있다.

생각해 보라!

우리는 보통 어떤 즐거움이나 이익을 얻기 위해 죄를 범한다. 당신이 죄를 짓고자 하는 유혹을 받을 때는 잠시 멈춰서 죄의 결과에 대해 생각해 보라. 다음을 꼭 유념하라.

죄는 기쁨을 훔친다(시 51:12).

죄는 자신감을 제거한다(요일 3:19-21).

죄는 죄책감을 가져온다(시 51:3).

죄는 성령을 소멸시킨다(살전 5:19).

죄는 몸을 상하게 한다(시 38:1-11; 31:10).

죄는 영혼을 아프게 한다(시 32:3-4).

죄는 하나님의 마음을 아프게 한다(엡 4:30).

죄는 다른 죄의 문을 열어 준다(사 30:1).

죄는 하나님과의 교제를 끊어 버린다(사 59:1-2).

죄는 두려움을 낳는다(잠 28:1).

죄는 내 삶을 지배하려고 한다(요 8:34; 롬 6:16).

거짓말 20.
"나 자신이나 다른 사람에게 해를 끼치지 않는다면,
특정 상황에서 법이나 규칙을 어겨도 괜찮아."

대부분의 운전자들은 운전을 하면서 문자를 보내는 것이 좋지 않은 행동이라고 생각한다. 정부도 이에 동의하여 두 개의 주를 제외한 미국 대륙의 모든 주에서 운전 중에 문자를 보내는 것을 금지하고 있다.[2] (만약 운전 중에 문자를 보내다가 적발되면 최대 500달러의 벌금이 부과될 수 있다. 몇몇 주에서는 형사 고발로 이어지기도 한다.) 그런데 법적인 문제를 차치하고서라도 이 규칙을 위반하면 끔찍한 비극을 초래할 수도 있다. 미국 내에서 발생하는 교통사고 네 건 중 한 건은 운전 중 문자 메시지를 보내는 것 때문에 발생한다. 운전 중 문자 메시지를 보내는 것과 같은 주의 산만으로 인한 사고 때문에 매일 아홉 명이 사망하고 있음에도 불구하고, 10대뿐만 아니라 미국 전체 운전자의 30% 이상이 이 규칙을 위반한다고 고백하고 있다.[3]

이것은 전국의 크리스천 1020 여성들이 "나 자신이나 다른 사람에게 해를 끼치지 않는다면, 특정 상황에서 법이나 규칙을 어겨도 괜찮아"라는 거짓말을 믿는다는 것을 발견한 하나의 예일 뿐이다. (법을 어겼는데도 아무도 다치지 않았기 때문에 다른 사람을 다치게 하지 않았다고 생각하더라도, 앞으로 그 일이나 다른 불순종의 경우에도 심각하게 후회하며 살지 않을 거라고 생각하지는 말라. 규칙이 존재하는 이유는 자신이나 다른 사람을 다치게 할 가능성이 존재하기 때문이다.)

규칙을 어기는 것

우리는 1020 여성들에게 "나 자신이나 다른 사람에게 해를 끼치지 않는다면, 특정 상황에서 법이나 규칙을 어겨도 괜찮아"라는 문장에 동의하는지 동의하지 않는지를 물어보았다. 그들의 대답은 다음과 같다.

71% : 동의하거나 때때로 동의한다.

28% : 동의하지 않는다.

일부 여학생들은 불법으로 음악을 다운로드 해도 괜찮다고 말했다. 게다가 미성년자 음주 관련 법규를 무시해도 괜찮다고 생각하는 학생들도 있었다. 이 모든 기만적인 행위의 기저에는 "나는 죄를 지어도 괜찮아"라는 거짓말이 있다. 한 소녀는 이렇게 말했다.

> "저는 무엇이 옳은지 알아요. 하지만 때때로 제 내면의 감정이 이길 때가 있어요. 솔직히, 가끔은 제가 어떻게 하면 빠져나갈 수 있을지에 따라 생각이 달라지기도 해요."

이것은 사탄이 죄에 관하여 우리에게 말하는 가장 근본적인 거짓말일지도 모른다. **사탄은 우리가 절대 붙잡히지 않을 거라고 믿게 만든다.** 그러나 하나님은 아담에게 "네가 이 나무의 열매를 먹으면 반드시 죽을 것이다"라고 말씀하셨다. 그 명령은 분명했다. "먹지 말라." 그 불순종의 결과도 똑같이 분명했다. "너는 죽을 것이다."

사탄은 하와의 마음속에 그러한 명령을 내린 하나님의 선하심과 하나님이 실제로 그녀의 삶을 통제할 권리가 있는지에 대해서 의문을 제기한 후에, 그 결과에 도전하기 시작했다. 그는 하나님의 말씀을 정면으로 공격했다. "뱀이 여자에게 이르되 너희가 결코 죽지… 아니하리라"(창 3:4). 시편 10편의 저자는 사람들이 하나님께 불순종하는 이유를 세 번이나 언급하고 있다(6, 11, 13절).

게다가 사탄은 죄의 유익으로 우리를 유혹한다. 에덴동산에서 사탄은 하와에게 이렇게 제안했다. "하나님께 불순종해도 부정적인 결과를 피할 수도 있을 뿐만 아니라, 이 열매를 먹음으로 몇 가지 확실한 혜택도 누릴 수 있게 될 거야."

> 너희가 그것을 먹는 날에는
>
> 너희 눈이 밝아져 하나님과 같이 되어
>
> 선악을 알 줄 하나님이 아심이니라 (창 3:5)

어떤 면에서는 사탄의 말이 옳다. 히브리서 11장 25절에 따르면, 죄는 잠시 우리에게 즐거움을 가져다준다. 그러나 궁극적으로 죄는 엄청난 대가를 치르게 된다. 예외는 없다. 죄가 장성한 후에는 사망을 낳는다는 것이 진리다(약 1:15).

이 글을 쓰고 있는 지금, 뉴스에 나오는 스무 살 대학생을 예로 들어 보자. 그는 인생의 시련을 겪고 있다. 1년 전 그는 위조 신분증을 만들어 불법으로 술을 마실 수 있었다. 파티에서 난동을 부려 퇴장당했을 때, 그의 혈중 알코올 농도는 0.242였다. (미국의 경우 음주 운전에 대한 법적 혈중 알코올 농도 제한은 0.08이니, 그는 훨씬 넘었다!) 새벽 2시 30분에 그는 자기 차 운전대를 잡았다. 집으로 돌아가는 길에 그는 두 명의 젊은 남성을 세게 치고 말았다. 한 남자는 생명을 잃었고, 다른 피해자는 뇌 손상으로 휠체어를 타게 되었다. 끝내 이 젊은 남자는 차량 살인 혐의로 기소되어 유죄 판결을 받고 징역형을 선고받았다.

이처럼 죄의 결과는 엄청나다. 규칙을 어기지 말라. 규칙은 당신을 보호하기 위해 존재한다. 그 결과가 당장 눈에 보이지 않는다 하더라도, 당신은 궁극적으로 당신과 다른 사람들에게 해를 끼치지 않고서 (하나님이나 다른 사람과의) 규칙을 어길 수는 없다.

※ 주의 : 생리 중일 때는 이 글을 읽지 마시오.

나(다나)는 고등학교 점심시간에 월경 전 증후군(생리)이 심하다는 것을 직감했다. (이 이야기는 별로 하고 싶지 않지만, 어쨌든!) 나는 기독교 고등학교에서 점심시간에 친구들과 이야기를 나누고 있었다. 선생님은 우리가 너무 크게 떠들고 있다고 혼을 내셨다. 나는 그 선생님을 평소에 엄청 싫어했고, 그 순간 깊은 빡침이 있었다.

평상시 같으면, 그것으로 죄가 끝났을 것이다. 그런데 그날은 아니었다. (사실 내가 그렇게 조용하지는 않았던 것 같다.) 그녀는 우리와 또 맞닥뜨렸다. 맥박이 통제 불능으로 치솟는 끔찍한 느낌을 받았다. 분노 때문에 흐르는 눈물인지 감정적인 고통 때문에 흐르는 눈물인지 구분하기 어려웠다. 나는 점심 도시락을 종이봉투에 넣고 문으로 향했다. 선생님을 지나치면서, 책상 바로 옆에 있는 쓰레기통에 도시락을 냅다 던져 버렸다.

헉… **큰일났다**. 그 도시락이 선생님의 왼쪽 관자놀이에 맞고 말았다. 그렇다. 나는 엄청난 곤경에 처하고 말았다. 부모님도 나를 도와주지 않으셨다.

이처럼, 월경 전 증후군(PMS)이 당신을 괴롭힌 적 있는가? 증상은 가벼운 복부 팽만감과 경련에서부터 극심한 우울감, 극심한 피로, 불면증, 두통, 불안, 식욕 부진, 협응력 저하, 재발하는 효모 감염 혹은 방광염, 그리고, 늘 사랑스러운(?) 초대형 뾰루지에 이르기까지 다양하다. 월경 전 증후군은 매우 실제적인 신체 질환이다. 우리가 만난 한 10대 여성은 여러 증상 때문에 아무것도 할 수가 없어서 몇 달 동안이나 학교를 결석했다고 한다.

"저에게 무슨 문제가 있는지 알고 싶어서 몇 달 동안 이것저것 검사를 받아 보았어요. 혈액 질환, 요로 감염, 신경학적 문제가 있는지 검사를 받았죠. 그런데 아무 이상도 없었어요. 그저 한 달 내내 지치고, 아프고… 친구들, 특히 엄마에게 불쾌감을 주었다는 것만 기억에 남더라고요. 알고 보니, 그냥 '월경 전 증후군'이었어요."

월경 전 증후군(PMS) 극복하기

당신이 월경 전 증후군에 시달리고 있다는 느낌이 들 때는 건강에 신경 쓰길 바란다. 몇 달간 신체적, 감정적 증상을 기록해 두고, 언제 가장 '죄'에 취약한지를 알아보라. (그렇다! 방금 '죄'라고 했다.) 그런 다음, 우선 아래의 것들을 시도해 보라.

▶ **스트레스를 줄이기**: 가능하면 한 달 중 가장 힘든 시기에 수능(중요한 시험)을 치르지 말라. 가능한 한 약속을 최소화하고, 의무를 줄여라. 가장 힘들었던 주간에는 따뜻하게 거품 목욕을 하는 것도 좋다.

▶ **체력 기르기**: 규칙적인 운동은 뇌 기능과 건강에 큰 영향을 미친다. 헬스, 필라테스, 달리기, 탁구, 애완견과의 산책 등 자신이 좋아하는 것을 찾아 한 달 내내 꾸준히 해 보라. 개선되는 것을 느끼게 될 것이다.

▶ **잘 먹기**: 탄산 음료, 단 음식, 탄수화물이 만들어 내는 혈당의 최고점과 최저점을 제거할 수만 있다면, 당신은 감정의 기복이 줄어들 것이다. 한 달 중 최악의 시간(과자 한 봉지를 뚝딱 해치우고 싶은 순간)에 녹색 채소와 많은 물을 섭취하면 기분이 훨씬 나아질 것이다.

▶ **다스림을 위한 기도를 하기 위해 성경 구절 게시해 두기**: 우리는 다음 페이지에서 소개할 시편 19편 14절을 추천한다.

여전히 어려움을 겪고 있다면, 건강 검진을 받고서 의학적으로 치료받아야 할 필요가 있는지 의사에게 문의하라.

어떤 종류의 신체적 증상도 죄에 대한 변명이라고 할 수 없다. 피곤하다는 것이 불친절, 감정 폭발, 신체적 공격에 대한 변명이 될 수 없는 것처럼, 월경 전 증후군도 마찬가지다. 호르몬의 지배를 받아서는 안 된다. 아마 한 달 중 다른 시간에라도 스트레스 받는 기분을 느낄 때는 자제력을 발휘하는 데 어려움을 겪을 수 있다. 스트레스 지

수가 높아질 때 정크 푸드를 엄청나게 먹거나, 해야 할 일을 건너뛰거나, 부모님께 화를 쏟아내는 것이 정당하다고 생각한 적 있는가?

불안은 '근본적으로' 믿음의 문제이다. 압력 밸브를 해제하는 데 필요한 것 그 이상의 것이다. 스트레스가 우리를 통제 불능의 상태로 만들 때, 우리는 하나님께 "하나님, 제 걱정을 당신께 어떻게 맡기겠어요. 이 일을 처리해 주실 거라고 기대하지도 않아요"라고 말한다. 이는 분노, 두려움, 걱정, 집착에 의한 불면증과 같은 다른 많은 죄를 짓게 만드는 마음의 상태이다.

호르몬 때문이든, 숙제 때문이든, 당신을 나락으로 떨어뜨리는 원인이 무엇이든, 그 해답은 하나님의 진리에서 찾을 수 있다. **당신은 그리스도께 집중하고 모든 생각과 말을 그분께 순종하도록 선택할 수 있다.** 하나님의 말씀은 우리에게 "모든 생각을 사로잡아 그리스도에게 복종하라"(고후 10:5)라고 독려한다. 예수님과 그분의 말씀에 집중하면, 감정을 그분의 통제하에 둘 수 있다.

침실 벽, 욕실 거울, 자동차 대시보드에 붙여 두면 좋은 성경 구절을 소개한다.

나의 반석이시요 나의 구속자이신 여호와여

내 입의 말과 마음의 묵상이

주님 앞에 열납되기를 원하나이다 (시 19:14)

하나님은 우리의 모든 말과 모든 생각을 감찰하신다. 감정적으로 풍요로운 시기에 우리가 행하고 말하는 것뿐만 아니라, 기말고사 주간과 같이 스트레스가 극심한 시기에 우리

> **초콜릿을 먹어 보세요.**
>
> 초콜릿 좋아하시죠? 실제로 '그 시간' 중에 있을 때, 초콜릿을 먹는 것이 도움이 된다고 합니다. 카카오 농도가 진할수록 좋다고 하네요.

가 행하고 말하는 것까지도 말이다. 하나님의 은혜로, 당신은 어떻게 반응하고 어떻게 감정을 표현할지 선택할 수 있다.

거짓말	진리
19 "나는 죄를 이길 수 없어."	● 당신은 스스로를 변화시킬 힘이 없다(요 15:5). ● 거듭난 사람은 누구나 새로운 본성을 가지고 있으며, 죄를 이길 수 있는 그리스도의 능력을 가지고 있다(롬 6:6-7). ● 하나님의 모든 자녀는 죄를 이길 수 있도록 돕기 위해 그리스도의 몸(교회)을 받았다(약 5:16; 갈 6:1).
20 "나 자신이나 다른 사람에게 해를 끼치지 않는다면, 특정 상황에서 법이나 규칙을 어겨도 괜찮아."	● 사탄은 우리가 율법이나 규칙을 어기지 않을 때 죄의 유익들을 가지고 유혹한다(창 3:4; 히 11:25). ● 죄의 결과를 즉시 경험하지 않을 수는 있지만, 그 결과는 반드시 있다(약 1:15; 갈 6:7).
21 "스트레스를 받거나 생리 중(PMS)일 때는 나 자신을 통제하기 힘들어."	● 스트레스나 월경 전 증후군은 우리의 몸에서 자연스레 일어나는 것들이다. 하지만 그러한 신체적 증상이 죄에 대한 핑계가 될 수는 없다(약 4:17; 고후 12:9-10). ● 하나님의 은혜로 당신의 감정, 생각, 말은 예수 그리스도께 사로잡힐 수 있다(고후 10:5b). ● 하나님은 우리가 말하는 모든 말과 우리가 생각하는 모든 생각들을 감찰하신다(시 139:23; 94:11; 마 9:4).

죄에 관한 거짓말이 너무 가까이에 있지 않나요?

정죄감을 느끼지 마세요. 그리스도 예수 안에 있으면 정죄함이 없습니다. 그러한 확신에

기대어 보세요! 어떻게요? 몇 가지 진리를 기록해 보거나 집중해서 다음의 질문들에 답

을 써 보세요.

• 죄에 관하여 당신이 가장 믿을 법한 거짓말은 무엇인가요?

• 이 거짓말에 진리로 대항하기 위해서는 어떤 성경 구절을 마음에 저장해야

할까요?

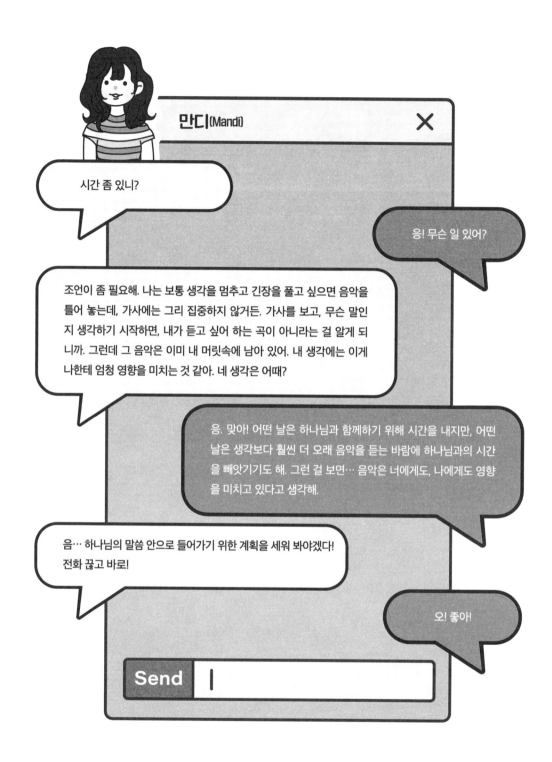

11장_미디어에 관한 거짓말

"영화는 젊은이들의 삶을 형성하는 데

엄청난 힘을 발휘할 수 있으며, 또 발휘하고 있다."

- 월트 디즈니 -

200년 전, 당신은 어떤 소리를 들을 수 있었을까? 사람의 목소리, 자연의 소리, 악기 소리 같은 것을 들을 수 있었고, 전자기기에 의해서 생성된 소리는 들을 수 없었을 것이다. 라디오도, TV도, DVD 플레이어도, 노트북도, 음악 스트리밍도, 게임 시스템도 없었다. 처음 수천 년의 역사 동안, 인간은 인공적인 자극이나 전자적인 자극에 시달리지 않았다. 게다가, 상대적으로 그러한 자극으로부터 오는 정보도 거의 없었다. 그러나 정보의 폭발적 증가와 극심한 감각 과부하에 시달리는 첨단 기술 시대에는 모든 것이 바뀌었다.

오늘날의 기술은 부모님과 조부모님이 10대였을 때는 상상할 수 없던 놀라운 옵션들을 제공한다. 미디어 기술은 우리가 다른 사람들과 소통하고 관계를 맺는 방식을 극적으로 변화시켰고, 우리로 하여금 게임, 영화, TV 프로그램, 음악, 밈(meme) 등을 통해 무한히 즐길 수 있게 해 주었다.

많은 사람들이 귀에 이어폰을 꽂은 채로 잠자리에 들고, 이어폰이 꽂혀 있는 상태로 깨어난다. 샤워를 간단히 하고서 등교할 때도 다시 이어폰을 꽂는다. 학교를 오가면서, 휴대폰으로 문자 메시지를 보내거나, 통화를 할 수도 있다. 수업 중에도 문자 메시지를 확인하거나, 인스타그램에 새로운 '하트'를 받았는지 확인하려고 모든 방법을 동원한다. (UCLA에서 진행된 연구에 따르면, '하트'와 관련된 소리를 듣거나 조회수가 올라가는 것을 볼 때 뇌에서 좋은 기분을 느끼게 만드는 화학 물질인 도파민이 분비되기 때문에, 우리는 '하트'를 갈망한다고 한다.)¹ 그리고 집에서는 좋아하는 영화나 드라마를 정주행하고, 메신저를 통해 몇 시간 동안 깊은 대화를 나누며 안정을 취한다.

최근에, 하나님은 나(다나)에게 여대생 몇 명을 제자 삼으라는 마음을 주셨다. 그래서 나는 몇 명의 여대생들과 2박 3일 동안 세상의 열풍에서 벗어나 하나님의 임재와 말씀에 거하도록 요청하는 것으로 제자 훈련을 시작했다. 우리는 차를 몰고 높은 산으로 올라가서 호숫가에 있는 작은 나무 오두막집으로 향했다. 캠프파이어를 하고 스모어(smores)를 만들고, 카누를 타고, 그늘에 앉거나 하이킹을 하면서 사흘간 하나님을 찾는 시간을 보냈다. 나는 그 여학생들을 위해 특별한 장소를 마련한 내 정성과 관심에 아이들이 좋아할 거라고 여겼지만 웬걸, 그들 중 두 명은 실제로 휴대폰이 터지지 않는다는 사실을 알고 내게 짜증을 내었다. 한 학생은 한 시간 동안 울기까지 했다. (이 정도면 중독이라고 말할 수 있지 않을까?)

그 어느 세대도 당신이 그렇게나 좋아하는 것처럼 많은 기술들을 마음대로 사용할 수 없었다. 당신은 증조부 세대처럼 빵집에서 놀지 않는다. 사이버 공간에서 논다. 우리는 소셜 네트워킹에 사용되든, 엔터테인먼트에 사용되든, 기술 자체가 본질적으로 나쁘다고 생각하지는 않는다. 그것 나름대로의 이점이 있기 때문이다. 하지만 무분별한 사용은 큰 위험에 노출될 수 있다고 생각한다. 따라서 우리는 사용자가 기술을 통제해야지, 그 기술이 사용자를 통제하면 안 된다고 생각한다.

1020 여성들과 대화를 통해, 우리는 많은 여성들이 유독 이 영역에서의 변화를 저

항하고 있음을 알 수 있었다. 어쩌면 이 부분에 대해 '우리 의견을 무시하고 싶다'라는 유혹을 받을 수도 있다. 잠시 동안 모든 미디어를 '일시 정지'하고, 마음을 열고서, 미디어 사용과 관련해서 당신이 어떤 거짓말을 믿고 있는지를 고려해 보기 바란다.

> **거짓말 22.**
> **"미디어를 지속적으로 사용해도 해로움보다 이로움이 더 많아."**

이는 가장 보편적으로 믿고 있는 거짓말 중 하나였다. 우리가 이야기를 나눠 본 거의 모든(98%!) 1020 여성들이 자신의 미디어 습관이 하나님 및 다른 사람들과의 관계에 부정적인 영향을 미친다는 데 동의했다. 하지만 그들은 미디어 사용에 그만한 가치가 있다고 믿었다. 어떤 유익이 있을까?

"소셜 미디어는 저와 친구들을 연결시켜 줘요."

"저는 보통 생각을 멈추고 싶을 땐 음악을 들어요."

"인터넷은 독서와 같아요. 인터넷에 접속하면 계속 생각을 하거든요."

"유튜브에서 예쁜 여자들이 특정한 방식으로 옷을 입으면 그 스타일이 곧 유행이 될 라는 걸 알 수 있어요. 그래서 패션에 뒤처

우리는 먼저 1020 여성들에게 "미디어는 나에게 아무런 영향을 미치지 않는다"라는 말에 응답해 달라고 요청했다. 그 말에 아무도 동의하지 않았지만, 미디어 선택에 대한 필터링에 있어서는 저항감이 있었다. 그래서 우리는 다음의 말에 응답해 주기를 요청했다. "미디어는 나와 하나님 및 다른 사람들과의 관계에 부정적 영향을 미치지만, 그만한 가치가 있다." 이 말에 답변한 결과는 다음과 같다.

98% : 동의한다 혹은 때때로 동의한다.

2% : 동의하지 않는다.

지지 않도록 해 주죠."

더 나열하지 않아도 될 것 같다. 1020 여성들 스스로도 몇 가지 유익들이 별거 아니라는 것을 인정했지만, 미디어 습관을 바꾸지는 못하는 것 같았다. 당신에게 과연 동기를 부여할 수 있을까? 한번 살펴보자.

첫째, 할리우드도 미디어의 힘을 인식하고 있으며, 영화나 음악을 제작하는 많은 아티스트들도 자녀를 위해 미디어를 필터링해야 할 필요성을 느낀다는 점을 명심해야 한다. 논란이 많은 어느 랩 가수는 그의 딸이 폭력, 섹스, 욕설에 노출되는 것을 원치 않아 자신의 노래 중에 딸만을 위한 가족 친화적인 버전의 노래를 따로 만들었다고 말했다. 많은 사람들에게 노출되는 콘텐츠는 이러한 질이 안 좋은 콘텐츠를 만드는 사람들까지도 자기 가족에게도 노출시키고 싶어 하지 않는 콘텐츠이다.

둘째, 미디어 습관이 당신을 변화시킨다는 것을 깨달아야 한다. 작고 귀여운 외계인이 당시에는 잘 알려지지 않은 사탕을 먹는 장면이 나오는 영화 〈E.T.〉를 본 후 그 사탕(Reese's Pieces)을 사러 나간 사람들에게 물어보라. 영화 개봉 후 이 사탕의 판매량은 65%나 증가했다. (한번 먹어 보고 싶지 않은가?) 또한, 〈니모를 찾아서〉를 본 후에 금붕어를 풀어 주기 위해 변기 물을 내렸다던 어린 소녀처럼, 영화를 통해 관객의 행동에 큰 변화가 일어나는 경우가 종종 있다.[2] 금붕어는 혹 웃기다고 생각할지 모르겠다. 하지만 10대 청소년 두 명이 죽고 수십 명이 다친 사건은 〈더 프로그램〉이라는 영화에서 어느 인물이 차가 쌩쌩 달리는 고속도로에 누워 죽음을 무릅쓰고 도전하는 장면을 반영한 것이므로 전혀 웃을 수가 없다.[3]

당신이 미디어 선택에 따른 행동 변화에 영향을 받지 않고 있다고 생각한다면, 다시 한번 생각해 보길 바란다. 호러물 작가 스티븐 킹(Stephen King)은 "영화는 우리 시대 최고의 대중 예술이며, 예술은 삶을 바꿀 수 있는 힘을 가지고 있다"라고 말한 적이 있다.[4] 우리는 그들이 사 주길 바라는 것을 사고, 그들이 입어 주길 원하는 옷을 입고, 그들이 가치 있게 여겨 주길 바라는 것을 가치 있게 여기는 데서 자유로울 수 없다.

우리와 이야기를 나눈 대부분의 1020 여성들은 이러한 위험을 분명 인식하고 있었다. 그들 중 두 명은 이렇게 말했다.

> "당신은 외부인의 관점으로 이 상자(TV)를 바라보고 있군요. 한 시간을 보고 있다 보면, 두 시간을 보고 있을지 모릅니다. 조심하세요. 모든 인맥 관계를 바로바로 만들지는 못하더라도, 당신은 예쁜 여성들을 보게 될 것이고, 그 여성은 많은 관심을 얻게 될 것이며, 결국 그녀와 같이 예쁘면 당신도 관심을 얻을 수 있다고 생각하게 될 거예요."

> "저는 음악 가사에 그리 신경을 쓰지 않아요. 가사를 보고 무슨 말인지 생각하기 시작하면 제가 듣고 싶은 음악이 아니라는 걸 깨닫게 되거든요. 그땐 이미 늦었어요. 이미 제 머릿속에 들어와 있거든요."

음악, TV, 인터넷, 영화를 정기적으로 또는 상당 시간 보고 있다면 당신은 그것들의 영향을 받고 있는 것이다. 문제는 긍정적으로 영향을 받고 있는가, 부정적으로 영향을 받고 있는가이다. 그 영향은 보통 즉각적으로 느껴지지 않는다. 팔에 정맥주사를 꽂고 서서히 약물을 주입하는 것과 비슷하다. 똑… 똑… 똑… 만약 플라스틱 튜브를 통해서 흘러 들어가는 그 약물에 독성이 있다면, 당신은 당장 그 결과를 느끼지 못할 수도 있지만, 일단 체내에 들어가면 몸 전체가 확실히 영향을 받게 된다. 마찬가지로, 독성이 있는 미디어를 당신의 마음과 영혼에 받아들이는 것의 결과도 이미 피해를 입은 후에야 뒤늦게 깨달을 수 있다.

이 모든 것은 세상의 가치, 윤리, 사고방식이 매일같이 당신의 일상에 흘러들어오도록 내버려 둘 것인지, 아니면 의도적으로 더 현명하고 경건해지는 데 도움이 되는 정보가 노출되도록 선택할 것인지에 달려 있다. 만약 당신이 엔터테인먼트 미디어 선택을 잘해 볼 의향이 있다면, 여기 몇 가지 간단한 단계를 실천해 보길 바란다.

당신이 선택한 것의 예고편을 보라. 영화, TV 드라마, 잡지, 노래, 혹은 웹사이트를 확인하라. 그리고 신뢰할 수 있는 곳으로부터 의견을 구하라. 부모님이나 청소년(청년) 담당 목사님이 좋은 출발점이 될 수 있다. 영화, TV 드라마, 음악에 대한 무료 리뷰를 제공하는 PluggedIn.com과 같은 인터넷 서비스를 이용할 수도 있다. 성숙하고 경건한 관점을 갖는 것은 현명한 일이며, 불경건한 영향으로부터 마음과 정신을 보호하면서 책임감을 갖는 데 도움이 될 것이다.

GIGO

컴퓨터 과학의 초창기에 프로그래머들은 '가비지 인, 가비지 아웃'이라는 문구를 개발했다(약칭 GIGO). 이 말은 컴퓨터에 프로그래밍한 내용이 그대로 출력된다는 뜻이다. 즉, 손상된 데이터를 입력하면 손상된 결과를 얻는다는 것이다.

GIGO의 개념을 미디어 선택에 적용하면 어떻게 될까? 마음과 머릿속에 입력하는 것이 나오는 것(생각, 말, 생활 방식)을 결정한다면, 당신의 미디어 사용과 선택을 어떻게 평가하겠는가?

장단점을 정리해 보라. 그것들의 예고편이나 리뷰를 살펴본 후, 이제 장단점을 적어 보라. 그 미디어를 선택함이 당신의 삶에 어떤 유익을 가져다줄까? 특히 당신의 영적 삶에 비추어 볼 때 어떤 단점이 있을까?

그것에 대해 기도하라. 인기, 아름다움, 엔터테인먼트, 사회 활동에 대한 욕망에 무작정 빠지지 않고 주님께 영광을 돌리는 미디어를 잘 결정해 나가도록 이끌어 달라고 주님께 간구하라.

필터링을 거쳐 미디어를 선택하지 않으면, 당신은 결국 다른 사람들처럼 보고, 듣고, 소통하는 군중을 따라가게 될 것이다. 하지만 당신은 다른 사람들과 다르다는 것을 기억하라. 당신은 하나님께서 지으신 작품이다. 그리고 그분은 그분 자신이 채우시기 위해 당신이 순수하고 비어 있기를 원한다.

우리와 대화를 나눈 많은 1020 여성들은 일주일에 25시간에서 35시간을 온라인, 문자 메시지, 혹은 넷플릭스를 시청에 소비한다고 이야기했다. 그중에서도 홈스쿨링을 하는 여학생들이 거기에 소비하는 시간이 가장 많다는 점이 흥미로웠다. 많은 사람들이 이 정도는 괜찮다고 생각했다. 이들의 주장은 다음과 같다.

"부모님들은 그거에 익숙하지 않으세요. 부모님이 화를 내면서 '당장 꺼'라고 말할 때가 제일 싫어요. 이건 저희 세대가 소통하는 방식이에요."

"이건 제 친구들과 소통하는 방식이에요."

"어느 연구에 따르면, 컴퓨터 게임을 통해서 눈과 손의 협응력을 많이 배울 수 있다고 해요."

우리가 아는 한, 컴퓨터 게임을 통해서 배운 눈과 손의 협응력을 바탕으로 어떤 위대한 운동 경력을 쌓은 사람은 아무도 없다. 훌륭한 인간관계는 문자 메시지만으로 형성되지 않는다. 물론 우리는 미디어의 좋은 활용 가치가 있다는 것에 동의하며, 특히 당신의 세대는 미디어에 익숙하다는 것도 알고 있다. 하지만 모든 것에는 적절한 제한이 있어야 한다.

한 사회과학 프로젝트에서는 제한이 있는 경우와 없는 경우의 아이들 행동을 관찰했다. 연구의 첫 번째 부분에서는, 아이들이 놀 수 있는 장소를 제한하기 위한 거대한 울타리가 있는 학교에서 쉬는 시간에 아이들 모습을 관찰했다. 연구의 두 번째 부분에서는, 울타리가 없는 다른 학교의 제한이 없는 탁 트인 들판에서 쉬는 시간에 아이들 모습을 관찰했다. 누가 놀이 중에 더 많이 협력하고 놀이터에서의 싸움이 덜 했을까? 쉬는 시간에 겁을 먹고 눈물을 흘릴 확률이 낮은 아이는 어느 쪽 아이일까?[5] 그렇다. 울타리라는 보호막 안에서 놀았던 아이들이 쉬는 시간에 훨씬 더 행복했고, 심지어 쉬는 시간 이후 교실에서도 더 나은 행동을 보였다.

적절한 제한은 우리에게 안전감을 주며, 특이하게도 이는 자유의 중요한 요소이기 때문이다. 점점 더 많은 연구를 통해서 컴퓨터가 치명적 중독성을 가지고 있다는 사실이 입증되고 있다. 당신을 속박에 빠뜨릴 수 있다는 말이다. 잠언 25장 16절은 "꿀을 발견하더라도 적당히 먹어라"(새번역)라고 말한다. 이는 자제력을 발휘하라는 뜻이다. "초콜릿을 발견하면, 적당히 먹어라"라고 말하면 더 잘 이해가 될 것 같다. 배가 아플 정도로 과식한 적이 있는가? 아무리 좋은 음식이더라도 너무 많이 먹으면 오히려 건강에 해를 끼칠 수 있다. 미디어 습관을 포함해, **우리는 우리 삶의 모든 영역에서 적절한 제한이 필요하다.** 그렇지 않으면 영혼과 인간관계에 해를 입거나 '병'에 걸릴 위험이 있다. 이러한 경계는 하나님의 말씀의 원칙과 당신을 위한 하나님의 최선에 근거해 설정되어야 한다.

나(낸시)는 종종 현명하거나 건강한 것보다 전자기기와 소셜 미디어에 더 많은 시간을 보내는 나 자신을 발견하곤 한다. 깨어 있는 거의 모든 시간에 문자 메시지를 보내고, 이메일을 확인하고, 뉴스를 보고, SNS 피드를 스크롤하고, 친구들과 말장난을 하고, 야구 시카고 컵스(평생의 컵스 팬과 결혼하면서 내 삶은 여러 가지 면에서 바뀌었다!)를 팔로우하는 등 휴대폰만 들여다보고 있을 수 있다.

물론 휴대폰은 친구들과 연락을 유지하고 세상에서 무슨 일이 일어나고 있는지를 파악할 수 있는 좋은 도구가 될 수 있다. 하지만 실상은, 종종 더 생산적으로 사용할 수 있는 귀중한 시간과 에너지를 낭비하는 것으로 끝난다. 그 과정에서 주님과 그분의 말씀에 대한 마음과 갈망에 어려움을 겪고, 사람들과의 대면 관계에서도 고립되게 한다.

휴대폰과 소셜 미디어가 우리의 삶을 어떻게 변화시키고 우리의 마음을 어떻게 바꾸고 있는지에 대한 수많은 연구가 이루어졌지만, 대부분 더 나은 방향으로 나아가지는 못했다. 이러한 것들이 내 삶에서 얼마나 중독성이 있는지 알기 때문에, 나는 휴대폰 사용에 대한 실질적인 한계를 설정하는 것이 중요하다는 것을 알게 되었다. (내 남편이 이를 도와주었다. 좋은 친구나 부모님이 당신으로 하여금 책임감을 가질 수 있도록 도와주면 좋겠다.) 이 영역에서 자제력을 발휘하는 것이 쉽지는 않지만, 이러한 제한은 영적인 '침입자'로부터 마음을 지키고, 그리스도에 대한 열정을 키우고, 다른 사람들에게서 더 나은 '현재'가 되게 해 주었다.

미디어 매니아

삶 속에서 미디어를 버려야 할지, 아니면 미디어를 적극적으로 활용해야 할지 고민 중이신가요? 적절한 제한(가이드)을 설정해 보는 것은 어떨까요? 이를 위해 다음의 간단한 질문들을 참고하세요.

① 빌립보서 4장 8절의 기준을 위배하진 않는가? ("무엇에든지 참되며 무엇에든지 경건하며 무엇에든지 옳으며 무엇에든지 정결하며 무엇에든지 사랑받을 만하며 무엇에든지 칭찬받을 만하며 무슨 덕이 있든지 무슨 기림이 있든지 이것들을 생각하라.")

② 예수님과 함께 본다고 했을 때 부끄럽지 않은가?

③ 부모님과의 갈등을 유발하진 않는가?

④ 숨겨야 할 일이 있진 않은가?

⑤ 가족이나 친구로부터 자신을 고립시키는 원인이 되고 있진 않은가?

⑥ 다른 책임을 소홀히 하게 만들진 않는가?

⑦ 미디어, 소셜 네트워킹, 엔터테인먼트에 대한 욕구가 하나님의 말씀이나 다른 활동 시간을 보내는 것보다 더 크진 않은가?

⑧ 중독되진 않았는가? (특정 미디어에 중독되었는지를 알아볼 수 있는 방법은 30일 동안 해당 미디어를 끊어 보는 것이다. 30일 동안 끊지 못하겠다면 당신은 중독된 것이나 다름없다!)

위의 질문 중 하나라도 '예'라고 대답하기 어려웠다면, 주님께 자신의 미디어 사용을 평가하고, 주님이 기뻐하시고 건강한 경계를 세울 수 있도록 도와달라고 기도해야 합니다!

한 가지 더 생각해 보기를 바라는 것이 있다. 깨어 있는 시간의 대부분을 미디어에 연결된 채 보내는 사람들은 조용히 생각하는 시간을 충분히 갖거나 하나님이 말씀을 묵상하기 위해서 고요한 시간을 가지는 데 어려움을 겪는다는 사실을 발견했다. 영혼의 풍요로움은 규칙적인 고요와 고독의 계절이 없이는 무르익을 수 없다.

> 영혼의 풍요로움은 규칙적인 고요와 고독의 계절이 없이는 무르익을 수 없다.

또한 하나님과의 관계, 그리고 다른 사람과의 깊이 있는 관계는 얼굴을 맞대고 느긋하게 대화하는 시간이 아니고서는 경험할 수 없다.

진리로 거짓말 잠재우기

거짓말	진리
22 "미디어를 지속적으로 사용해도 해로움보다 이로움이 더 많아."	• 미디어는 우리에게 강력한 영향력을 행사한다. 무엇을 보고 듣는가에 따라 좋게, 혹은 나쁘게 당신은 변화할 수 있다(눅 11:34). • 우리는 지혜로운 미디어 선택을 하도록 부름 받았다(빌 4:8).
23 "그건 시간 낭비가 아니야…. 설령 그렇다 해도 괜찮아."	• 우리 삶의 모든 영역에는 적절한 제한이 필요하다(빌 4:5; 엡 5:15-17). • 제한은 우리에게 자유와 보호를 제공한다.(잠 25:16; 갈 5:13). • 우리는 미디어 선택에 있어 신중을 기해야 한다(시 101:3-4).

미디어 중심 사회에 어떻게 대응해야 하는지에 대한 선례가 정말 없습니다. 당신과 당신의 친구들이 진리 안에서 길을 이끌 필요가 있습니다. "일기 쓰기 요법"을 통해 당신의 삶에서 거짓말을 깨부수는 것으로 시작하는 것은 어떨까요? 집중해서 다음의 질문들에 대한 답을 써 보세요.

• 미디어에 관하여 당신이 가장 믿을 법한 거짓말은 무엇인가요?

• 이 거짓말에 진리로 대항하기 위해서는 어떤 성경 구절을 마음에 저장해야 할까요?

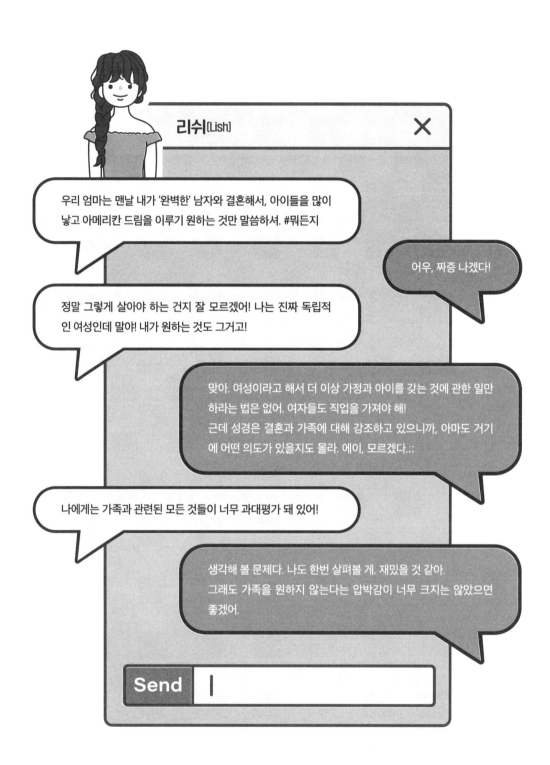

1020 여성들이 믿고 있는 거짓말

12장_미래에 관한 거짓말

"앞으로 죽을 때까지, 절대로 어떤 식으로든 내 것인 것처럼 행동하지 않고
전적으로 하나님의 것인 것처럼 행동하겠다고 결심한다."

- 조나단 에드워즈 -

사탄은 하와를 처음 유혹할 때부터 여성성을 공격해 왔다. 1900년대 중반 페미니즘 혁명이 우리의 문화를 휩쓴 이후, 지난 70여 년 동안에도 사탄은 더욱 잔인하게 공격해 왔다. 이 운동의 모토는 "여성도 남성이 할 수 있는 무엇이든 할 수 있다"였다. 여성도 남성과 동등한 직업과 임금을 받아야 한다고 확신한 글로리아 스테이넘(Gloria Steinem)과 같은 여성들은 여성을 재정의하는 데 앞장섰다. 그들은 브래지어 몇 개를 불태우고, 청원서에 서명하면서, 여성과 남성 모두의 관심을 끌었다.

물론, 오늘날의 여성도 남성과 동일한 직업을 가질 수 있다. 하지만 오늘날 우리 문화에서 여성들이 아내와 엄마가 되는 것을 우선순위로 삼도록 장려하는 경우는 거의 없다. 페미니스트들은 평등을 추구하는 과정에서 모성과 가정이라는 개념을 약화시켰다. 그 결과, 우리 문화는 눈에 띌 정도로 크게 변화했고, 수많은 삶과 가정이 상처를 받고 깨졌다. 이러한 혁명은 결혼과 직업에 관한 우리의 관점보다 더 분명하게 드러나는 곳은 없다. 이런 문제들은 지금 당장에 당신에게 문제가 되지는 않을 수도 있다. 그러나 진지한 1020 여성들의 이야기를 나눌 수 있다면, 지금 당장 그들에 대해서 이야기를 하고 싶다.

> ### 거짓말 24.
> ### "가정 밖에서 경력을 쌓는 게 아내와 엄마로 사는 것보다
> ### 더 가치 있고 만족스러워."

"저에게 가족이라는 개념은 다소 과대평가 된 것 같아요."

"더 이상 가족과 아이를 갖는 것이 중요하지 않아요. 여성도 직업을 가져야 해요."

"남편과 가족을 원하는 것은 더 이상 지지받지 못하는 일이 되었어요."

안타깝게도 대부분의 여성은 이러한 문제에 대해 하나님께서 무어라 말씀하시는지 알지 못한다. 지난 50여 년 동안 우리 (미국) 문화 전체는 하나님의 말씀에 반하는 여성의 의미에 대한 개념으로 세뇌되어 왔다. (남성과 여성을 만드신 분이 하나님이시니, 남성과 여성이 어떻게 기능해야 하는지를 결정하는 분도 하나님이시다!) 당신의 세대에는 하나님의 설계에 따라 기능하는 여성의 롤 모델이 많지 않다. 그 결과, 많은 여성들이 남성과 여성 사이에 명백한 생리적 차이를 제외하고는 어떤 차이가 있다는 것에 반감을 느낀다. 여성성, 순종 혹은 남성 존중과 같은 개념을 낯설어 한다. 심지어 남성을 싫어하는 여성들도 있다. (그중 일부는 경건한 남성성에 반하는 방식으로 남성을 대했다.)

어렸을 때, 나(낸시)는 페미니즘 철학에 직접적인 영향을 받지는 않았다. 하지만 교묘한 변종의 유혹을 받았다. 주님을 섬기고자 하는 강한 열정을 가지고 있던 10대 시절, 나는 내가 남자였다면 하나님께서 내 삶을 더 중요한 방식으로 사용하실 수 있을

거라고 생각했다. 여성으로서 나를 향한 하나님의 특별한 부르심을 이해하고 받아들이는 데 어려움을 겪었다. 그리고 20대 때, 하나님께서 왜 남자와 여자를 다르게 설계하셨고, 왜 그들에게 각기 다른 역할을 부여하셨는지 알아보기 위해 하나님의 말씀을 연구하기 시작했다. 그 후 몇 년 동안, 주님은 그분의 놀라운 설계와 계획의 아름다움에 눈을 뜨게 해 주셨다. 나는 여성이라는 특권에 진정으로 감사하게 되었고, 내 삶을 향한 그분의 부르심을 성취할 수 있는 기회를 얻은 것에 매우 설렜다.

열정 불태우기

엄마이자 아내로서 열정을 불태울 수 있는 몇 가지 아이디어를 소개한다. 오늘 한번 시도해 보라!

▶ **깜짝 베이비시터로 무작위 친절을 베풀어 보세요!** 베이비시터 키트를 들고 나타나 아이를 돌봐주면 젊은 엄마들이 얼마나 놀랄지 상상도 못할 거예요.

▶ **힘겨워하고 있는 이웃이나 가족들에게 신선한 쿠키를 만들어 주세요.** 그들의 문 앞에 쿠키를 놓고 와 보세요!

▶ **하나님께 편지를 써 보세요.** 엄마가 되는 것과 결혼에 대한 당신의 두려움을 아뢰어 보세요. 당신의 희망과 꿈을 적어 보세요. 그분은 모든 것을 듣기 원하세요.

▶ **학교 숙제를 결혼이나 모성 보호에 관한 프로젝트로 만들어 보세요.** 논문이나 발표를 해야 한다면, "여성을 위한 하나님의 설계"라는 주제를 탐구해 보는 건 어떨까요?

하나님께서 무어라 말씀하시는지 살펴보자. 창세기 2장 18절에서 우리는 하나님께서 최초의 여성을 창조하신 이유에 대한 중요한 통찰을 발견할 수 있다.

여호와 하나님이 이르시되 사람이 혼자 사는 것이 좋지 아니하니

내가 **그를 위하여 돕는 배필을** 지으리라 하시니라 (창 2:18)

하나님은 하와를 아담의 돕는 배필로 창조하셨다. 그리고 아담의 필요에 맞게 그를 완성하기 위해 창조하셨다. (지금 "잠시만요! 읽기 싫어지네요"라고 말하고 싶을지도 모르겠다.) 여자는 남자로부터 만들어졌고, 남자를 위해 만들어졌으며, 남자를 위한 하나님의 선물로 주어졌다. 여자는 남편과 함께, 하나님의 영광을 위해 자신을 만드신 하나님을 사랑하고 섬겨야 했다. 하나님은 독신으로 그분을 섬기도록 일부 여성들을 구별하기도 하셨지만, 한 남자와 한 여자 사이의 결혼은 대부분의 여성을 위한 하나님의 계획이다. 그리고 그것이 당신을 향한 그분의 계획이라면, 이보다 더 만족스럽고 중요한 소명은 없을 것이다.

하나님께서 우리를 여자로 창조하신 또 다른 선한 이유가 있다. 그분은 남편과 아내가 창세기 1장 28절에서 그들에게 명령하신 것을 성취하기 원하신다. 그들에게 주신 하나님의 첫 번째 명령은 "생육하고 번성하여 땅에 충만하라, 땅을 정복하라"였다. 남자와 그의 아내는 함께 자녀를 낳아 땅을 가득 채우고, 그 자녀는 또 다른 자녀를 낳아야 했다. 여자는 생명을 잉태하고 양육하는 역할을 할 수 있도록 독특하게 설계되고 준비되었다. 사실, 하와의 이름은 '생명'을 의미한다. 하지만 안타깝게도 우리 문화에서 아내와 어머니라는 두 가지 역할은 공격을 받고 있다. 그 결과, 교회조차도 이들을 보호하기 위해 노력하지 않는다. 1987년에는 기독교인 중 20%만이 여성들이 이 두 가지 역할을 강조해서는 안 된다고 생각했다. 그런데 불과 20년 후인 2007년에는 여성에게 결혼과 모성의 역할을 강조해서는 안 된다고 생각하는 비율이 47%로 증가했다.[1] (그 조사는 10여 년 전의 조사였다.) 우리의 경험에 따르면, 이러한 경향은 계속 증가하고 있다.

오늘날 많은 1020 여성들은 결혼을 두려워한다. (좋은 사례를 거의 보지 못했기 때문일 수도 있다.) 그리고 점점 더 많은 젊은 기혼 여성들이 자기가 원하는 것 다 해 볼 수 있을 때까지 자녀들을 갖지 않거나 엄마가 되는 시기를 늦추는 선택을 하고 있다.

누가 이런 중요한 역할을 보호해 줄 수 있을까? 당신이 그렇게 해 주기를 소망한다. 당신이 그것을 보호할 만한 가치가 있음을 알아 주기 바란다. 지금 당장은 당신의 깃

털이 약간 부풀어 있을 수 있다는 것을 알고 있다. 그리고 세상이 우리를 프로그램하는 방식을 고려할 때, 하나님의 진리는 극명한 대조를 이룬다. 따라서, 독특한 관점을 통해 이를 완화할 수 있는지 살펴보면 좋겠다.

나(다나)는 이 모든 것에 대한 남성의 관점을 알아보기 위해 내 아들 롭(Rob)과 그의 친한 친구 라이언(Ryan)과 함께 이야기를 나누어 보았다. 이 경건한 두 남자의 말은 꽤 설득력이 있었다.

다나   너희들은 여자를 여자답게 만드는 게 뭐라고 생각하니?

    (긴장된 웃음과 어리둥절한 침묵이 뒤따랐다.)

다나   아! 다르게 질문을 해 볼게, 음… 너희들은 여성이 아내와 엄마가 되고 싶어 하는 걸 괜찮다고 생각하니?

롭 & 라이언   네, 물론이죠!

다나   너희 세대의 여자애들이 그런 걸 원한다고 생각하니?

롭 & 라이언   아니요. 전혀요.

라이언   여자애들이 아내와 엄마가 되지 말라는 압박감을 느끼고 있다는 건 너무 잘못된 거라고 생각해요. 단순히 커리어우먼이 되어야 한다는 압박감을 느끼는 것하고는 달라요. 그건 부정적인 거고, 나쁜 거예요. 사회가 여성들에게 은근히 이런 압박을 느끼게 하는 것 같아요.

롭   여성이 직업을 가질 수도 있다는 듯이 아니라, 직업을 가져야만 한다는 듯 말이죠.

다나   그게 공평하다고 생각하니?

롭   전혀요. 만약 어떤 남자가 아내와 아이를 원하지 않는 태도를 취한다면, 그는 멍청한 사람 취급당하지 않을까요? 그러니 우리가 아내를 보호하고 좋은 아빠가 되기를 원하는 것처럼, 여자애들도 좋은 아내가 되려 하고 좋은 엄마가 되기를 원해야 해요.

유레카! 바로 그거다. 훌륭한 남편과 아빠가 될 권리를 포기하는 남성 운동이 일어난다면, 금세 무산될 것이다. 이렇게 말하는 남자와 결혼하고 싶은 여자는 없을 것이다. "자기야, 자긴 넘 예쁘고 모든 게 좋지만, 나는 가족 같은 건 별로야. 내 인생에서 가장 중요한 건 내 커리어야. 내가 커리어를 쌓는 동안 놀고 싶으면 놀아!"

말도 안 된다! 우리는 서로를 진심으로 사랑하고 둘의 관계를 세상에서 가장 중요한 사랑으로 만들고 싶어 하는 사람을 원한다. 롭과 라이언과의 대화에서, 라이언은 "세상은 여성들에게 아내와 엄마가 되는 것을 선택할 자유조차 없다고 말해요"라고 말했다. 그러나 당신에게는 자유가 있다. 당신에게는 하나님께서 당신을 위해 설계하신 역할과 그에 따른 모험, 로맨스, 사랑, 행복을 선택해 살아갈 수 있는 자유가 있다. 여성을 위한 하나님의 설계를 온전히 받아들일 수 있는 자유는 놀라운 **특권**이다.

뿐만 아니라, 여성은 하나님의 자녀로서 여성으로서의 삶에 대한 하나님의 부르심과 목적을 성취해야 할 **책임**이 있다. 대부분의 여성들에게 이는 결혼과 모성을 하나님께서 주신 중요한 사명과 소명으로 받아들이는 것을 의미한다.

아직도 이 모든 말들이 불편한가? 침착하자. 우리는 당신이 무슨 일이든 하지 말라고 말하는 뜻이 아님을 이해해 주기 바란다. 잠언 31장의 여성상은 먼저 훌륭한 아내이자 어머니였던 여성을 보여 준다. 하지만 그녀는 또한 제조업체, 수입업자, 관리자, 부동산 중개인, 농부, 재봉사, 실내 장식업자이자 상인이기도 했다. 그녀는 삶의 여러 영역에서 강인하고 성공적인 여성으로 소개되고 있다. 하지만 그녀는 하나님과의 관계나 아내와 어머니로서의 소명도 소홀히 하지 않는다. 보람과 가치관은 그 사람이 이루어

하나님께서 사랑하시는 1020 여성이 되는 것에 관하여

성경적 여성상에 관하여 더 많은 것을 알고 싶고 그렇게 되기를 원한다면, 아래의 블로그를 확인해 보세요. (물론 LiesYoungWomenBelieve.com을 방문한 후에요!)

GirlTalkHome.com

낸 업적에서 만들어지는 것이 아니다. 그것은 당신의 삶을 향한 하나님의 계획에 순종함으로써 온다. 하나님을 향한 당신의 경외심은 당신에게 위대한 모험을 열어 준다. 위대한 모험을 원하는가? 우리는 여성을 향한 하나님의 계획(뜻)을 받아들이는 데서 그 답을 찾을 수 있었다. 당신도 그렇게 될 수 있다고 믿는다.

거짓말 25.
"지금 내가 하는 일은 미래에 전혀 영향을 미치지 않을 거야."

이 글을 쓰고 있을 시기에, 한때 귀여운 얼굴의 아역 스타였던 한 20대 여성 연예인이 술에 취해 곤경에 처했다. 잡지는 그녀가 밤늦게까지 파티를 즐긴 후 차 안에서 쓰러져 있는 사진을 게재했다. 그녀의 팬들은 재빨리 그녀를 변호하기 시작했다. 한 사람은 이렇게 썼다.

> "사람들은 정말이지 그 여성을 놓아줄 필요가 있어요. 모든 20대가 파티에서 술에 취했다는 것 때문에 센터에 갇힌다면 대학은 텅텅 비게 될 거예요. 많은 사람이 겪는 통과의례 아닌가요? (그녀는) 괜찮을 거예요."[2]

이러한 사고방식은 우리 문화 전반에 퍼져 있다. 그래서 "지금 내가 내가 하는 일은 미래에 그닥 영향을 미치지 않는다"라고 말한다. 이런 거짓말을 믿는 것은 다른 많은 사람들을 먹여 살린다. 많은 사람들이 크리스천과 결혼할 의향이 있어도, 아직 결혼 상대를 찾지 못했으니 (못 찾을까 봐) 비기독교인과 사귀어도 된다고 말하는 것이 그 좋은 예이다. 이런 생각은 매우 위험하다.

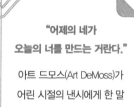

**"어제의 네가
오늘의 너를 만드는 거란다."**

아트 드모스(Art DeMoss)가
어린 시절의 낸시에게 한 말

당신이 옥수수를 심었는데 곧바로 순무가 텃밭에서 쏟아져 나오는 일은 없을 것이다. 마찬가지로, 모든 행동에는 결과가 있다. 자신의 욕망을 만족시키기 위해 심으면, 그 욕망에 따른 결과를 거두게 된다. 그러나 하나님을 기쁘시게 하기 위해 심는다면, 당신은 기쁨, 평화, 영원한 생명을 거두게 될 것이다.

습관은 열두 살, 열다섯 살, 스무 살 때 뿌린 사소해 보이는 개인의 선택이나 행동들의 결과이다. 좋은 습관이 될 수도 있고, 나쁜 습관이 될 수도 있다. 뿌린 대로 거둘 것이다. 당신은 지금 씨앗을 뿌리고 있다. 시간을 어떻게 쓰는지, 식습관, 운동 습관, 부모님과 대화하는 방법, 친구를 대하는 방법, 돈을 쓰는 방법, 일하는 방법, 수면 습관 등… 이러한 습관들이 바로 당신이 만들고 있는 습관인 것이다.

나(낸시)는 10대 시절과 20대 시절에 무엇을 먹을지 현명하지 못한 선택을 많이 했다. 이름을 밝힐 수 없는 패스트푸드 체인점에서 상상할 수 없을 만큼 많은 음식을 먹었고, 드라이브 스루에서 햄버거(치즈, 케첩, 피클이 추가된 더블 버거)와 감자튀김을 주문해 다음 목적지로 향하는 차 안에서 마구 흡입하곤 했다. 지금까지도, 건강한 식습관을 기르는 것은 내 인생에서의 가장 큰 도전이다.

중요한 선택

당신이 읽는 **책**	당신이 나누는 **대화**
당신이 읽는 **잡지**	당신이 선택하는 **친구들**
당신이 시청하는 TV **프로그램**	당신이 **잠자리에 드는** 시간
당신이 듣는 **음악**	당신이 아침 **몇 시에 일어나는지**

사소한 것도 매우 중요하다. 내(낸시)가 어렸을 때, 집에서 다른 어떤 것보다도 강조했던 습관이 하나 있다. 10대 시절 이보다 더 중요한 습관은 없다고 생각한다. 그것은

바로 하나님의 말씀을 통해 하나님을 알아 가는 데 꾸준히 시간을 보내는 습관이다. 단기적이든, 장기적이든, 당신은 삶의 모든 측면에서 이 습관 하나에 크게 영향을 받을 것이다. 나는 어렸을 적 부모님이 이 습관의 좋은 모델이 되어 주셨고, 어린 소녀로서 일관된 신앙생활을 해 나갈 수 있도록 격려해 주셨다. 이 습관이 내 인생에 얼마나 큰 변화를 가져왔는지는 말로 다 표현할 수가 없다.

그것이 쉽다고 말하는 것은 결코 아니다. 주님과의 시간을 소중히 여기는 만큼 베개, 노트북, 기타 방해 요소에 밀려 결국 주님과 급하게 단 몇 분만 시간을 보냈던 아침도 많았다. 하지만 나는 그분과 친밀한 관계를 맺지 않고서는 하나님께서 나를 만드신 여성이 될 수 없다고 생각한다. 그러기 위해서는 정기적으로 그분의 말씀을 통해 그분의 말씀을 듣고, 예배와 기도로 그분께 응답하는 시간을 보내야 한다.

지난 몇 년 동안 나는 여성들에게 앞으로 30일간 매일 말씀 안에서 주님과 함께 시간을 보내겠다고 결심함으로써, 그들에게도 이를 시작해 볼 수 있도록 도전해 왔다. 수천 명의 여성들이 그 도전을 받아들였고, 많은 여성들이 편지를 통해 그 도전이 자기 삶에 얼마나 큰 변화를 가져왔는지 이야기해 주었다. 당신도 그들과 같이 "30일간의 도전"을 해 보지 않겠는가? 장기적으로 당신의 삶에 이보다 더 큰 영향을 미칠 수 있는 습관은 결코 없을 것이다.

30일간의 도전

나는 앞으로 30일간 매일 주님의 말씀 안에서 주님과 함께 시간을 보내기로 결심한다.

성경 읽기 ( )장 ◆ 기도 ( )분 ◆ 신앙서적 읽기 ( )분

서명 :

날짜 :

하나님의 말씀을 묵상하고 그분의 임재 안에 홀로 시간을 보내면서 은혜를 경험하기 시작하면, 우리는 당신이 이 습관을 평생 유지하고 싶을 것이라고 확신한다.

거짓말	진리
24 "가정 밖에서 경력을 쌓는 게 아내와 엄마로 사는 것보다 더 가치 있고 만족스러워."	• 하나님께서 당신을 만드시고 부르신 일을 하는 것보다 더 가치 있고 보람 있는 일은 없다(사 43:7; 고전 10:31). • 대부분의 여성들에게 하나님께서 주신 소명 중 가장 중요한 부분은 결혼을 통해 하나님을 영화롭게 하는 것이다(창 2:18; 딛 2:3-4). • 엄마가 되는 일은 하나님의 나라에서 또 다른 중요한 소명이다(창 1:28; 딛 2:4). • 하나님은 인생의 다양한 시기에 각각 다른 과제를 주실 수 있다. 그러나 어느 한 과제를 완수하기 위해 우선순위를 위반해서는 안 된다(잠 31:10-31).
25 "지금 내가 하는 일이 미래에 전혀 영향을 미치지 않을 거야."	• 오늘 당신의 선택은 그에 따른 결과를 낳고, 그것이 당신의 미래에 영향을 미쳐 좋은 습관을 형성하거나 혹은 나쁜 습관을 형성한다(갈 6:7). • 당신이 형성할 수 있는 가장 중요한 습관은 하나님의 말씀과 기도를 통해 하나님과의 관계를 보다 친밀하게 해 나가는 것이다(시 1:2-3; 119:97).

당신의 미래에 대해서 어떤 거짓말을 믿었습니까? 하나님이 진정으로 당신의 삶을 지시하시고 보호하시도록 그것들을 하나님께 넘겨 드리는 것이 어떨까요? 일기장을 펼쳐서 이 질문들에 대한 답을 적어 보세요.

• 미래에 관하여 당신이 가장 믿을 법한 거짓말은 무엇인가요?

• 이 거짓말에 진리로 대항하기 위해서는 어떤 성경 구절을 마음에 저장해야 할까요?

PART 3

거짓말 극복하기

13장_거짓말의 진행을 멈추는 방법

거짓말에 귀를 기울이거나, 거짓말을 곱씹지 말라

"정욕을 위하여 육신의 일을 도모하지 말라"

- 로마서 13:14 -

우리(낸시의) **집은 한때 초파리 떼로 포위된 적이 있었다.** 몇몇 친구들이 부엌에서 포도 주스를 만들 수 있는지를 물어본 것이 발단이었다. (우리는 약 140L의 포도 주스를 만들기로 했다!) 갓 수확한 포도로 주스를 만드는 과정에서 포도가 가득 담긴 큰 냄비에 성가신 벌레 떼가 몰려들었고, 결국 이 책을 집필하는 동안 내 서재까지 올라왔다.

내 친구들은 해결책을 알고 있었다. 그들은 작은 바나나 한 조각을 유리병 바닥에 넣었다. (초파리는 과일을 좋아한다!) 그런 다음, 종이로 콘을 만들어 콘 끝부분에 작은 구멍을 뚫고 끝이 아래로 향하도록 콘을 유리병에 넣은 다음, 콘의 윗부분을 유리병 테두리에 단단히 테이프로 붙였다. 나는 그 덫을 책상 옆 선반에 두었고, 일하는 동안 그것을 지켜보면서 기다렸다.

그 후 몇 시간 동안 일어난 일은 우리가 이 책에서 이야기한 내용, 즉 인간이 죄의 속박에 빠지는 '덫에 걸림'의 과정을 생생하게 보여 주었다. 수십 마리의 작은 파리들은 바나나 향에 이끌려 그 유리병으로 모여들었다. 파리들은 차례로 종이 콘 구멍을 통해 유리병 안으로 들어갔고, 절대 빠져나올 수 없었다. 바나나에 이끌려 들어간 것이다. 한번 들어가니 빠져나올 수 없었다. 나는 유혹이 우리 삶에서 어떻게 작용하는지를 설명한 야고보서 1장 말씀이 떠올랐다.

> 오직 각 사람이 시험을 받는 것은 자기 욕심에 끌려 미혹됨이니,
> 욕심이 잉태한즉 죄를 낳고 죄가 장성한즉 사망을 낳느니라 (약 1:14-15)

치명적인 덫으로 판명된 유리병에 파리가 들어가는 모습을 보면서, 나는 보암직했던 과일이 얼마나 큰 기쁨을 가져다줄지 생각하며 미끼를 물었던 하와가 생각났다. 그리고 결국 자기를 만족시킬 것이라고 생각했던 것이 오히려 죽음으로 가는 길을 열어 주었다는 것도 알게 되었다. 그래서 나 또한 얼마나 자주 '미끼를 좇아' 나를 행복하게 해 줄 거라고 생각했던 것들의 노예가 되었는지 스스로 생각해 보았다.

지금쯤이면 이미 머릿속에 남아 있겠지만, 이 책의 기초가 된 두 가지 핵심적인 교훈을 다시 한번 살펴보는 것이 좋겠다. 첫째…

귀 기울이고 곱씹는 것에 대한 사도 바울의 증언

사도 바울은 우리에게 "무엇에든지 참되며 무엇에든지 경건하며 무엇에든지 옳으며 무엇에든지 정결하며 무엇에든지 사랑받을 만하며 무엇에든지 칭찬받을 만하며"를 생각하라고 촉구했다(빌 4:8).

만약 우리가 순수하고, 고귀하고, 의롭고, 사랑스럽고, 존경할 만한 사람이 되도록 독려하는 메시지에 귀를 기울인다면, 우리는 그렇게 될 것이다. 그러나 불순하고 기만적인 메시지에 귀를 기울인다면, 그러한 특성을 닮게 될 가능성이 높다.

"거짓말을 믿으면, 우리는 속박에 빠진다."

처음 몇 장에서 우리는 거짓말이 어떻게 속박으로 이어지는지 그 과정을 간략하게 설명했다.

> 거짓말에 **귀를 기울인다** → 그것에 너무 가까워진다.
>
> 거짓말을 **곱씹는다** → 그것에 집중하고 그에 따른 이득을 숙고한다.
>
> 거짓말을 **믿는다** → 그 거짓말을 사실이라고 믿기 시작한다.
>
> 거짓말대로 **행동한다** → 죄를 범한다.

우리가 믿었던 거짓말들에 근거하여 죄악 된 선택을 할 때, 원수가 우리를 위해 치명적인 함정을 설치해 놓았음을 알고 있다 해도, 우리는 결국 속박에 빠지게 된다. 참으로 1020 여성은 '자신을 지배하는 모든 것의' 노예이다(벤후 2:19). 당신도 자기 삶에서 이러한 변화를 인식하기 시작했을지 모른다.

이 책 전체에서 우리는 당신이 속아 넘어갔을 수 있는 속임수(사기)와 거짓말을 폭로하고자 했다. 이는 거짓말을 극복하는 데 매우 중요한 부분이다. 하지만 우리는 더 중요한 목표가 있는데, 바로 이 책의 두 번째 핵심적 교훈이다. 당신이 아무리 속박에 갇혀 있다고 하더라도 다음의 사실을 알기를 바란다.

"진리는 우리를 자유롭게 하는 힘을 가지고 있다."

자유! 그것이 우리가 당신에게 기대하는 것이다. 당신이 하고 싶은 것 무엇이든 할 수 있는 자유를 말하는 것이 아니다. **참된 자유는 하나님께서 원하는 일을 할 수 있는 힘, 즉 죄악 된 사고방식, 죄악 된 태도, 죄악 된 행동 습관의 지배로부터 자유로워지는 것이다.** 하나님의 은혜로 죄에 대하여는 '아니'라 거절하고 하나님께 대하여는 '예'라고 말할 수 있음을 아는 것이다. 거짓말을 믿는 것의 결과에 얽매이지 않고 자유로워질 수 있는 것이다.

하나님께서 당신을 만드실 때 나타내기로 결정하신 아름다움을 받아들일 수 있는 **자유**

하나님께서 창조하신 음식을 즐길 수 있는 **자유**

하나님의 완벽한 타이밍에 믿음직한 남자를 발견하기까지 기다릴 수 있는 **자유**

친구를 사귀는 것보다 친구가 되는 것에 더 노력할 수 있는 **자유**

'그날', '그 시간'일지라도 친절하고 너그러울 수 있는 **자유**

과거의 상처에서 벗어나 미래를 수용할 수 있는 **자유**

주변에 누가 있든 간에 동일한 사람이 될 수 있는 **자유**

당신도 경험해 보고 싶은가? 우리는 이 책의 마지막 장에서 어떻게 하면 그런 자유 안에서 살 수 있는지 알려 주려고 한다. 우선, 당신을 속박에 몰아넣은 거짓말을 극복하기 위해서는, 그 거짓말의 연료 공급을 멈춰야 한다. 즉, 하나님의 진리에 반하는 의견에 귀를 기울이거나 그것을 곱씹지 않으려는 다짐이 있어야 한다.

"거짓말에 귀 기울이는 것을 멈추라."

어느 날 나(다나)는 딸 렉시(Lexi)와 함께 채널을 돌리다가 〈My Super Sweet Sixteen〉(미국, 캐나다, 영국에 거주하는 10대들의 삶을 기록하는 미국 리얼리티 TV 시리즈)을 보게 되었다. 그 프로그램은 버릇없는 열다섯 살짜리 여학생들이 1만 달러에서 50만 달러 사이의 가격표가 붙은 열여섯 번째 생일 파티를 계획하는 과정을 보여 주었다. 한 여학생은 핑크 푸들, 핑크색 음식, 핑크 케이크로 가득한 올 핑크 파티를 계획했다. 그

✻거짓말을 믿으면 속박에 빠진다.
✻진리는 우리를 자유롭게 하는 힘을 가지고 있다.

녀가 필요한 것은 핑크색 자동차뿐이었다. (아, 잠깐! 그녀는 이미 차를 두 대나 갖고 있다.) 그 모든 것에 대한 명백한 무지에 흥미를 느낀 나와 렉시는 그것을 한동안 지켜보고 있었다.

나는 중간 광고 시간에 렉시에게 물었다. "렉시, 너는 저걸 어떻게 생각하니?" 그녀는 매우 재미있어 하며 대답했다. "완전 바보 같은 짓이라고 생각해요." 다시 물었다. "그럼, 저걸 계속 봐도 괜찮을까?" 그녀가 조심스럽게 말했다. "괜찮아요. 저 애들이 얼마나 제멋대로 살고 있는지 뻔히 보이는걸요. 아무도 저렇게 되고 싶어 하지 않을 거예요. 근데, 저걸 계속 보고 있다 보면, 저도 저걸 좋아하기 시작할까 봐 무섭긴 하네요."

빙고! 아무리 뻔한 거짓말이라도 자신을 거짓말에 노출시키는 것이 거짓말을 믿게 되는 첫 번째 단계이다. 거짓말을 극복하기 위한 첫 번째 규칙! 거짓말에 귀를 기울이지 말라. 텔레비전, 영화, 인터넷, 음악, 심지어 친구들과의 대화를 통해서도 당신이 어떤 생각을 하고 있는지를 살펴보라. 이러한 매체에서 불경건한 사고방식에 노출되는 것이 그리 나쁘지 않다고 생각할 수도 있지만, 당신은 그러한 기만적인 철학이 얼마나 미묘하게 당신의 사고에 영향을 미칠 수 있는지 미처 깨닫지 못하고 있을 수도 있다. 그렇기 때문에 하나님은 "악인들의 꾀를 따르지 아니하며 죄인들의 길에 서지 아니하며 오만한 자들의 자리에 앉지 아니하는"(시 1:1) 사람에게 특별한 복을 약속하신다.

(만약 당신이 가장 걱정하는 그 거짓말이 부모님이 멍청하다고 말하거나 할머니가 새로 찾은 신앙은 일시적인 '목발'에 불과하다고 주장하는 등, 스스로 선택하지 않은 거짓말이라면, 그것이 노출은 막을 수 없겠지만, 그것의 진행은 막을 수 있다. 함께해 보자!)

"거짓말 곱씹는 것을 멈추라."

'귀를 기울이는 것'이 거짓말을 믿게 됨의 첫 단계라면, '곱씹는 것'은 그다음 단계이다. 귀를 기울이는 것은 지나가는 시선, 즉 호기심에 의한 접근에 불과하다. 그러나 곱씹는 것은 의도적이고 집중된 시선이다. 문자 그대로든 비유적으로든, 그것은 거짓말이 당신과 함께 살도록 내버려 두는 것과 같다.

성경 교사 베스 무어(Beth Moore)의 딸인 멜리사 무어(Melissa Moore)는 거짓말을 곱씹는 것에 대해 잘 알고 있다. 고등학교 2학년 때 멜리사는 패션 업계에 푹 빠져들었고, 패션 잡지를 읽으면서 아름다움은 몸무게에 따라 정의된다는 말에 혹해, 얼마나 몸무게가 덜 나가는지에 매우 집착하게 되었다. 그 거짓말에 귀를 기울인 것이다. 그런 다음 그녀는 그것을 곱씹기 시작했다. 침실 벽면을 잡지에서 잘라낸 사진들로 가득 채운 것이다. 그녀는 회상한다.

> "벽에는 해골을 닮은 여성들의 사진이 가득했어요. 그 사진들을 벽에 붙이며 스스로에게 '나는 먹는 것이 금지되었어. 나는 뚱뚱해'라는 것을 상기시켰죠. 그 사진들을 볼 때마다 제 자신이 무가치하고 수치스럽다고 여겼어요."[1]

그녀는 이런 거짓말들과 다른 거짓말들을 더 많이 곱씹으면서 거짓말들을 더욱 믿게 되었고, 그 거짓말을 행동으로 옮기기 시작했다. '죽도록 마르고, 유명해지고, 극한의 고통을 느끼기'까지 장시간 먹지 않는 생활에 스스로 뛰어들었다.

어떻게 거짓말을 곱씹는지는 어렵지 않게 알 수 있다. 아마 당신도 침실 벽면에 삐쩍 마른 모델 사진을 붙여 둔 적이 있을지 모른다. 당신이 비교하는 여자 사진이 아니라, 동경하는 남자의 사진을 올렸을 수도 있다. 절식하거나 폭식하는 방법을 알려 주는 웹사이트를 정기적으로 방문하고 있을지도 모른다. 사물함에 정크 푸드를 가득 채워 놓고, 편의점에 가기 위해 벨이 울리기를 기다리고 있을지도 모른다.

당신이 거짓말들의 속박에서 벗어나고 싶다면, 당신은 거짓말에 연료를 공급하는 것을 멈춰야 한다. 즉, 거짓말 곱씹는 것을 멈춰야 한다. 그러기 위해서는 일상생활에 변화를 줄 필요가 있다. 아마 한동안은, 필요하지도 않고 감당할 수도 없는 물건을 사고 싶은 욕구를 극복하기 위해, 쇼핑을 하지 않거나 신용 카드 빚의 굴레에서 벗어나야 할 수도 있다. 문자 메시지에 대한 집착을 멈추기 위해 몇 주 동안 휴대폰을 없앨 필요가 있을 수도 있다.

멜리사는 마침내 잡지에서 오려낸 사진들이 자기 영혼에 어떤 영향을 미치는지 깨닫고, 엄마와 함께 벽에서 사진을 뜯어내는 과감한 조치를 취했다. 많은 기도와 조언, 절제를 통해서 멜리사는 체중을 조금이나마 늘릴 수 있었고, 통제 불능이었던 섭식 장애도 끝낼 수 있었다.

다시 한번 묻는다. 당신은 거짓말에 귀를 기울이고 그것을 곱씹음으로써 거짓말에 연료를 공급하는 죄악 된 습관이나 태도에 속박되어 있지 않은가? 표면적인 문제와 싸우는 한, 당신은 결코 이길 수 없을 것이다. 당신의 진짜 문제는 자기혐오, 남자친구와의 성관계, 혹은 거짓말이 아니다. 하와의 문제가 과일 한 조각이었던 것과 마찬가지다. 당신을 이러한 속박에 취약하게 만든 근본적인 거짓말이 있다. 만약 당신이 진심으로 자유를 원한다면, 그 거짓말이 무엇인지 파악하고, 그 거짓말에 연료를 공급하고 있는 모든 것을 제거해야 한다.

그것이 어떻게 작동하는지 이해했는가? **그렇다면, 지금 당장 실천에 옮기자.**

"속박에서 자유로 나아가라."

속박에서 벗어나는 것은 하룻밤 사이에 되는 것이 아니다. 그것은 지속적인 과정이다. 다음은 그 과정에서 당신을 도울 세 가지 단계이다.

1. 속박과 죄악 된 행실의 영역을 **가려내라.**
2. 그 속박의 근원에 있는 거짓말을 **밝혀내라.**
3. 그 거짓말을 진리로 **대체하라.**

마지막 장에서는 거짓말을 진리로 대응하는 방법에 대해 자세히 설명할 것이다. 하지만 먼저, 앞의 두 단계에 대해서 잠시 생각할 시간을 가지고 넘어가는 것이 좋겠다.

● 당신의 삶에서 가려내야 할 속박이나 죄악 된 행실의 영역(들)은 무엇인가?

※ 예: 섹스팅, 휴대폰 중독

_____

_____

_____

● 하나님의 말씀에 따르면, 우리 삶의 속박이나 죄악 된 행실의 모든 영역은 거짓말, 즉 우리가 믿어 온 사실이 아닌 것에 뿌리를 두고 있다. 목차를 펼쳐 이 책에서 다룬 거짓말들을 살펴보라. 내가 믿어 왔던 거짓말(또는 주님께서 깨닫게 하신 거짓말)을 하나 **이상 찾아보라.** (영적으로 성숙한 친구나 멘토에게 도움을 요청하여 자신의 행동에 영향을 미칠 법한 거짓말들을 알아볼 수도 있다.)

※ 예: "나는 남자친구가 꼭 필요해."

_____

_____

_____

● 거짓말에 귀를 기울이거나 곱씹으면서 그 거짓말을 진행시킨 적이 있다면 나열해 보라.

※ 예: 비기독교인이자 남자에 환장한 친구들과 많은 시간을 보내고 인플루언서들에 관
　　해 이런저런 이야기를 한 것.

_____

_____

_____

● 지금부터 거짓말에 귀 기울이거나 그것을 곱씹지 않으려면 어떻게 해야 할까?

※ 예: 크리스천 친구들과 더 많은 시간을 보내는 게 좋겠다. 그 친구들은 하나님이 기뻐
　　하시는 짝을 만나기 위해 하나님의 타이밍을 잘 기다리기 때문이다. 내가 가지고
　　있는 패션 잡지들도 버리는 게 좋겠다. 기왕 버리는 김에 (　　)도 버려 볼까?

_____

_____

_____

당신이 위 질문에 답한 구체적인 행동들을 실천할 수 있도록 하나님께서 은혜 주시기를 기도함으로써 이 장을 끝내 보자. 당신이 지금껏 믿어 왔던 거짓말의 힘에서 벗어나게 해 달라고 간절히 간구하자.

14장_거짓말로부터 자유를 찾는 방법

진리로 거짓을 대체하라

이 책을 집필하는 동안, 우리도 우리가 다루었던 거짓말들을 믿고 그것대로 행동하는 우리 자신을 발견하는 때가 있었다. 어느 주간에 나(다나)는 글쓰기에 집중하기 위해서 뉴욕으로 떠나 호텔에서만 머물던 때가 있었다. 딱 1주일이었다! 나는 예수님과 환상적인 교제를 나눴고, 계획에 없던 부분 금식을 하기도 했다. 그래서 물, 과일, 채소, 그래놀라만을 먹었다. (보통 글을 쓸 때는 긴 휴식을 취하고, 좋아하는 식당을 찾아 식사를 하곤 했다.) 나는 주님의 임재를 너무 잘 느끼고 있었기에, 사흘간 그 방을 떠나고 싶지 않았다. 외모, 인간관계, 교회, 기타 문제에 관한 거짓말에 대해서 글을 쓰면서, 한동안 느끼지 못했던 주님과의 친밀감을 느꼈다. (그래놀라가 그렇게 맛있었던 적도 없었다.)

그런데, 그 시간이 끝나고 고향으로 돌아오는 길에, 나는 오랫동안 경험하지 못했던 생각과 감정에 휩싸였다. 생각 하나하나가 내 존재의 핵심을 찔렀다.

"너는 뚱뚱해."

"너는 못생겼어."

"너는 아무것에도 기여하지 못했어."

"너는 별로 훌륭한 사람이 아니야, 다나!"

몇 시간 만에 나는 주님과 영적으로 가까워진 상태에서 곧바로 모든 나쁜 감정과 불안감이 되살아나는 낮은 곳으로 곤두박질쳤다. 그 대부분은 내가 이 책을 통해 당신에게 믿지 말라고 권했던 거짓말들이었다. 그런 생각이 떠오를 때, 그것이 내 영혼을 짓밟고 있다는 판단을 할 수 있는가? 당신은 그럴 때 어떻게 했는가?

나는 주저 없이 성경으로 달려갔다. 곧장 집으로 가서 성경을 품에 안고 만유의 하나님 앞에 엎드려 그 거짓말들을 이길 수 있는 진리를 깨닫게 해 달라고 간구했다. 나는 성경에서 소리 내어 기도할 구절을 찾아 기도 일기장에 적었다. 그리고 한 걸음 더 나아가 그날 저녁, 교회에서 열린 특별 예배에 참석하여 내 마음과 영혼을 진리로 '씻기' 위해 노력했다. 그리고서는 잠자리에 들었을 때, 나는 더 이상 그렇게나 급작스레 찾아왔던 마음의 무거움을 전혀 느끼지 못했다. 나는 자유로워졌다.

우리는 당신이 그런 자유를 경험하기 원한다. 당신을 진정으로 자유롭게 해 줄 수 있는 힘은 단 하나, 바로 진리뿐이다! 지난 장에서 우리는 속박에서 자유로 나아가기 위한 첫 두 단계에 관하여 이야기했다.

1. 속박과 죄악 된 행실의 영역을 가려내라.

2. 그 속박의 근원에 있는 **거짓말을 밝혀내라**. 거짓말에 귀를 기울이고 곱씹음으로 거짓말에 연료를 공급하는 것을 멈추라.

이제 우리는 참된 자유를 찾기 위한 가장 중요한 단계에 도달했다.

3. **그 거짓말을 진리로 대체하라.** 내가 뉴욕의 한 호텔에서 집으로 돌아오면서 거짓말에 시달림을 당했을 때, 나는 하나님 말씀의 진리로 거짓말에 대항했다. 우리는 이 원리가 수많은 삶의 정황에서 강력하게 적용되는 것을 보았다.

진리가 너희를 자유롭게 하리라!

나(다나)는 최근 자신을 괴롭히는 깊고도 수치스러운 비밀 때문에 고민하는 한 10대 여성으로부터 편지를 받았다. 그녀의 친구들 중 이런 고민을 하는 사람은 '아무도 없다'는 그녀의 믿음에도 불구하고, 나는 1020 세대 여성들에게서 이런 고민에 대해 상담해 달라는 요청을 꽤 많이 받아 보았다. 자, 그 편지의 내용을 들어 보라.

> 거짓말을 이기기 위해서
> 성경 말씀을 붙여 두면 좋을
> 10가지 장소
>
> 10. 자동차가 있다면, 자동차 백미러
> 9. 성경책의 뒤표지
> 8. 아직 도시락을 싸 가지고 다닌다면, 도시락 뚜껑 위에!
> 7. 절친의 침대. 절친이 당신에게 읽어 줄 수 있도록!
> 6. 지갑
> 5. 사물함
> 4. 모두가 볼 수 있는 인스타그램 피드
> 3. 컴퓨터(노트북)
> 2. 욕실 거울
> 1. 침대 옆

"저는 이 문제로 많이 힘들어했어요. 이 문제를 가지고 이야기를 나눠 볼 사람을 찾아봤지만, 제 친구들 중에는 이 문제로 힘들어하는 사람이 아무도 없더라고요. 열세 살이 되었을 때, 이놈의 자위 문제 때문에 정말 힘들었어요. 물론 그게 옳지 않다는 건 알고 있었어요. 하지만 이미 남자애들하고 잠자리를 하고 있는 친구들과 그나마 대등하게 지낼 수 있는 유일한 방법이 그거라고 생각했어요."

"저는 그러다 하드 코어한 영상을 구해 저장하고 난 다음, 한참 동안 자위를 중단했어요. 그걸로 힘들어하지도 않았고요. 그리고 한동안 선생님의 성경 공부에 참여했는데, 너무 자유롭고 좋더라고요. 그런데 어쩌다 보니 작년에 다시 돌아왔어요. 이걸 원하지 않는다고 하나님께 몇 번이고 말씀드렸는데도, 다시 돌아왔어요. 이런 얘기를 누군가와 나눠 본 적이 없어서 좀 힘드네요. 이 상황에서 선생님의 지혜가 필요해요. 제 얘기 들어주셔서 감사해요."

이 10대 여성은 자위 행위가 주님을 기쁘시게 하지 않는다는 것을 본능적으로 알고 있었다. 하나님은 섹스와 우리의 성적인 반응이 결혼이라는 맥락에서 즐길 수 있는 것이 되도록 설계하셨다. 성경은 자위에 관한 구체적인 명령은 하고 있지 않지만, 결혼 이외의 성행위는 금지하고 있다. 성관계는 결코 혼자만의 활동으로 할 수 없는 것이다. 게다가 솔직히 말해서, 성경에서 분명히 정죄하고 있는 '정욕'은 거의 항상 자위 위로와 관련이 있다

진리를 받아들이려고 노력하라(TRY)
LiesYoungWomenBelieve.com에
올라온 아만다 리비의 글

다나와 낸시는 진리를 받아들여야 한다고 말했습니다. **진리를 받아들이는 것은 그리스도를 받아들이는 것입니다.** 우리가 예수님을 부를 때, 우리의 마음은 그분께로 향하게 됩니다. 우리의 감정과 마음이 당장 거기에 있지 않을 수도 있지만, 우리의 결정은 **하나님의 말씀과 그분 아들의** 견고함에 근거할 수 있습니다.

우리 엄마는 'TRY'라는 단어의 3행시를 지어 주셨습니다. 때때로 우리는 진리를 기억하기 위해서 더 열심히 노력해야 함을 느끼지만, 이렇게 시도해 보는 것도 좋을 것 같습니다.

Totally : 완전히

Relinquishing : 포기하고,

Yielding : 내어 드리라

우리 자신을 완전히 포기하고 내어 드리는 것이 바로 우리가 해야 할 '노력'입니다. 그것은 본질적으로 **항복**을 의미합니다.

거짓말은 우리를 안팎으로 집어삼킬 듯 보입니다. 우리는 그것과 어떻게 싸워야 할까요? **예수님께 항복하세요!** 그분은 그 거짓말을 진리로 바꿔 주실 것입니다. 예수님은 거짓말보다 위대하십니다. 그분은 진리이십니다. **진리를 믿으세요. 예수를 믿으세요. 자유를 얻으세요!**

는 사실을 인정해야만 한다.

나는 이 10대 여성에게 '비밀은 죄의 온상'이라고 설명하면서, 그녀를 위해 기도해 주고 그 싸움을 위해 격려해 줄 수 있는 나이 많고 지혜로운 이에게 마음을 열어 보라고 제안했다. 그리고 이 싸움에서 금방 쉽게 이길 수는 없겠지만, 하나님의 은혜로 이 죄를 극복할 수 있다고 말해 주었다.

그 여학생과 소통하면서, 나는 하나님과의 연결이 끊어질 때 문제가 더 심해지는 것 같다는 것을 알게 되었다. 그녀는 기도와 성경 공부, 말씀 읽기를 중단하면 유혹에 목이 조이는 듯한 느낌을 받았다. 하지만 처음 구원을 받고 꾸준히 하나님의 말씀 안에 있을 때는 유혹을 덜 받거나 전혀 받지 않았다. 아이러니한가? 그렇지 않다.

진리는 단순한 사상이나 철학이 아니다. 진리는 한 인격체, 즉 주 예수 그리스도이시다. 그분은 자신에 대해 "내가 곧 길이요 **진리요** 생명이니"(요 14:6)라고 말씀하셨다. 참자유는 주 예수님과의 생명력 있게 성장하는 관계에서 찾을 수 있다. 그분은 성경(기록된 하나님의 말씀)에서 자신(살아 계신 하나님의 말씀)을 계시하셨다. 살아 계신 하나님의 말씀과 기록된 하나님의 말씀을 가까이하면 당신은 자유를 얻게 될 것이다.

거짓말(들)을 진리로 대체하라

우리(다나와 낸시)는 하나님의 사고방식에 반대되는 것으로 우리의 마음과 감정이 소용돌이치는 것을 발견할 때, 그 거짓말을 멈추고 그 거짓말에 대항하는 진리를 찾으려고 노력한다. 구체적인 성경 구절을 찾는 것이다. 우리는 진리가 우리가 믿어 온 거짓말을 대체하고, 또 대체할 때까지 큰 소리로, 필요하다면 반복해서 스스로에게 말한다.

예를 들어, 나(낸시)는 우리 사역의 한 회의에서 오랫동안 끌어온 문제가 완전히 끓어올랐던 때를 기억한다. 동료 중 한 명이 나에 관한 사실이 아닌 말로 내게 큰 상처를 입혔다. 나는 큰 충격을 받았다. 그날 저녁 집에 도착했을 때, 나는 완전히 멘붕에 빠졌다. 그 사람이 얼마나 잘못했는지, 내가 얼마나 상처받았는지에 대한 생각뿐이었다. 나는 내 자신을 변호할 방법을 찾는 데만 집착했다. 분노와 자기연민의 소용돌이에 휩싸였다. 나는 다음과 같은 거짓말을 믿기 시작했다.

→ 그 사람은 의도적으로 내게 상처를 입히려고 했어.

→ 나는 더 나은 대우를 받을 자격이 있어!

→ 그건 그 사람의 잘못이야. 난 완전히 결백해!

→ 나는 그 사람을 용서할 수 없어.

→ 그 피해는 되돌릴 수 없어.

→ 그 사람과의 관계는 결코 회복될 수 없어.

→ 나는 다른 이들이 진실을 알 수 있도록 나 자신을 방어할 권리가 있어.

그 거짓말을 믿게 되면서 몇 시간 동안 내적 혼란을 겪었다. 그런 경험을 해 본 적이 있는가? 혹시 지금 그러한가? 누군가가 당신에게 잘못을 저질러 깨어진 관계인데, 거짓말이 당신을 공격하고 있음을 느껴 본 적이 있는가? 다음 날 아침, 나는 성경을 펴서 전날까지 읽어 왔던 부분을 읽기 시작했다. 나는 마태복음에서 나 자신을 발견했다. 그곳에서 나는 진리와 정면으로 마주했다.

온유한 자는 복이 있나니…

긍휼히 여기는 자는 복이 있나니,

그들이 긍휼히 여김을 받을 것이요…

화평하게 하는 자들은 복이 있나니…

나는 너희에게 이르노니 악한 자를 대적하지 말라

누구든지 네 오른편 뺨을 치거든 왼편도 돌려대며…

너희 원수를 사랑하며 너희를 박해하는 자를 위하여 기도하라…

너희가 사람의 잘못을 용서하면

너희 하늘 아버지께서도 너희 잘못을 용서하시려니와

너희가 사람의 잘못을 용서하지 아니하면

너희 아버지께서도 너희 잘못을 용서하지 아니하시리라

(마 5:5, 7, 9, 39, 44; 6:14-15)

이제 나는 선택의 기로에 섰다. 거짓말을 계속 믿을 것인가, 아니면 진리를 받아들일 것인가? 그때부터 진짜 싸움이 시작되었다. 솔직히 나는 원한을 풀고 싶었고, 계속 화를 내고 싶었다. 나에게 상처를 준 사람에게 어떻게든 똑같이 상처를 주고 싶었다. 하지만 마음속에서는 그것이 속박으로 이어질 뿐이라는 것을 알고 있었다.

진리 안으로
걸어가기를 선택하라

나는 주님 앞에 무릎을 꿇고서 성경을 펼쳐 놓고 진리와 씨름했다. 용서해야 한다는 것, 즉 가해자와 가해자를 놓아줘야 했다. 용서할 수 있는 방법이 없다고 느꼈지만, 마음속 깊은 곳에서는 용서할 수 없다는 것이 문제가 아니라 용서하고 싶지 않다는 것이 문제라고 말해 주었다. **나는 진리 안에서 걷기 위해서는,** 그 사람에게 복수하거나 사랑을 보류할 권리를 포기해야 한다고 생각했다. 결국 나는 진리 안에서 걷기로 선택했다. 내 감정이 바로 바뀌지는 않았지만, 그 후 몇 주간 동안 하나님은 내 마음을 치유해 주셨고 완전히 자유롭게 해 주셨다.

이처럼, 거짓말을 진리로 대체하는 훈련에는 시간과 헌신이 필요하다. 삶의 특정한 속박의 영역을 다루기 위해 특정 성구를 눈에 보이게 하고, 암기하고, 정기적으로 복습

함으로써 마음을 새롭게 해야 할 필요가 있다. 하지만 그 수고와 헌신 너머에 있는 자유는 이 모든 것을 노력할 만큼의 가치가 있다.

다음 장에서는 당신이 마주칠 수 있는 많은 거짓말에 맞서 싸우는 데 도움이 될 만한 몇 가지의 구체적인 진리들을 알려 주고자 한다.

15장_우리를 자유롭게 하는 진리

일상의 거짓말에 대항할 강력한 진리들

"그리스도와 그의 말씀 안에는 사람들을 자유롭게 할 진리가 있다.

이것이 복음이다!"

- 낸시 드모스 월게머스 -

《여성들이 믿고 있는 거짓말》

이 마지막 장에서는, 당신이 믿고 받아들인다면 **당신의 삶을 근본적으로 변화시킬 수 있는 22가지 진리를 강조해 보고자 한다.** 이 진리들은 우리가 계속해서 반복하며 되새기게 되는 핵심 진리들이다. **부탁 하나만 들어줄 수 있는가?** 이 장을 후루룩 대충 훑어보기보다는, 시간을 내어 삶을 변화시키는 이 진리들에 집중해 보기를 바란다.

앞으로 자신이 거짓말을 믿고 있다는 생각이 들 때마다 이 목록을 다시 한번 살펴보라. 하나님의 진리가 거짓을 대체하고 당신의 마음과 생각을 새롭게 하도록 하라. 진리를 묵상하면 할수록 당신의 생각과 반응, 삶의 방식이 달라질 것이다.

1. 정말 안 좋은 하루를 보내고, 하나님은 선하지 않으시다고 느껴질 때

하나님은 선하시다(시 119:68; 136:1). 모든 일이 잘 풀릴 때는 하나님이 선하시다는 것을 믿는 일이 어렵지 않다. 하지만 절친한 친구와 싸우거나 남자친구에게 차였을 때는 원수가 개입하여 하나님의 선하심에 의문을 품도록 만든다. 진리는 '당신의 상황이 어떠하든 간에, 당신이 무엇을 느끼든 간에, 하나님은 선하시며 그분이 하시는 모든 일은 선하다'는 것이다.

2. 하나님과 멀어졌다고 느끼고, 그분이 나를 사랑하지 않으신다고 느껴질 때

하나님은 나를 사랑하시며 나에게 최선을 다하려고 하신다(롬 8:32, 38-39). 하나님은 우리가 사랑받을 만하거나 가치가 있어서 사랑하시는 것이 아니라, 그분 자체가 사랑이시기 때문에 사랑하신다. 그분의 사랑을 받기 위해 우리가 할 수 있는 일은 아무것도 없다. 어떤 사람도 우리를 완벽하게 사랑하거나 우리 마음 가장 깊은 곳의 필요를 채울수 없기 때문에, 우리는 하나님의 무조건적인 사랑을 온전히 이해할 수 없다. 하지만 우리가 하나님의 사랑이 진짜라고 믿고 그 사랑을 받아들인다면, 우리의 삶은 변화될 것이다.

3. 못생겨 보이거나 뚱뚱하다고 느껴질 때

우리는 기묘하고 경이롭게 만들어진 사람이다(시 139:14). 때때로 예뻐 보이지 않을 때도 있지만, 하나님은 여전히 당신을 그분의 걸작품으로 여기신다. 그분은 당신의 모습 그대로를 매우 정밀하고 목적 있게 만드셨다.

4. 누군가에게서 거절당했다고 느낄 때

우리는 그리스도 안에서 인정받은 사람이다(엡 1:4-6). 물론 당신은 부모님, 친구 또는 좋아하는 남학생에게 거절을 당할 수도 있다. 하지만 당신이 그리스도를 따르는 사람이라면, 하나님께 인정받은 것이다. 우리는 하나님이 우리를 받아들여 주시도록 무언가 행할 필요도 없고, 죄가 있을지라도 하나님 앞에 깨끗하고 부끄러움 없이 그분이 받아들여 주실 만한 모습으로 설 수 있다. 어째서 그러한가? 순수하고 죄 없으신 하나님의 아들 예수님께서 하나님께 받아들여지셨고, 우리는 예수님을 통해 하나님 앞으로 나아갈 수 있기 때문이다.

5. 더 많은 것들이 필요하다고 느껴지거나 욕심에 사로잡힐 때

하나님만으로 충분하다. "여호와는 나의 목자시니 내게 부족함이 없으리로다"(시 23:1). 아마 이 구절을 외우고 있을지도 모르겠다. 하지만 이 구절이 무엇을 의미하는지 생각해 본 적 있는가? 목자가 양을 돌보듯이, 하나님은 자기 양들의 모든 필요를 채워 주신다고 약속하신다. 진리는, '그분이 우리와 함께하신다면 우리에게 정말로 필요한 것들은 모두 가지고 있다'는 것이다.

6. 상황이 불안하다고 느껴질 때

하나님은 신실하시다(사 28:16). 하나님은 약속을 반드시 지키신다. 그분은 결코 우리를 떠나지도, 버리지도 않을 것이라고 약속하셨다(히 13:5). 그분을 신뢰하는 사람은 결코 실망하지 않을 것이라고 약속하셨다(시 22:5). 당신이 상황이나 문제로 인해 두려움이나 불안감을 느낄 때, 하나님은 단 한 번도 그 누구도 실망시킨 적이 없으시며(시 56:3), 앞으로도 그러하실 것임을 상기하라.

7. 인생을 영원히 망칠 것만 같은 일이 일어났다고 느껴질 때

하나님은 실수하지 않으신다(사 46:10). 때때로 사람들은 내 삶에 영향을 미치는 심각한 실수를 저지르기도 한다. 하지만 우리가 그리스도께 속해 있다면, 그분은 우리의 삶을 붙잡고 계시며, '그분의 사랑의 손가락 사이로 먼저 걸러지지 않은' 어떠한 것도 우리를 건드릴 수 없다. 그렇다고 해서 우리에게 문제가 전혀 일어나지 않는다는 말은 아니다. 우리가 이러한 어려움을 그분의 손에서 나온 것으로 받아들인다면, 그분은 우리를 그분께 더 가까이 이끌고 예수님을 더 닮아 가는 데 사용하실 것이다.

8. 직면한 문제를 감당할 수 없을 것 같다고 느낄 때

하나님의 은혜가 내게 족하다(고후 12:9). 하나님의 자녀로서 우리는 하나님의 은혜로, 감당할 수 없는 너무 큰 문제에는 직면할 수 없다. 죄가 우리를 넘어뜨리는 것같이 보이는 상황에서도 그분의 은혜가 더욱 크다(롬 5:20). 우리가 약할 때, 그분은 강하시다. 우리가 비어 있을 때 그분은 충만하시다. 우리가 어떠한 자원도 갖고 있지 않을 때, 그분의 자원은 여전히 흘러넘친다! 당신이 지금 어떤 문제를 겪고 있든 간에, 하나님의 은혜로 충분하다.

9. 주님이 용서하시기에는 내 죄가 너무 큰 것 같다고 느낄 때

그리스도의 피는 내 모든 죄를 덮기에 충분하다(요일 1:7). 예수님의 피로 말미암은 전능하신 희생으로 당신이 과거에 저질렀던 죄나 앞으로 지을 수 있는 죄 중에, 용서받지 못하거나 덮어지지 않는 죄는 없다. 그렇다고 해서 죄를 더 가볍게 여겨서는 안 되며, 오히려 우리의 죄에 예수님의 피가 필요하다는 것을 이해함으로써 우리 안에 살아 계신 성령의 능력을 힘입어 하나님께 순종하고자 하는 열망이 더욱 커져야 한다.

10. 죄악 된 습관을 도저히 극복할 수 없을 것 같다고 느낄 때

그리스도의 십자가는 나의 죄악 된 육체를 정복하기에 충분하다(롬 6:6-7). 그리스도의 죽으심과 그분과의 관계를 통해서, 우리는 죄의 권세로부터 자유로워졌다. 죄를 짓는 것은 어쩔 수 없어서가 아니라 옛 주인에게 굴복하기로 선택했기 때문이다. 진리는 '우리는 죄를 지어서는 안 되며, 우리 안에 살아 계신 그리스도의 능력으로 우리 삶의 모든 죄악 된 습관들을 극복할 수 있다'는 것이다(롬 6:14).

11. 과거 때문에 잠재력이 제한받는 것 같다고 느낄 때

내 과거가 내 미래를 컨트롤 할 수는 없다(고전 6:9-11, 고후 5:17; 빌 3:12-14). 사탄은 과거의 경험과 실패가 우리를 무가치하게 만들거나 항상 과거의 짐을 짊어져야 한다고 설득한다. 하지만 당신이 예수 그리스도를 따르는 사람이라면, 당신은 예수 그리스도의 피로 깨끗해졌고, 그의 거룩한 목적을 위해 구별되었다. 진리는 '우리의 과거, 즉 우리가 잘못했던 방식과 다른 사람들에게 잘못했던 방식이 결코 장애물이 될 수 없다'는 것이다. 오히려 하나님의 은혜로, 더 큰 복과 영적 유익을 얻는 길이 될 수 있다.

12. 어디에서 도움과 조언을 구해야 할지 모르겠다고 느낄 때

하나님의 말씀은 나를 인도하고 가르치고 치유하기에 충분하다(시 19:7; 107:20; 119:105). 하나님의 말씀은 살아 있고 강력하다. 그분의 말씀에 의지하여 삶을 변화시키고, 속박에서 벗어나며, 내 삶에 대한 그분의 뜻을 드러낼 수 있다. 당신이 무엇을 필요로 하든, 당신이 어떤 상황이든, 하나님의 말씀은 그 필요를 충족시키기에 충분하다.

13. 하나님께서 불가능한 일을 요구하시는 것처럼 느껴질 때

하나님은 성령의 능력으로, 내게 명령하시는 것은 무엇이든 할 수 있게 해 주신다(살전 5:24; 빌 2:13). 하나님은 우리에게 은혜를 주지 않으시고서 어떠한 것도 명령하지 않으신다. 예를 들어…

▶ 당신이 사랑하지 못할 사람은 없다(마 5:44)
▶ 당신은 범사(모든 것)에 감사할 수 있다(살전 5:18).
▶ 당신이 용서할 수 없는 사람은 없다(막 11:25).

▶ 당신은 성적으로 순결할 수 있다(살전 4:3-4).

▶ 당신은 부모의 의견에 동의하지 않거나, 그들이 완벽하지 않더라도 그들을 공경하고 그들의 권위에 순종적으로 반응할 수 있다(엡 6:1-3).

하나님의 은혜와 성령의 능력에 의지하면, 아무리 어려운 명령이라도 우리는 순종하기를 선택할 수 있다.

14. 내 반응에 대해 다른 사람을 탓하고 싶을 때

내 행동, 반응, 선택에 대해 나는 하나님 앞에서 책임이 있다(겔 18:19-20). 우리는 우리에게 일어나는 모든 일을 통제할 수 없지만, 하나님께서 우리 삶에 들어오도록 허락하신 일들에 어떻게 반응하는지는 스스로 통제할 수 있다. 우리 삶의 죄악 된 행동이나 부정적인 습관에 대해 다른 사람이나 환경을 탓하는 것을 멈추고 우리 자신의 선택에 대해 개인적인 책임을 지기 시작할 때, 우리는 무력한 희생자라는 느낌으로부터 해방될 수 있으며, 상황과 관계없이 자유롭게 하나님께 순종할 수 있게 된다.

15. 오늘의 선택이 중요하지 않다고 믿고 싶은 유혹을 받을 때

오늘의 선택은 내 미래에 영향을 미친다(갈 6:7-8). 오늘 당신이 하는 선택은 당신의 인생뿐 아니라 당신 후대에 올 사람들의 인생에도 영향을 미칠 수 있다. "스스로 속이지 말라 … 사람이 무엇으로 심든지 그대로 거두리라"(갈 6:7). 오늘 우리가 내리는 모든 이기적이고 죄악 된 선택, 방종한 선택은 우리 삶의 결실로 돌아올 것이다. 결실은 즉각적이지 않을 때가 많다. 하지만 언젠가는 올 것이다. 좋은 소식은, 당신은 아직 젊고 좋은 결실을 가져오는 좋은 선택을 할 수 있다는 것이다.

16. 권위에 저항하고 싶거나, 순종하면 자유를 빼앗길 것 같다고 느낄 때

내가 경험할 수 있는 가장 큰 자유는 하나님께서 정하신 권위에 순종함으로 찾을 수 있다(엡 5:21). 권위에 저항할 때, 우리는 사탄의 공격과 죄에 더욱 취약해진다. 반면에, 하나님께서 우리에게 권위를 부여하신 사람들 아래에 기꺼이 순종할 때, 우리는 하나님의 보호하심을 부여받게 되며, 하나님의 창조 질서의 아름다움을 온 세상에 드러내고, 온 우주를 통치하시는 하나님의 권리를 선포하게 된다. 무엇보다도, 사탄은 하나님을 그의 왕위에서 끌어내리려는 시도에 처참히 패하고, 우리는 하나님의 왕국을 세우는 일에 동참한다.

17. 교회를 떠나고 싶다는 마음이 들 때

우리는 교회가 필요하다(엡 2:19-22; 5:25; 고전 12:12-27). 교회는 하나님께 중요하고, 우리에게도 중요해야 한다. 예수님은 교회를 사랑하시고 교회를 위해 죽으셨다. 하나님의 모든 자녀는 그리스도의 몸인 교회의 일부이다. 몸의 모든 지체는 다른 모든 지체를 필요로 한다. 우리는 온전한 몸으로 기능해야 한다. 당신은 손이나 발, 혹은 눈이 될 수도 있다. 당신이 지체로서의 각자의 역할을 수행하지 않고서는 온전한 몸으로 기능할 수 없다. 하나님의 말씀은 우리가 그리스도의 몸으로서 함께 모이기를 멈추지 말라고 독려한다. 아직 불완전하지만, 당신은 그래도 교회 안에서 가장 잘 성장할 것이다. 교회에 딱 붙어 있으라. 그만한 가치가 있을 것이다.

18. 결혼을 하고 엄마가 되는 것보다 커리어를 갖는 것이 더 보람 있고 가치 있다고 느낄 때

하나님께서 나를 아내이자 엄마로 부르셨다면, 그것은 세상에서 매우 위대한 소명 중 하나이다(딛 2:4-5). 결혼을 하고 엄마가 되는 것은 대부분의 여성을 위한 하나님의 계획이다. 1020 여성들은 이 소명을 기뻐하고 하나님께서 자신의 삶에 대한 하나님의 뜻으로 깨닫게 하실 때 그 소명을 완수할 준비를 해야 한다. 우리의 문화가 말하는 것과는 달리, 아내와 어머니에게는 직업도, 취미도, 인간관계도, 자아 실현도 그 소명보다는 중요하지 않다. 가정을 이루고, 한 남자와 연합하여 이 땅에서 하나님을 영화롭게 하고, 자녀와 손자의 삶을 양육하고, 하나님의 뜻대로 다음 세대를 훈련하며 양성하는 것은 영원한 의미를 지닌 고귀하고 거룩한 소명이다.

19. 즉각적인 성취를 위해 거룩함을 희생하라는 유혹을 받을 때

개인의 거룩함은 당장의 행복보다 더욱 중요하다(엡 5:26-27). 하나님은 당장의 행복을 위해 우리를 구원하지 않으셨다. "모든 불법으로부터 구속하시고, 우리를 깨끗하게 하사 선한 일을 열심히 하는 자기 백성이 되게" 하시기 위해서 우리를 구원하셨다(딛 2:14). 주 예수님께서 이 땅에 내려오셔서 죽으신 것은 우리 자신과 우리 자신의 즐거움을 위해 살게 하신 것이 아니라, 하나님을 기쁘시게 하는 삶을 자유롭게 살도록 하기 위함이다. 하나님을 기쁘시게 하려면 때때로 희생이 필요하다. 그러나 우리가 치르는 희생은 일시적인 데다가, 우리가 얻을 영원한 기쁨과 보람에 비교할 수 없다. 오직 거룩해지려는 노력을 통해서만 우리는 참된 행복을 경험할 수 있다.

20. 하나님께서 당신의 삶을 바꿔 주시길 바라는 마음에 사로잡힐 때

하나님은 당장의 모든 문제를 해결하시는 것보다 나를 변화시키시고 자기 이름을 영화롭게 하시는 것에 더 관심이 있으시다(롬 8:29). 삶이 힘들어지면, 우리의 본능은 문제 해결 방법을 찾기 위해 해결책을 요구한다. 이것이 우리의 관점이라면, 하나님께서 우리의 요청에 협력하지 않으실 때 우리는 낙담하고 화를 내고 싶을 것이다. 하나님께 가장 중요한 것은 우리가 그분의 영광을 반영하는 것이다. 우리를 가장 좌절하게 하는 몇몇 문제들은 사실 우리를 예수님 닮게 하시기 위해 하나님께서 고안하신 도구들이다. 그분께 해결책이나 불가능한 상황에서 벗어날 수 있는 탈출구를 마련해 달라고 요구하는 것은 그분이 우리 삶에서 이루고자 하시는 더 큰 선을 잃어버리는 결과를 초래할 수 있다.

21. 마주한 어려운 상황에 대해 받아들이기 어려울 때

고난이 없이는 경건해질 수 없다(고후 4:17; 벧전 5:10). 고난이 우리를 예수님의 형상을 닮아 가기 위한 하나님의 손안에 있는 필수적인 도구라는 것을 깨닫게 되면, 우리는 완전히 새로운 관점을 가지게 된다. 영적인 성장의 과정은 고난을 피하거나 원망하는 것이 아니라 받아들일 때 일어난다.

22. 일이 내 뜻대로 되기를 원할 때

모든 일은 당신에게 달려 있지 않고, 하나님께 달려 있다(골 1:16-18; 계 4:11). 세상은 우리 중심으로 돌아가도록 창조되지 않았다. 온 우주는 그리스도를 중심으로 돌아가도록 창조되었다. 우리의 인생 목표가 행복하게 사는 것이거나 인정받는 것이거나 사랑받는 것이라면, 우리의 안녕(행복)을 위협하는 모든 것은 우리의 적이 되고, 우리의 목표를 달성해 가는 데 장애물이 될 것이다. 반면에 우리가 하나님의 기쁨과 그의 영광을 위해 존재한다는 사실에 동의하면, 우리는 우리 삶에 들어오는 모든 것을 하나님의 주권적인 뜻과 목적의 일부로 받아들일 수 있다. 또한 힘든 일을 원망하거나 저항하거나 거부하지 않고, 우리를 예수님처럼 만들고 그분께 영광을 돌리기 위해 하나님께서 설계하신 '친구'로 받아들일 수 있을 것이다.

이 진리를 받아들이고 마음속 깊이 새겨 두기를 바란다. 이를 돕기 위해, 책 말미에 부록을 만들어 놓았다. 우리는 당신에게 다음과 같이 할 것을 권한다.

각각의 진리에 해당하는

핵심 성경 구절을 암기하세요.

이 목록을 침대, 사물함,

또는 당신이 매일 볼 수 있는 곳에

붙여 두세요.

이 진리를 몇 번이고 반복해서

복습하되, 주기적으로

이 진리들을 소리 내어 읽으면서,

당신의 생각이 하나님의 사고방식과

일치할 때까지 그렇게 해 보세요.

목록을 복사하여

교회 친구들과 공유해 보세요.

실제 상황에 적용 가능한

구체적인 진리를

친구들에게 알려 주세요.

에필로그
Epilogue

우리의 마음이 당신의 마음에 이르기까지

"미혹하는 자가 세상에 많이 나왔나니 …

너희는 스스로 삼가 우리가 일한 것을 잃지 말고

오직 온전한 상을 받으라"

- 요이 7-8 -

이 책을 어떻게 시작했는지 기억하는가? 우리는 처음에 우리가 당신의 집에서 자고 있다고 상상해 보라 했다. 한밤중에 연기 냄새가 나고 타닥거리며 불타는 소리가 들리는데, 그것은 당신의 침실 문에서 나는 소리였다. 우리는 문을 두드리며 일어나라고 소리치면서, 그것이 혹여 당신을 괴롭게 하는 것인지 걱정하는 것에 시간을 낭비하지 않겠다고 했다. 도리어 당신이 불타는 집에 있다면, 당신의 쉼보다 당신의 안전을 우선시할 것이라고 했다.

자, 우리는 당신을 깨우기 위해서 열심히 노력했다. 당신은 때때로 우리의 접근 방식에 동의하지 않았을 수도 있다. 심지어 어떤 점에서는 불편하다 못해 화가 났을 수도 있다. 그러나 타오르는 불을 끄기 위해서는 희생을 다소 필요로 하기도 한다. 하지만 생명을 구하는 것은 그만한 가치가 있기 때문이다.

이 책을 읽기 시작한 이후로 당신의 삶이 어떻게 보였는가? 하나님의 상쾌한 진리로 가득히 찼기를 소망한다. 하나님의 임재는 사탄이 당신의 삶을 통해 활활 타오르게 하려는 거짓말 위에 모두 부어 버릴 수 있는 상쾌하고 기적적인 생수의 유입이다. 그리고 그 생수의 유입은 바로 예수 그리스도이시다. 오늘날의 많은 대중적인 세계관이 말하듯이, 진리는 그저 단순한 사상이나 철학이 아니라는 점을 기억하라. 진리는 한 인격체, 즉 주 예수 그리스도이시다. 예수님은 자신에 대해 "내가 곧 길이요 진리요 생명이니"(요 14:6)라고 말씀하셨다. 예수님은 종교적 체계나 행동 강령을 가리키지 않으셨다. 그분은 자신을 가리키셨다.

> 너희가 내 말에 거하면 참으로 내 제자가 되고,
>
> 진리를 알지니 진리가 너희를 자유롭게 하리라.
>
> 그러므로 아들이 너희를 자유롭게 하면 너희가 참으로 자유로우리라
>
> (요 8:31-32, 36)

기억하라. 참자유는 예수 그리스도와의 생명력 있고 성장하는 관계에서 찾을 수 있다. 예수님(살아 계신 하나님의 말씀)은 성경(기록된 하나님의 말씀)에서 자신을 계시하셨다. 그분을 알고 싶다면, 기록된 말씀을 읽고 연구하고 묵상하는 데 전념해야 한다. 그 어떤 대체물도 없고, 지름길도 없다. 원수는 끊임없이 거짓말로 우리를 공격하고 있다. 그의 속임수에 맞서 싸우려면, 우리의 생각과 마음이 예수님과 그분의 말씀으로 충만해야 한다.

하지만 진리를 아는 것만으로는 충분하지 않다. 그것에 항복해야만 한다. 즉, 하나님의 말씀에 계시된 진리와 일치하지 않는 모든 영역에서 우리의 생각과 생활 방식을 기꺼이 바꿔야 한다.

그러나 기독교인이라 주장하며 청소년(중고등)부나 대학부에서 활발하게 활동하는 수백만 명의 젊은이들은 그럼에도 불구하고 속고 있으며, 성경적이지 않은 방식으로

살아가고 있다. 그들의 가치관, 반응, 인간관계, 선택, 우선순위를 보면 그들이 원수의 거짓말을 믿고 세상의 사고방식을 크게 받아들였음을 알 수 있다. 그러나 진리를 따라 살기 위해서는 속임수를 거절하고, 진리를 받아들이는 '의식적인 선택'이 필요하다. 그래서 시편 기자가 이렇게 기도한 것이다.

거짓 행위를 내게서 떠나게 하시고 주의 법을 내게 은혜로이 베푸소서

내가 성실한 길을 택하고 주의 규례들을 내 앞에 두었나이다 (시 119:29-30)

당신은 하나님께 당신을 구해 주시기를, 당신의 마음과 영혼에 자리 잡은 거짓말로부터 당신을 지켜 주시기를 간구할 마음이 있는가? 그리고 '진리의 길'을 선택하고자 마음속으로 목적을 세울 마음이 있는가? 그것이 그렇게 쉽지는 않을 것이다. 때로는 정말 어려울 수도 있다. 하지만 진리의 길은 참으로 행복과 기쁨의 길이다.

설명하기 어렵지만, 우리는 정말로 당신을 사랑한다. 진심으로 사랑한다. 우리는 하나님께서 당신을 이 세상의 거짓말로부터 구출해 주시기를 바란다. 또한 당신이 생명, 즉 당신 안에 있는 그분의 생명을 마음껏(최대한) 받아들이기를 바란다. 그리고 그분이 오셔서 당신에게 주려고 하신 자유를 마음껏 누리기를 바라며, 당신의 삶이 그분께서 당신을 창조하신 모든 목적을 성취하길 바란다.

하나님께서 당신의 삶을 사용하셔서 당신 세대와 다음 세대의 다른 사람들이 진리 안에서 걷는 큰 자유와 기쁨을 경험하도록 도와주시기를 기도한다!

감사의 마음을 전하며

Thanks!

책 뒤에는 대개 그 책이 어떻게 탄생하게 되었는지에 대한 이야기가 있습니다. 그리고 그 이야기 속에는 이야기의 생명을 불어넣는 등장인물들이 있습니다. 등장 인물들에게 (대부분) 등장 순서대로 감사의 인사를 전합니다. 감사합니다. (영화 마지막에 나오는 크레딧처럼…)

그렉 손튼(Greg Thornton)과 무디 출판사 팀: 그렉은 20년 넘게 저희와 함께 일해 왔습니다. 우리는 출판뿐 아니라 개인적인 삶에서도 그의 현명하고 경건한 리더십에 대해 무한한 존경심을 가지고 있습니다. 그는 이 책에 대한 비전을 가지고 있었고, 2006년에 우리를 하나로 모으는 데 큰 역할을 했습니다. 이 개정판에는 무디의 새로운 팀원들도 함께 참여하여 도움을 주었습니다. 뒤에서 기꺼이 수고해 주신 렌달 페이리트너(Randall Payleitner), 주디 두너건(Judy Dunagan), 코너 스터키(Connor Sterchi), 에릭 피터슨(Erik Peterson), 그리고 다른 모든 분들께 감사드립니다.

에린 데이비스(Erin Davis): 이 책을 처음 집필할 때 전국적인 토론 그룹 리더로 에린이 참여했습니다. 그녀는 수백 명의 소녀들을 만나고 더 많은 설문 조사를 실시하여 1020 세대 여성들의 생각과 마음을 제대로 파악할 수 있도록 도와주었습니다. 이 개정판에서는 에린이 편집자의 역할을 맡았습니다. 지금 여러분이 손에 들고 있는 이 책이 나오기까지 엄청난 노력을 기울인 에린에게 어떻게 감사의 인사를 전할 수 있을지 모르겠습니다.

마이크 네이스(Mike Neises)와 Revive Our Hearts 스태프: 마이크는 출판 사역의 세부 사항을 감독함으로써 낸시를 도왔습니다. 그는 이 프로젝트를 위해 무디 출판사/Revive Our Hearts/Pure Freedom 파트너십에 많은 시간을 투자했습니다. 고마워요, 마이크!

월게머스(Wolgemuth) & 동료들: 이 책을 처음 썼을 때 로버트 월게머스는 저(낸시)의 에이전트였습니다. 그 이후로 그는 제 남편이 되었습니다. 이 이야기는 다른 책에서 다룰 만한 놀라운 이야기입니다. (사랑해요, 소중한 당신!) 그리고 에릭 월게머스(Erik Wolgemuth), 이 개정판을 만드는 과정에서 얼마나 큰 선물과 도움을 주었는지 몰라요. 친한 친구인 제니퍼 라이엘(Jennifer Lyell)은 이 프로젝트의 오리지널 팀에서 매우 중요한 역할을 담당했습니다. 최근 개정 작업을 진행하는 동안에도 그녀는 조언자이자 기도의 전사로 남아 있었습니다.

수많은 방식으로 봉사한 친구들: 토론 그룹과 조율하고, 그룹에 참여하고, 세심한 조사를 하고, 원고를 읽고 댓글을 달아 주는 등 수많은 방식으로 도움을 준 친구들. 특히 원고를 검토하고 이번 개정판에 귀중한 의견과 제안을 해 주신 제시 미나시안(Jessie Minassian)과 드리 호그(Dree Hogue)에게 감사드립니다.

과정의 각 단계마다 우리를 위해 기도해 준 친구들: 그들은 밤낮없이 내내 우리와 협력해 주었습니다. 주님은 그들의 기도를 들으시고 여정에서 힘과 기쁨을 계속 채워 주셨습니다. 이 책을 통해 영향받게 될 사람들의 삶은 그들의 사랑과 신실한 기도의 열매입니다.

밥(Bob), 로비(Robby) & 알레하(Aleigha), 렉시(Lexi) & 어텀 그레쉬(Autumn Gresh): 밥은 항상 저(다나)의 대리인이자 마음의 연인입니다. 그는 때때로 사탄이 제가 오래전에 극복했다고 생각했던 거짓말을 믿게 만들려고 할 때, 이 작업을 하는 동안 제가 자신감을 갖고서 집중할 수 있도록 도와주었습니다. 이 책을 처음 출간한 이후 우리 아이들은 성장했고, 로비는 사랑하는 아내 알레하를 우리 가족으로 데려왔습니다. 이 책을 처음 썼을 때(그들이 10대였을 때), 그들은 많은 조언을 해 주었습니다. 항상 이 엄마를 응원해 주어서 고맙습니다.

예수님: 우리의 마음을 하나로 묶어 주시고 진정으로 우리를 자유롭게 해 주신 진리이신 주님께 감사를 드립니다. 당신을 사랑합니다.

낸시 & 다나

1장 속이는 자

1. "Ten Leading Causes of Death by Age Group, United States – 2014", National Vital Statistics System, National Center for Health Statistics, CDC, https://www.cdc.gov/injury/images/lc-charts/leading_causes_of_death_age_group_2014_1050w760h.gif.

2. http://dictionary.reference.com/browse/lie.

3. "Youth Risk Behavior Surveillance System", https://www.cdc.gov/healthyyouth/data/yrbs/index.htm.

4. Dennis Thompson, "U.S. Teens Less Sweet on Soft Drinks", July 7, 2016, https://consumer.healthday.com/diabetes-information-10/sugar-health-news-644/u-s-teens-less-sweet-on-soft-drinks-712485.html.

5. Tim Elmore, "Responding to Five Trends in Youth Morality (Part 1)", July 22, 2014, http://www.huffingtonpost.com/tim-elmore/responding-to-fivetrends_b_5605885.html.

2장 속는 자

1. Becky Freeman, *Mom's Everything Book for Daughters* (Grand Rapids: Zondervan, 2002), 29.
2. 위의 책, 30.

3장 진리

1. http://dictionary.reference.com/browse/truth.

4장 하나님에 관한 거짓말

1. Christian Smith and Melinda Lundquist Denton, *Soul Searching: The Religious and Spiritual Lives of American Teenagers* (New York: Oxford Univ. Press), 68, 69.

2. "Most teens believe prayers are answered, study finds", http://www.biblicalrecorder.org/content/news/2004/5_13_2004/ne130504bmost.shtml.

5장 사탄에 관한 거짓말

1. Timothy Tutt, "The Modern Church Doesn't Need a Make-Believe Devil", https://www.onfaith.co/onfaith/2014/05/15/the-modern-church-doesnt-need-amake-believe-devil/32086.

2. 욥기는 사탄이 하나님께 속한 사람들을 해치려면 하나님의 허락이 있어야 한다고 단언한다. 욥기 이야기에서 사탄은 하나님의 지시에 따라 행동한다. 욥 6:4; 7:14; 9:17과 같은 본문은 사탄이 욥을 자유롭게 공격할 수 있는지 여부에 대한 최종 결정권자가 하나님임을 가리킨다.

3. 예를 들어 고후 12:7-10을 보면, 사탄의 사자가 바울을 낙담시키기 위해 파견된 것임을 알 수 있다. 사탄은 이 일을 직접 하지 않았다.

4. Jeff Hindenach, "Study: Younger Generation Could Be Paying Credit Debt Until They Die", *The Huffington Post*, March 18, 2013.

5. "Pornography Statistics 2003", *Internet Filter Review*, 2004 (12 January 2004). Cited on http://www.family.org/socialissues/A000001155.cfm.

6. David Kinnaman, "Teens and the Supernatural", *Ministry to Mosaics* (Vol. 1) (Ventura, CA: Barna, 2006) 15.

7. http://en.wikipedia.org/wiki/Yoga.

8. Kinnaman, "Teens and the Supernatural", 15.

9. http://biblehub.com/interlinear/galatians/5.htm.

6장 자기 자신에 관한 거짓말

1. Jeff Shewe, "Kate Doesn't Like Photoshop: Digital Ethics", www.photoshopnews.com/2005/04/03/kate-doesn't-like-photoshop/.

2. Bob Smithouser, "They Said It!", Brio, July 2007, 15.

3. Jenna Gordreau, "Are Millennials 'Deluded Narcissists'?", January 15, 2013, http://www.forbes.com/sites/jennagoudreau/2013/01/15/are-millennialsdeluded-narcissists/#7b277ce35ac2.

4. The American Freshman: National Norms Fall 2016, https://heri.ucla.edu/.

5. Kevin Eagan et. al., "The American Freshman: National Norms Fall 2015", https://www.heri.ucla.edu/monographs/TheAmericanFreshman2015.pdf.

7장 성(性)에 관한 거짓말

1. https://www.blueletterbible.org/lang/lexicon/lexicon.cfm?strongs=1&t=KJV.

2. The MacArthur Study Bible (Nashville: Word), Song of Solomon 3:5.

3. Dr. Joe McIlhaney, "Building Healthy Futures" (Austin, TX: Medical Institute for Sexual Health, 2000), 25.

4. Robert T. Michael, John H. Gagnon, Edward O. Laumann, and Gina Kolata, Sex in America (New York: Warner Books, 1995), 124, 125.

5. Debbi Farr Baker, "SDSU Study: Sex for Women Is Earlier, with Less Guilt", San Diego Union Tribune, October 4, 2005. (Citing a study from the San Diego State University.)

6. Richard Leonard, Movies That Matter: Reading Film through the Lens of Faith (Chicago: Loyola Press, 2006), 47.

8장 인간관계에 관한 거짓말

1. Suzy Weibel, Secret Diary Unlocked: My Struggle to Like Me (Chicago: Moody, 2007), 16, 52.

2. Michael Gurian, The Wonder of Girls: Understanding the Hidden Nature of Our Daughters (New York: Atria Books, 2003), 128.

9장 믿음에 관한 거짓말

1. Joe Neill, "Staying Power When the Door Looks Soooo Good", http://www.youthspecialties.com/articles/topics/power/staying.php.

2. American Heritage Dictionary.

3. Libby Lovelace, "Lifeway Examines Teenagers' Views on How to Get to Heaven", Lifeway.com, May 2007.

10장 죄에 관한 거짓말

1. Nancy Leigh DeMoss, *Brokenness: The Heart God Revives* (Chicago: Moody, 2005), 143.

2. "Texting While Driving", https://en.wikipedia.org/wiki/Texting_while_driving.

3. Erin Schumaker, "10 Statistics That Capture the Dangers of Texting and Driving", July 7, 2015, http://www.huffingtonpost.com/2015/06/08/dangers-oftexting-and-driving-statistics_n_7537710.html.

11장 미디어에 관한 거짓말

1. Lauren E. Sherman et. al., "The Power of the Like in Adolescence", May 31, 2016, http://journals.sagepub.com/doi/abs/10.1177/0956797616645673.

2. Bob Smithouser, *Movie Nights For Teens* (Chicago: Tyndale, 2005), 2.

3. 위의 책, 2.

4. 위의 책, 1. Quoting Stephen King from *Entertainment Weekly*, November 2003.

5. R. W. White, "Self-Concept in School Adjustment", *Personnel and Guidance Journal*, vol. 46, 1976, 478-81.

12장 미래에 관한 거짓말

1. Ted Olsen, ed., "Go Figure", *Christianity Today*, June 2007, 16.

2. "Letters to the Editor", *People,* July 2, 2007, 8.

13장 거짓말의 진행을 멈추는 방법

1. Beth Moore, *Feathers from My Nest* (Nashville: Broadman & Holman Publishers, 2001), 156.

부록

특정 거짓말들에 대항하는 성경 구절

이 목록들을 침실, 사물함 등 매일 볼 수 있는 곳에 붙여 두세요.

정말 안 좋은 하루를 보내고, 하나님은 선하지 않으시다고 느껴질 때. 하나님은 선하시다.

"여호와께 감사하라 그는 선하시며 그 인자하심이 영원함이로다"(시 136:1)

하나님과 멀어졌다고 느끼고, 그분이 나를 사랑하지 않으신다고 느껴질 때. 하나님은 나를 사랑하시며 자기의 최선을 나에게 주기 원하신다.

"내가 확신하노니 사망이나 생명이나 천사들이나 권세자들이나 현재 일이나 장래 일이나 능력이나 높음이나 깊음이나 다른 어떤 피조물이라도 우리를 우리 주 그리스도 예수 안에 있는 하나님의 사랑에서 끊을 수 없으리라"(롬 8:38-39)

못생겨 보이거나 뚱뚱하다고 느껴질 때. 하나님은 나를 걸작품으로 창조하셨다.

"내가 주께 감사하옴은 나를 지으심이 심히 기묘하심이라 주께서 하시는 일이 기이함을 내 영혼이 잘 아나이다"(시 139:14)

누군가에게서 거절당했다고 느낄 때. 하나님은 그리스도를 통해 나를 받아들이신다.

"곧 창세 전에 그리스도 안에서 우리를 택하사 우리로 사랑 안에서 그 앞에 거룩하고 흠이 없게 하시려고 그 기쁘신 뜻대로 우리를 예정하사 예수 그리스도로 말미암아 자기의 아들들이 되게 하셨으니 이는 그가 사랑하시는 자 안에서 우리에게 거저 주시는 바 그의 은혜의 영광을 찬송하게 하려는 것이라"(엡 1:4-6)

더 많은 것들이 필요하다고 느껴지거나, 욕심에 사로잡힐 때. 하나님으로 충분하다.

"돈을 사랑하지 말고 있는 바를 족한 줄로 알라 그가 친히 말씀하시기를 내가 결코 너희를 버리지 아니하고 너희를 떠나지 아니하리라 하셨느니라"(히 13:5)

상황이 불안하다고 느껴질 때. 하나님을 신실하시다.

"네 길을 여호와께 맡기라 그를 의지하면 그가 이루시고"(시 37:5)

인생을 영원히 망칠 것만 같은 일이 일어났다고 느껴질 때. 하나님은 실수하지 않으신다.

"하나님의 도는 완전하고 여호와의 말씀은 순수하니 그는 자기에게 피하는 모든 자의 방패시로다"(시 18:30)

"여호와께서 나를 위하여 보상해 주시리이다 여호와여 주의 인자하심이 영원하오니 주의 손으로 지으신 것을 버리지 마옵소서"(시 138:8)

직면한 문제를 감당할 수 없을 것 같다고 느낄 때. 하나님의 은혜가 내게 족하다.

"나에게 이르시기를 내 은혜가 네게 족하도다 이는 내 능력이 약한 데서 온전하여짐이라 하신 지라 그러므로 도리어 크게 기뻐함으로 나의 여러 약한 것들에 대하여 자랑하리니 이는 그리 스도의 능력이 내게 머물게 하려 함이라"(고후 12:9)

주님이 용서하시기에는 내 죄가 너무 큰 것 같다고 느낄 때. 그리스도의 보혈 은 나의 모든 죄를 덮기에 충분하다.

"그가 빛 가운데 계신 것 같이 우리도 빛 가운데 행하면 우리가 서로 사귐이 있고 그 아들 예수 의 피가 우리를 모든 죄에서 깨끗하게 하실 것이요"(요일 1:7)

죄악 된 습관을 도저히 극복할 수 없을 것 같다고 느낄 때. 그리스도의 십자가 는 나의 죄 많은 육체를 정복하기에 충분하다.

"우리가 알거니와 우리의 옛사람이 예수와 함께 십자가에 못 박힌 것은 죄의 몸이 죽어 다시는 우리가 죄에게 종노릇하지 아니하려 함이니 이는 죽은 자가 죄에서 벗어나 의롭다 하심을 얻 었음이라"(롬 6:6-7)

과거 때문에 잠재력이 제한받는 것 같다고 느낄 때. 내 과거가 내 미래를 컨트 롤 할 수 없다.

"그런즉 누구든지 그리스도 안에 있으면 새로운 피조물이라 이전 것은 지나갔으니 보라 새것 이 되었도다"(고후 5:17)

어디에서 도움과 조언을 구해야 할지 모르겠다고 느낄 때. 하나님의 말씀은 나를 인도하고, 가르치고, 치유하기에 충분하다.

"여호와의 율법은 완전하여 영혼을 소성시키며 여호와의 증거는 확실하여 우둔한 자를 지혜롭게 하며"(시 19:7)

"그가 그의 말씀을 보내어 그들을 고치시고 위험한 지경에서 건지시는도다"(시 107:20)

"주의 말씀은 내 발에 등이요 내 길에 빛이니이다"(시 119:105)

하나님께서 불가능한 일을 요구하시는 것처럼 느껴질 때. 하나님은 성령의 능력으로 내게 명령하시는 모든 것을 할 수 있게 해 주신다.

"너희를 부르시는 이는 미쁘시니 그가 또한 이루시리라"(살전 5:24)

"내게 능력 주시는 자 안에서 내가 모든 것을 할 수 있느니라"(빌 4:13)

내 반응에 대해 다른 사람을 탓하고 싶을 때. 내 행동, 반응, 선택에 대해 나는 하나님 앞에서 책임이 있다.

"범죄하는 그 영혼은 죽을지라 아들은 아버지의 죄악을 담당하지 아니할 것이요 아버지는 아들의 죄악을 담당하지 아니하리니 의인의 공의도 자기에게로 돌아가고 악인의 악도 자기에게로 돌아가리라"(겔 18:20)

오늘의 선택이 중요하지 않다고 믿고 싶은 유혹을 받을 때. 오늘의 선택은 내 미래에 영향을 미친다.

"스스로 속이지 말라 하나님은 업신여김을 받지 아니하시나니 사람이 무엇으로 심든지 그대로 거두리라 자기의 육체를 위하여 심는 자는 육체로부터 썩어질 것을 거두고 성령을 위하여 심는 자는 성령으로부터 영생을 거두리라"(갈 6:7-8)

권위에 저항하고 싶거나, 순종하면 자유를 빼앗길 것 같다고 느낄 때. 내가 경험할 수 있는 가장 큰 자유는 하나님께서 정하신 권위에 순종함으로 찾을 수 있다.

"너는 그들로 하여금 통치자들과 권세 잡은 자들에게 복종하며 순종하며 모든 선한 일 행하기를 준비하게 하며"(딛 3:1)

교회를 떠나고 싶다는 마음이 들 때. 우리는 교회가 필요하다.

"이제 지체는 많으나 몸은 하나라 눈이 손더러 내가 너를 쓸 데가 없다 하거나 또한 머리가 발더러 내가 너를 쓸 데가 없다 하지 못하리라, 몸 가운데서 분쟁이 없고 오직 여러 지체가 서로 같이 돌보게 하셨느니라"(고전 12:20-21, 25)

"모이기를 폐하는 어떤 사람들의 습관과 같이 하지 말고 오직 권하여 그날이 가까움을 볼수록 더욱 그리하자"(히 10:25)

결혼을 하고 엄마가 되는 것보다 커리어를 갖는 것이 더 보람 있고 가치 있다고 느낄 때. 하나님의 말씀은 결혼을 하는 것과 엄마가 되는 것을 매우 중요하게 여긴다.

"그들로 젊은 여자들을 교훈하되 그 남편과 자녀를 사랑하며 신중하며 순전하며 집안일을 하며 선하며 자기 남편에게 복종하게 하라 이는 하나님의 말씀이 비방을 받지 않게 하려 함이라"(딛 2:4-5)

즉각적인 성취를 위해 거룩함을 희생하라는 유혹을 받을 때. 개인의 거룩함은 당장의 행복보다 더 중요하다.

"그가 우리를 대신하여 자신을 주심은 모든 불법에서 우리를 속량하시고 우리를 깨끗하게 하사 선한 일을 열심히 하는 자기 백성이 되게 하려 하심이라"(딛 2:14)

하나님께서 당신의 삶을 바꿔 주시길 바라는 마음에 사로잡힐 때. 하나님은 당장의 모든 문제를 해결하시는 것보다 나를 변화시키시고 자기 이름을 영화롭게 하시는 데 더 관심이 있으시다.

"곧 창세 전에 그리스도 안에서 우리를 택하사 우리로 사랑 안에서 그 앞에 거룩하고 흠이 없게 하시려고 그 기쁘신 뜻대로 우리를 예정하사 예수 그리스도로 말미암아 자기의 아들들이 되게 하셨으니 이는 그가 사랑하시는 자 안에서 우리에게 거저 주시는 바 그의 은혜의 영광을 찬송하게 하려는 것이라"(엡 1:4-6)

"평강의 하나님이 친히 너희를 온전히 거룩하게 하시고 또 너희의 온 영과 혼과 몸이 우리 주 예수 그리스도께서 강림하실 때에 흠 없게 보전되기를 원하노라"(살전 5:23)

마주한 어려운 상황에 대해 받아들이기 어려울 때. 고난이 없이 경건해지는 것은 불가능하다.

"모든 은혜의 하나님 곧 그리스도 안에서 너희를 부르사 자기의 영원한 영광에 들어가게 하신 이가 잠깐 고난을 당한 너희를 친히 온전하게 하시며 굳건하게 하시며 강하게 하시며 터를 견고하게 하시리라"(벧전 5:10)

일이 내 뜻대로 되기를 원할 때. 모든 일은 당신에게 달려 있지 않고, 하나님께 달려 있다.

"이는 만물이 주에게서 나오고 주로 말미암고 주에게로 돌아감이라 그에게 영광이 세세에 있을지어다 아멘"(롬 11:36)

저희 웹사이트에 방문해 보세요

LiesYoungWomenBelieve.com

이 책은 대화의 시작에 불과합니다. 거짓말을 분별하고 그 거짓말을 하나님의 진리로 대체하는 방법에 대해 계속해서 이야기하기를 원합니다.

매일 블로그를 방문하는 전 세계 수천 명의 젊은 여성들과 함께 이 책의 내용에 대해 토론하고, 여기서 다루지 않은 거짓말들에 대해 읽어 보면서, 매일 하나님의 진리를 배워 보세요!

아래의 곳에서도 찾아볼 수 있습니다.

Instagram: @LiesYoungWomenBelieve
Twitter: @LYWBblog
Facebook: Lies Young Women Believe

내가 내 자녀들이 진리 안에서 행한다 함을 듣는 것보다 더 기쁜 일이 없도다 (요삼 4)